自愈与成长

荣格的生命故事

李孟潮——著

中国广播影视出版社

图书在版编目（CIP）数据

自愈与成长：荣格的生命故事 / 李孟潮著. -- 北京：中国广播影视出版社，2021.10
ISBN 978-7-5043-8696-0

Ⅰ. ①自… Ⅱ. ①李… Ⅲ. ①荣格 (Jung, Carl Gustav 1875-1961) - 传记 Ⅳ. ① K835.226.2

中国版本图书馆 CIP 数据核字 (2021) 第 179308 号

自愈与成长：荣格的生命故事
李孟潮 著

策　　划 颉腾文化
责任编辑 王萱　赵之鉴
责任校对 龚晨

出版发行 中国广播影视出版社
电　　话 010-86093580　010-86093583
社　　址 北京市西城区真武庙二条 9 号
邮　　编 100045
网　　址 www.crtp.com.cn
电子信箱 crtp8@sina.com

经　　销 全国各地新华书店
印　　刷 三河市宏图印务有限公司

开　　本 880 毫米 ×1230 毫米　1/32
字　　数 167（千）字
印　　张 10
版　　次 2021 年 10 月第 1 版　2021 年 10 月第 1 次印刷

书　　号 ISBN 978-7-5043-8696-0
定　　价 69.00 元

目录 | Contents

开篇

今天我们为什么学习荣格

向外看的是梦中人，向内看的是清醒者。

——荣格

为什么 2021 年的我们，还要了解荣格这个人，这个 1875 年出生的人？了解他的故事，他的思想？

1875 年，同治帝去世，光绪帝继位。如果荣格心理学，是一门科学，一门纯粹的科学，谁又会去阅读晚清末年的科学文献呢？

比如科学心理学奠基人冯特等人的著作，大多无人问津了。

荣格倒好，死后仍不断有作品出版问世。

比如 2009 年，他的日记《红书》问世，引发轰动。2019 年，出版了他的两本书，一本是心理学史演讲稿，另一本是对物理学家泡利的梦的研讨会。2020 年，他的七卷本《黑书》也要出版。据悉，荣格未出版的日记、信件、研讨会、演讲稿还有二十多卷，预计以后的十多年间，每年都会有他的新书问世。

人们为何对于一个 20 世纪的心理治疗师，有如此热情？

归根结底，就在于荣格的心理分析有四大特点:有趣味，有品位，有意义，有用处。

首先,有趣味,是指荣格的作品,文风多样,文体多变,主题有趣。他既研究精神病人，又研究文化宗教，还专门研究了轮回重生，飞碟 UFO 探秘。在其作品中，有许多符合科学心理学的实验研究、问卷调查，出现过用统计学来研究占星的夫妻合盘，甚至还有一些纯文学作品类的日记体小说《红书》和《荣格自传》，所以知识分子总会被他激活兴趣点。

其次，他的行文比较有品位，引用了大量的经典著作。从西欧的《浮士德》到中国的《易经》，甚至佛教、道教的一些作品，都在他的书中出现过。读者会意外地发现，阅读学习他的书，还可以顺便恶补一下文化史。尤其是我们中国人，会惊喜地发现，那些差点被我们扔掉的传统文化，却被荣格视为心理学珍宝，给予高度赞誉。这对于我们重拾文化自信，实在是非常给力。

第三，有意义。《沉默的羔羊》男主角的扮演者霍普金斯，有次在接受采访时，提到他正在读荣格的书。据说他和荣格一样，常受各种各样幻觉的干扰，但他不仅没有得精神分裂症，相反还能够通过阅读学习荣格学说，了解、发现这些幻觉的意义，和它们和平共处。后来，他还专门设立了一个网站，去帮助那些有幻觉的人们，说不准就能帮助到下一个“霍普金斯”，或者帮助到下一个数学家“纳什”（纳什是电影《美丽心灵》的主人公，也是一个长期生活在幻觉中的人）。痛苦并不可怕，可怕的是白白痛苦，痛苦得毫无意义。荣格学说，似乎就是专门为治疗现代人的空虚无意义感、填满冷漠的心灵黑洞而来的。

第四，有用处。当一个人感受到自己的生活是有趣味、有品位、有意义的，这大概是他千金难买的收获。在这种心态下，一个人会不断地感受到自己存在的完整感、独一无二感，与道合一，独立而不改，周行而不殆。荣格把这种心态称为自性化或者个性化（individuation）。

荣格的学生、秘书，荣格分析师安妮拉·亚菲撰写过一首小诗，用来描述自性化心态，原文如下：

He looked at his own Soul
With a Telescope
What seemed
All irregular, he saw and
Shewed to be beautiful Constellations
And he added to the Consciousness hidden
Worlds within worlds

这首诗大体可以翻译如下：
抬起望远镜
他望向自己的灵魂
貌似一切混乱无章
他看到的却是
展示于其眼前的却是
团团美丽的星云
他为此添加上意识心灵
隐藏于世界内部的世界

我们今天的世界，正如这首诗中所描述的，看上去一团乱麻。许多青年人好像有“空心症”，中年人好像是“油腻大叔大妈”，不少老年人，则几乎变成了“巨婴”。归根结底，是老、中、青三代人在工业化、城市化的进程中，丧失了田园生活的幽静、休闲和洒脱心态，找不到人生的乐趣、品位和意义。

类似的心态，几乎是所有社会在工业化、城市化进程中必然付出的代价。荣格本人就是面对这种进程的人类之一。他写过一本书，名为《追寻灵魂的现代人》，书名很好地总结了他工作的方向——就是为失魂落魄的现代人寻找到心的方向，让他们不要再感叹“永远回不去的地方叫作故乡，永远到不了的地方叫作远方”，不要活在这种漂泊感、无根感中。

也许正是这个原因，荣格会受到从晚清到民国到现代几代人的欢迎。荣格著名的病人之一，就是诺贝尔物理学奖获得者泡利，另外一个诺贝尔文学奖获得者黑塞，也是荣格学生的病人，同样深深受到荣格学说的影响。这说明荣格对其同时代人的深刻影响。

到了20世纪60年代，荣格学说，对于欧美寻求灵魂解脱的一代人也具有深远影响力。

比如披头士乐队（Beatles，也译为甲壳虫乐队），就曾经把荣格的头像放到他们专辑的封面。再如在美国影响深远的女性佛教导师喇嘛促琴·阿廖内（Tsultrim Allione），也是受到荣格的影响，希望通过移植东方佛教文化来拯救西方人的心灵，她的作品《喂养你的恶魔》整合了东方佛教施舍身体的观修方法和西方心理学意象技术，帮助了很多人。

时至今日，荣格仍对人们有深刻影响。

比如 2019 年，受到全世界青少年欢迎的韩国组合防弹少年团，发行了他们的热门专辑《心灵地图：人格面具》，专辑创意就是来自荣格心理学入门著作《荣格心灵地图》，防弹少年团还在自己的网站上推荐这本书给自己的歌迷阅读。2019 年的诺贝尔文学奖得主奥尔加·托卡尔丘克（Olga Tokarczuk）曾经是一名心理治疗师，她也称自己受到了荣格心理学深刻的影响。

荣格在东亚地区，尤其是中国，之所以受到大家的热烈欢迎，主要是他极其内向的性格，与我们的中国文化有类似之处。

他曾如此说："命运自有安排——这句话完全符合我的经历——我一生中全部的外在经历都是偶然发生的，只有内在经验具有实质性，有着明确的意义。所以，有关外在经历的记忆都消退了，或许它们压根儿就不重要，或许它们只是在与自我的内在发展期间同时出现时才重要。正是基于这个原因，这些外在的经历，我当年好像是全情投入的，但是末了却如泥牛入海，了无痕迹。"

荣格在世时，见过很多著名人物，换成其他的人，肯定会炫耀自己是如何高朋满座，但他说"说实话，这样的会面几乎不曾带给我什么重要体验，倒像是大海上两船相错时互相挥旗致意一般。"就连自己的亲属，他也不愿过多谈及，曾这样说过，"至于我的至亲挚友，他们对我而言十分重要，仿佛是从久远的记忆里走到我身边一样，我亦无从谈起。因为这些亲密关系不只涉及我的内心生活，也属于他们自己。我不可以猝然把那扇永远锁着的门向公众敞开。"

这种性格内向、不愿交际的人，做精神科医生是比较适合的。

在他的工作实践中，他还发现心灵会自动产生带有宗教内容的意象，即"心灵生来就有宗教性"，比如很多人在梦中，都会梦到宗教灵性人物。这一点我很赞同。例如，我曾经接触过一个病人，当他的心灵遇到危机时，会在梦中梦到道教的仙人吕洞宾来点化他，但他其实是一个无神论者。

荣格清楚地认识到，病人的宗教灵性态度在治疗过程中起着关键作用。他认为不少中产阶层的中年危机，就是源自对心灵宗教性这一基本特征的忽视。所以荣格的疗法，可以简单地说，是在帮助人们创建一个私人专属的信仰，这种信仰是通过不断地观察自己的梦境等心灵内容来实现的。

比如他的病人，物理学家泡利，就记录了自己上千个梦境，然后试图把心理学和物理学统一起来。荣格晚年的时候，把他转给自己的学生冯·弗朗兹（von Franz）治疗，结果泡利见了弗朗兹，不讨论自己有什么心理困扰，反而要求治疗师和他讨论自己的物理学研究心得，让治疗师颇为头痛。

治疗泡利等欧洲人的临床经验，让荣格从一个科学主义者变成了实用主义者，这对那个时代的人来说是一种挑战。要知道，在荣格当时生活的欧洲，一切问题是要用科学去研究检验的。荣格的文集有一卷，就是他所写的含有各种科研论文、数据统计、联想实验等，这与一本生理学期刊上的论文没有什么不同（这一卷并没有被翻译为中文，大概是因为国内喜欢荣格的人，还是以文艺青年居多）。

正是因为这些文章，荣格当年成为主流心理学家和精神病学家，在学术界地位很高。其实他认识弗洛伊德的时候，地位高于弗洛伊德，相当于国内重点大学的科研青年才俊，遇到了沦落江湖的民间科学家。

但是后来，荣格辞去了所有的主流职位，退隐江湖，成为一个私人执业的医生。按他的话说："我的一生是一个无意识自我实现的故事。无意识中的一切都寻求着外在的表现，人格也渴望着从无意识状态中发展起来并作为一个整体来体验自身。我无法用科学的语言来追溯我自身的成长过程，因为我无法把自己当作一个科学问题来体验。"

他之所以这么说，是因为在当时，被科学化的心理学，总是追求用统一的标准、量化的数值来代表人，就像解剖学挂图上的标准人体一样。但是在实际生活中，我们都知道，每个人的器官和挂图上的人体器官都长得不一样。

不过，人们由此产生一个困惑：不用科学的语言（数学）来描述和研究人类心理，我们又该用什么工具呢？

荣格认为是"神话"。他说："人的心理只有通过神话才能表达。神话更加个性化，在表达人生方面比科学更加精确。"

荣格是这么说，也是这么做的。他的一生，是自我分析的一生，同时也是通过书写自传完成自我分析的过程，里面有大量的神话素材。他曾在自传里这样写道："书写早期的记忆，于我而言已成了一件每日必做的事情。一日不写，身体就会感到不适；而只要提起笔，不适感便荡然无存，头脑也会异常清晰。"

他书写的一本日记，名为《红书》，里面有大量的类似神话内容，我们也可以这样说：荣格写作了一本现代的神话。这个神话的结尾，是由一个智慧老人的化身，讲出来现代人疗愈空心、巨婴等文明病的药方——那就是有我和无我的辩证统一。

荣格曾经说："当我们去思考文明那无休止的生长与衰败时，是无法逃避无价值感的。然而，透过变化的表面，我始终能感觉到有一个东西存在着，从未死去。这就像是我们看到的花会消失，而根，却一直在。”

从这段话中，我们既能感受到他那种“有我”的存在安定感，也能感受到另一种“无我”的逍遥境界。

那么，荣格是如何将“有我”和“无我”这两重人生境界进行整合的？用他自己的话回答：“我生命中唯一值得讲一讲的事情，就是让不朽世界闯入了短暂的世界。”

那么，这些无意识的不朽世界，是如何一步步进入荣格短暂的生命中呢？本书将沿着荣格的人生历程，反思并学习他疗愈、修复自己创伤的故事。◆

童年

孤独的小石头

据说，没有一棵树的枝丫可以触及天堂，除非它的根须扎进地狱。

——荣格

在做心理咨询时，通常会有几次初始访谈，来了解病人的生命发展。咨询师通常会问到这个问题 :“你最早的记忆是什么？你现在记得起来的最早的一件事情是什么？”

之所以要如此问，是因为最早记忆可以成为一个人生活方式的基础，咨询师可以根据此人的早期记忆作为预后判断指针。通俗地讲，就是这个人好不好治愈。

那么，对于生于 1875 年的荣格来说，他的最早记忆是什么呢？

他说 :“我躺在树荫下的一辆童车里，那是一个美好、温暖的夏日。天空湛蓝，金色阳光穿过绿色的树叶。童车的遮阳罩被打开，我醒在这灿烂美丽的景色中，有一种无以名状的幸福感。我看着树叶和花丛中闪烁的阳光，一切都是那么的神奇美妙、多姿多彩和灿烂。”

荣格居然能记起自己在“童车”中的情景，我们可以推测他的记忆力是非常强的。对于一个病人来说，记忆力强既是好事，也是坏事。如果他回忆起的事情比较积极，那就意味着这个人比较好治愈一点，但是如果这个人容易“记坏不记好”，治疗起来就相对困难一些。显然，荣格的记忆是“记好不记坏”，非常幸福的感觉。

荣格的最早记忆中没有人类，这令人怀疑，甚至颇有不适。如果在临床上遇到这样的病人，他的最早记忆虽然非常美好，但是没有人类客体出现，就要思考下，这是为什么？他周围的人呢？是他记不住了，还是他根本不想记住他生命中早期遇到的那些人？

当然，在荣格其他的早期记忆中，也有关于人的，比如他妈妈带他去了某个地方等，不过他最早期、主要的记忆对象仍然是自然界，所以后来，每当生病时，荣格都会通过与大自然的相处来疗愈自己。

荣格早年的另一个记忆，是关于父亲的——“我在哭闹，发着烧，无法入睡。父亲把我抱在怀里，在房间里踱来踱去，唱着他学生时代的老歌。”

在现实中，荣格对父亲的感情很矛盾。他既渴望父爱，又对父亲的无能表示不满。所以他多次对人说：“我总是信任男人，希望得到男人的爱，但是男人总是让我失望。我不太喜欢女人，不希望跟女人有过多的来往，但是女人们总是用她们的爱和温暖来包容我。”

荣格三岁时，父母开始闹离婚。他的妈妈出现了精神问题。

从那时起，每当人们说到爱时，他就会质疑，因为女人对他来说，在很长的时间中，都意味着靠不住。而同时，父亲对他意味着可靠却无能。

通过一个人的早期记忆，尤其是对父母的早期记忆，我们可以看出他成年后的两大人际关系——与男人的关系以及与女人的关系。父亲对于孩子来说，代表着男人；母亲对孩子来说，代表着女人，他们是一个人对于人际关系中的最初形象。许多为人父母者，在自己孩子面前，总难免会产生庄严的使命感，因为他们要对孩子展示出人类的美好，在孩子的眼中，父母就代表着人类世界。

而在小荣格的世界中，他认为女人是不可靠的，和女人形成了不安全型依恋关系。男人对于他来说，尽管很可靠，是安全型依恋，却很无能，也不是他的理想性客体。这也奠定了荣格成年后的人格基础。例如，在和弗洛伊德相处时，他总能看到弗洛伊德无能、不如他的地方。同时常常告诉别人："男人让我觉得可靠却很失望，女人没让我失望却靠不住。"

荣格妈妈的人格分裂症状，给他造成了深远的影响。关于妈妈，在荣格早期的记忆中有这样一组画面："她有一头黑发和橄榄色皮肤，与我完全不同。她好像不属于我们家，而是属于我，仿佛她以某种方式与一些我不懂的秘密联系在一起。这种类型的女性后来构成了我的阿尼玛。对我来说，她所传达的那种陌生又熟悉的感觉，成为象征着女性的典型形象。"

关于这段记忆，荣格似乎有一些混乱，后来他纠正说这段记忆是当妈妈离开家后，家里女仆留给他的。

荣格妈妈曾告诉他，有一次他差点儿从莱茵瀑布桥上掉下去。后来荣格做自我分析时认为，这显示了他无意识中的自杀冲动。由于这个自杀冲动是和妈妈在一起时出现的，由此我们可以推断，荣格或许感受到了妈妈对他的排斥与嫌弃。

父母离异的孩子，或多或少都会感受到父母对自己的嫌弃。离婚虽然是现代社会的正常状态，但它毕竟标志着婚姻的解体与失败。离异家庭中的孩子也无可避免地会觉察到，自己是一桩失败婚姻的产物，会认为自己身上至少有一些特征，是被父亲或母亲嫌弃的。

那么荣格是如何消化他认为的妈妈对自己的嫌弃呢？我们可以来考察荣格的一个梦境。

梦，是人类自带的心理医生，通过考察梦境，我们可以知道自己的心灵正在消化哪些心理食物，治疗何种心理创伤。

这个梦可以被命名为梦 1——独眼肉柱梦，它是荣格人生的第一个梦，大概是在三四岁时做的——

有一个牧师楼孤零零地竖在劳芬城堡附近，教堂司事的院落后面有一大片草场。梦中，我站在这片草地上。突然我发现地面上有一个黑暗的、方形的洞，砌有砖壁。我之前还从未见过这个洞。我好奇地近前，向下望去，见到通向深处的一条石阶，我畏首畏尾地走下去。下面有一扇拱门，隔着一道绿帘。帘子又大又沉，像是针织物或锦缎所制，引起我注意的是它的富丽堂皇。我很好奇帘子后面会藏着什么，便把帘子推到旁边，在光线朦胧中瞥见大约十米见方的房间。这个房间的穹顶由石头砌成，连地面也铺着地砖。中间有一条红毯从入口铺到低台。台上放着御座，金碧辉煌，令人称奇。我不确定，但或许上面是有红色坐垫的。椅子尽显奢华，就像是童话中不折不扣的王座！

上面还有一个庞然大物，几乎触顶。起先，我以为那是高耸的树干，高达四五米。但是这个东西却很稀奇古怪：它由皮肤和鲜活的肌肉组成，而顶上有一个无脸无发的圆头；头顶站着一只独眼，眼睛一动不动地往上看着。虽然整个房间无窗无灯，室内却相对豁亮。头顶上罩着些光晕。那东西不曾动弹，但我感觉，它时刻可能会如虫子离开其宝座一样向我蠕动。我简直吓瘫了。在这难挨的一刻，我突然好像听到母亲从外面上方喊道："对，可要看好了。这是食人者！"这更加剧了我的恐惧，我惊汗而醒，吓得半死。

在心理咨询中，当咨询师听到一个梦时，首先要考察这个梦境发生的时空是什么。梦境的时空，往往代表着其主要的心理情结内容。小荣格的梦境开头就呈现了一个建筑——牧师楼。这是荣格父亲工作和生活的地方，也是小荣格的家庭所在。

然后梦中出现了劳芬城堡，这是苏黎世的文化建筑，同样也是古代苏黎世贵族的住所，直到 1941 年才被苏黎世市政府购买并开放为旅游景点。城堡就在莱茵瀑布旁边，也就是荣格妈妈告诉小荣格，他差点掉下去的地方。荣格妈妈在那时，已经开始出现精神问题并因此住进精神病院，小荣格有很长一段时间见不到她，所以爸爸找来一个保姆和荣格的姑姑一起来照顾他，保姆和姑姑常带着小荣格到瀑布的周围眺望山岭。

由于荣格父亲是劳芬教区的牧师长，荣格在劳芬的农村学校中长大，所以劳芬城堡旁边的牧师楼，可能代表着荣格要处理的人生主题——父亲建立的家庭。这个家庭的生机和危机。

草地代表着自然、承载和疗愈，但是现在，就在这草地的中央，出现了一个黑洞。而且这个洞最奇特之处在于，它是正方形的，而一般的洞都是圆形的。正方形象征着分裂和分割，而圆形象征着融合和统一。父母关系的不合，母亲的缺席，开启了小荣格朝向精神深层次的疗愈之路。

荣格分析师詹姆斯·希尔曼（James Hillman）曾写过一本书，名为《梦与幽冥世界：神话、意象、灵魂》，其中就提出，梦在地下世界有自己的家，梦反应的本质是地下世界。

黑洞也象征着死亡，荣格的父亲作为牧师，经常主持葬礼，所以小荣格从小对死亡并不陌生。而下葬棺材的墓穴，看起来就像是正方形黑洞。

黑洞当然也可以象征着精神疾病的吞噬感，母亲缺席后给小荣格留下的心灵黑洞。

荣格家族似乎与精神疾病特别有缘，他的外祖父、母亲等几代人都有精神疾病，他的父亲也成为一家精神病院的牧师。而精神疾病，在当时的说法是，被无意识占据了人格。

随后我们可以看到，梦中细致地描述地下世界第一层的各种细节，包括拱门、绿帘、穹顶、地砖、红毯、坐垫、王座等。对于物品的形状、颜色、触觉、味道等信息的捕捉，这种心理功能被称为感知觉功能。当这种功能被运用到外在事物，会被称为“外倾感知觉”，被运用到内心影像和躯体知觉时，会被称为“内倾感知觉”。我们不难看出，荣格天赋异禀，有着令人吃惊的内倾感知觉功能，所以能够栩栩如生地记录下梦境的感知觉细节。

一般来说，在孩子的成长早期，成人会希望他们的外倾感知觉能力得到发展，如鼓励孩子去握持乳房、奶瓶、用餐具、走路等，内倾感知觉功能会发展得晚一些。小荣格的内倾感知觉如此发达，有一部分原因是他在遭受创伤后的过度补偿，但更因为这是他天生的优势，他拥有一种通过描述、观察内心意象、梦境，从而让痛苦得到解脱的能力，并且持续一生。他成年后经常使用积极想象、梦境工作、绘画、雕塑、瑜伽运动等方式，来充分地调动内倾、外倾的感知觉功能进行疗愈。

除此以外，小荣格梦中的各种细节都是有意义的。例如，他进入的正方形石洞，里面有大量的石材。这大概是荣格后来的石头情结雏形。石头象征着永恒和坚固，石洞也是人类在直立行走后最早的家。

在梦中，小荣格走到石洞底部，看到了10平方米左右的房间，这大约是卧室的象征。古代大部分卧室都不会超过10平方米，如故宫中皇帝的卧室，也只是9平方米。据说这是为了“聚气”，从现代人的角度来看，这大概是因为空调发明前，10平方米以下的卧室比较方便用火炉加热或用冰块降温。而在荣格当时的生活中，他家卧室中发生的故事，则是父母分居了。

小荣格在梦中还看到了王座和独眼肉柱。单独地看，独眼肉柱具有阴茎的外观，会让很多心理咨询师想到，这和弗洛伊德说的阴茎羡慕、阉割焦虑等现象有关。小男孩在3 ~ 5岁时，会因为自己拥有阴茎而感到自豪和愉快，与此同时，会发现女孩和妈妈没有阴茎。他们会好奇其中的原因，可能会怀疑女人的阴茎藏在肚子里，或是怀疑她们的阴茎因为不听话而被阉割，尤其是当成人吓唬他们——“你再不听话，就把你小鸡鸡割了！”就会使他们更加确认自己的怀疑，害怕自己的阴茎被成年人阉割掉。

有些人也会假设，巨大的独眼肉柱象征着父亲的阴茎。因为小孩第一次见到的阴茎，多数是父亲的阴茎，而开始具有长期记忆的小孩，大约两三岁，对于他们小小的身体而言，成年人的阴茎是硕大无比的。这个假设不无道理，因为在做这个梦之前，小荣格正因为不肯睡觉，和父亲产生了冲突，再加上母亲和父亲关系不和，由此也可以解释，为什么梦中会出现了母亲的声音——把这个独眼肉柱描述为“食人者”，这大概是母亲在贬低和攻击父亲。

当然从另一个角度看，我们可以说，母亲在这个梦中成为一个保护小荣格远离伤害和被吞食命运的人。这可能会和小荣格的白天生活形成一定的互补效应。在白天的生活中，可能小荣格获得的父爱更多些，母爱则不太稳定。

吞噬焦虑，最容易出现在有分裂型人格的人或内倾感知觉功能发达者中，此类人往往离群索居，宁愿孤独也不愿合群。他们性格内向，感知觉发达，不少人聪明绝顶。荣格便是其中一员。

以上都是在分析荣格的个人无意识。一般来说，在对一个梦展开分析时，既要了解个人无意识，也要了解文化无意识、集体无意识的内容。而荣格本人的分析特点是，注重梦境的集体无意识功能，由此他认为自己是梦到了原始人的生殖器崇拜仪式（许多原始部族会雕刻一根类似的阴茎形状大柱子，大家对它膜拜、祈福。有些部族把这样的阴茎柱子称为“石祖”），甚至他还认为，这个梦中的独眼肉柱似乎是一个隐秘的不愿透露姓名的“神”。

每当有人强调耶稣时，这个梦境就会再现在荣格眼前。成年后，当荣格开始研究宗教仪式，才发现他的这个梦原来与古代好多仪式相符。而且在基督教的一个分支——诺斯替教中，基督也的确被称呼为“食人者”。这就表明，人类的梦境中，的确会出现一些主题，这些主题是和文明发展史有关的。

那么这些主题又是如何进入小荣格的头脑的呢？按照荣格多年后的假设，这是通过一种叫作“原型”的心理基因编码遗传而来的，后来荣格流派的分析师更是假设这种原型基因，应该就是生物学研究的DNA。

很少有人能够把充满爱心的上帝与吞食者这种意象联系起来，但是实际上，我们现代人去采访食人部落时，就会发现，食人这个行为并非仅和恨联系在一起，好多时候，它和爱也有联系。例如，有些部落会吃死去亲属的尸体，这是为了和亲属融为一体；有些战士吞食敌人的尸体，是因为他尊重敌人的勇气和威力。吞食自己孩子的行为，也见于野猪，如果野猪妈妈闻到小野猪身上有人的气味，它会吞食小野猪。

吞食焦虑、死亡焦虑萦绕在小荣格的童年。他回忆说，自己儿时开始迷恋杀猪、屠宰的各种程序。这是人类对死亡冲动的一种典型防御方式，叫作反恐惧行为。也就是自己越怕什么越去接触什么，通过反复的接触，从而让恐惧的情绪逐渐平息。

人类还有一种处理死亡焦虑的方式，就是爱欲勃发，就像一首流行歌曲所唱的，“死了都要爱”。如果一个男孩携带的生理基因是以异性恋为主，他的性欲会很容易指向母亲、姨妈、女老师这类性成熟的女性。

小荣格对早年生活中成熟女人的记忆存在矛盾。他曾谈起自己的姨妈，认为她有严重性压抑。同时，他谈到对自己母亲性魅力的记忆："在我早年对母亲的记忆里，她是穿着一条裙子、苗条的年轻女性，而在我的其他记忆中，她却是又老又胖的。"从这段话中不难看出，荣格妈妈在中老年后，在儿子眼中完全丧失了性魅力。

而荣格本人，一直到中年后期，都拥有多段情缘，这或许是他在对抗家族中的性压抑氛围，这也是他被弗洛伊德强烈吸引的主要原因——弗洛伊德在当时出名的最大因素，是他提出孩子也有性心理，并认为父母的性行为会对孩子的心理发展有重大影响。

在我的心理咨询中也发现类似情况，如果一个人内心有太多的死亡焦虑，有太多死气沉沉的部分，会比较容易出现性欲勃发的行为。例如，有个来访者曾告诉我，她之所以每天都要做爱，就是因为一旦没有性爱这件事，她会觉得自己已经被生活拖进死亡。

游戏是孩子乃至成年人调整自己内心的重要防御方式。在心理咨询中，咨询师经常问来访者，你有什么爱好？你爱玩什么游戏？这是因为没有爱好、不会玩的人是很难被疗愈的。因为游戏可以创造出一个介于现实与幻想之间的空间，带来创造性发展和创伤疗愈，还可以建立友情关系，成为孩子离开父母步入社会的第一步。

小荣格的游戏之一是玩火，童年的他坚定地认为，别人点的火都来自世俗，只有他点的火散发出神圣的气息，具有无可置疑的神圣预兆。

这大概也能解释荣格的"独眼肉柱梦"中为什么会有红色了。红色是火焰的颜色，代表着生命能量。它首先是性欲的颜色，所以穿着红火裙子的女人，如吉普赛女郎卡门，会让男人的欲望勃发并且丧失理性。同时，它也是革命的颜色，通过烧毁一个旧世界来创造一个新世界。愤怒、快感、摧毁、重生，都会在这一片火红中融合为一体。另外，火还和人类的直立行走一样，是人类进化的重要催化剂。

小荣格对火的痴迷，从心理学角度讲，代表着他的生本能战胜了死本能。但代价是他变得自恋，鄙视同伴。这也是那些因为父母离异，而感到被嫌弃的孩子常用的心理防御——一旦认同自己是一个不被需要的“垃圾”，只能被嫌弃和厌恶，他们的生命就会变得毫无意义，所以必须用夸大自己价值的方式，来为自己找回存在感。这种建立在贬低别人基础上的盲目自信，便是传说中的“自恋”。

当然，小荣格是有自恋资本的。一来其家境，的确比其他农村孩子好很多，特别是他的爷爷老荣格，是整个城镇的知名人物，乡亲们看到小荣格时，都会说，那就是老荣格的孙子；二来他自己的诞生，让父母喜出望外，父母结婚后六年间，共生了三个子女，全部死亡，小荣格的诞生让整个家庭欢喜无比；三是小荣格自己在农村小学中名列前茅，父亲又是教区负责人，其身份类似于我国农村的族长、村长，一家人都很优秀；四是，小荣格是一个长相俊秀的孩子。

不过自恋也有代价，会造成人格分裂，产生异己体验。也就是说，那个原本弱小、恐惧、自卑、担心被妈妈嫌弃的小荣格，并没有被他自己看见和接纳，而是被另一个全能、完美的自己掩盖了。

这个不真实的自己，导致小荣格在童年时是孤独的。他出现了一个行为，就是跑到一块石头上，静静地坐着，任由思绪飘扬。据说，每当坐在这块石头上时，他总是在想，究竟是我坐在石头上，还是石头坐在我下面？这种庄周梦蝶还是蝶梦庄周的哲学反思，居然出现在一个小孩身上，让人惊叹，但也让人怜悯。

从积极的层面上看，这表明小荣格已经体验到了自我的虚无性，并且其思维功能已经远远地超越同龄人。但是从消极层面来看，这正是一个心灵受伤小孩的过度补偿。

三十多年后，当荣格再次坐在童年常坐的石头上时，他已结婚，有孩子，有房子，在这个世界有了一席之地，但是他突然再次困惑了，又变回当年那个内心充满神秘想法和哲思的孩子，不知道究竟石头是他，还是他是石头？

这个问题，在哲学上，被称为心与物的关系，始终没有固定答案。在很长的一段时间，许多人会认为心外无物，心物一体，后来又认为心物两分，物为心主，近年来，心物一体论又占了上风。而荣格在其童年时期，就进行过类似的思考，可谓超前。

为了防御自我的进一步分裂和孤独，小荣格使用了另外一种防御机制，叫作“仪式化”。

他刻了一个小侏儒，发明了一套属于自己的宗教仪式，有了属于自己的小秘密。秘密对于一个人的心理是有积极影响的，它是一个人能够从群体中分化，成为独立个体的最初步骤。当荣格有了小秘密——一个自己发明的小宗教，他的内心产生了很大的满足感，有了属于自己的心理空间：本来是在梦中出现的独眼肉柱和自我的对视，现在变成了小荣格和小侏儒的游戏；本来是把人吓坏的吃人者和被吃小孩，现在变成了小孩和他的创造物的秘密联盟。

荣格曾这样对人说：“我满足于拥有某些别人得不到或不知道的东西。那是不可亵渎和永不能背叛的秘密，因为我的生命安全依仗于它。为什么是这样？我没问过自己。它就是这样。”

直到35岁时，这些童年的记忆碎片在荣格的心中浮现，并且在他的著作《力比多的转化与象征》中呈现。因为他发现，自己在童年所刻的侏儒和雕像，同样可以在原始文化中找到类似的形象。

荣格由此有了这样的信念：古代的心灵组成部分，在没有任何直接传承关系的情况下，也会进入个人心灵。古代心灵，后来被他称为“集体无意识”。由此也可以看到，荣格理论的基础——集体无意识，与其童年经验有着明确的关系。

当然，荣格似乎有些过度地强调集体无意识，而或多或少地忽略了家庭，尤其家庭创伤对人心灵的影响。例如，传记作家温森特·布罗姆（Vincent Brome）就发现，荣格在1907年10月28日写给弗洛伊德的信中，坦诚自己对弗洛伊德的崇拜和爱慕，这其中甚至有一些情欲的成分。

这桩事件，也让我们从另一个角度来审视“独眼肉柱梦”，这会不会是一个创伤梦境呢？或许是小荣格在童年时曾遭遇过来自同性长辈的性骚扰？比如他那位有精神分裂症的外祖父或其他亲属？（据说，他的外祖父经常看到屋子里有鬼，要求荣格的妈妈站在他身后，这样，这些鬼就不会干扰他写作了。）

或者，这也许不是性骚扰，而是一种神秘的性交巫术，就像小说《达·芬奇密码》描述的那种看起来有些邪门的崇拜仪式？“独眼肉柱梦”会不会是对那桩仪式的创伤回忆？再或许这件事并没有发生在4岁，而是更晚？创伤后记忆是否发生了错构？而那个独眼肉柱，是不是指向这个骚扰他的男人的生殖器？荣格是不是通过逃入“集体无意识”这个概念，来防御创伤回忆？

另外在这件事后，是不是塑造了荣格的同性恋性心理发展？正如很多类似情况的来访者，会在创伤后发展成为同性恋者。一方面，这些人会以自己的同性恋欲望为耻，不断地压抑它，另一方面，又贪恋这种欲望所带来的黑暗生命中少有的快乐和安慰。

本书作者查阅了原文，期望得到更多线索，但是文中只有短短的一句——

"这种令人厌恶的感觉来自这样一个事实：小时候，我曾是一个我崇拜的男人的性侵犯的受害者。"

看来，这些问题的答案，已埋藏在那个孤独的小荣格心中，永远得不到回答了。◆

扩|展|阅|读

本书面向的读者是普通大众，故而并不打算采取学术界常用的参考文献著录格式，而是把每部分涉及的部分参考文献和推荐读者扩展阅读的书籍在相应部分最后列出，并做简要评述。

本书中有关荣格的梦，全部来自《荣格自传》。该书在中国有多个翻译版本，本人推荐使用的版本是朱更生翻译的《荣格自传：回忆·梦·思考》，浙江文艺出版社于2017年出版。

这个译本的好处在于：其一，全面。无论英文版还是德文版的《荣格自传》都有不少附录，而这个译本的附录很完整。其二，忠实原文。比如书中曾提到胡适和荣格对话的时候，胡适对《易经》的无知。但是有些中文译本，要么把这一节删除，要么把原文中“胡适”的名字改成了“一个中国人”。其三，朱教授的翻译文笔优雅飘逸。

如果读者对了解荣格的生活以及荣格的临床治疗理念感兴趣，则可以阅读两本书。一本书是英国荣格分析师安妮·凯斯门特（Ann Casement）的《分析心理学巨擘：荣格》，廖世德译，学林出版社出版。另一本是法国的荣格分析师魏维安·蒂鲍迪所著《百分百荣格》，译者是精神分析家严和来。这两本书各有特色，前者比较系统、全面、理论化，不但涉及荣格本人，还有后荣格学派的组织发展、文化视野等，后者则比较注重临床体验和临床案例。

相信很多读者对荣格与中国文化的关系感兴趣，这方面的不二之选，是申荷永老师的《荣格与分析心理学》一书，书中既有荣格的生活事迹，又有他的思想与中国传统文化的结合，还有大量的故事和图片。

温森特·布罗姆所著的《荣格：人和神话》是较为细致的荣格传记，在1978年出版。作者为了核对细节，还专门和荣格的亲朋好友进行验证，比如荣格曾经说，他小时候嫉妒一个男孩，把对方揍了一顿，布罗姆为此找人进行核实。当然，也有人不喜欢这本书，认为布罗姆的书分析了不少荣格的创伤，并且诊断了荣格的精神病变，并不是真正的"传记"。

布罗姆的这本书是系统介绍荣格的译作，由华西医科大学外语系的文楚安教授执笔翻译，黄河文艺出版社在1989年出版，新华出版社在1997年再版。据说再版的时候，布罗姆亲自写信给文教授，授权给文教授出版，要求的回报是赠送书籍一本。

少年

风凰男，学渣恐惧与青葱爱情

你的潜意识指引着你的人生，而你却称其为命运。

——荣格

心理咨询会特别看重一个人的青春期是如何发展的。有关这个阶段，咨询师总会问来访者，你在青春期思考过我是谁这个问题吗？你的人生理想是什么？谁是你理想的伴侣？谁是你理想的朋友？

这些理想一个个堆积起来，人的一生就会充满意义感。理想稳定，就是身份认同稳定，或者称之为角色稳定。反之，就是角色混乱、身份认同的危机，人的内心会被空虚感、无意义感笼罩。

一个身份认同稳定者，即便人生的最终结局，是多数理想都破灭了，但他仍可能对生活非常满意，因为在这个过程中，他觉得是有意义的。

就像有一个故事所说，一个科学家试图说服自己的妈妈，不要继续相信佛教以及佛祖的存在。

妈妈问她："如果我临终的时候发现佛祖并不存在，但是因为我一辈子相信他存在，我让自己做了一辈子好人，一辈子觉得人生有希望。所以，即便他并不存在，我也没多大损失，对吗？"科学家点头称是。妈妈继续反问，"但是如果我临终时发现他确实是存在的，那么我就赚大了，因为我几十年的修行得到了未来的回报，对吗？"科学家点头称是。妈妈继续问，"所以，无论他存在还是不存在，相信他存在这件事，对我来说只有好处没有坏处，对吧？"科学家无言以对。

显而易见，这位朴素的妈妈用自己的逻辑说服了科学家：稳定的身份认同，对于人生来说，是稳赚不赔的。

而荣格在青春期时，却在身份认同上，产生了挣扎和冲突。这种冲突与他的自卑感紧密相连。

自卑感的来源之一是他进入了巴塞尔的"重点中学"。

荣格，本是村里人都仰视的村长的儿子，传说中的高富帅，到了中学后，在与同学父母的对比中，他发现自己的父亲只是贫穷的农村牧师。

自卑感的另一个来源，是自己的母亲。因为妈妈总给他立各种规矩，比如告诉他别忘了代父母向城里的某某人问好，提醒他别忘了擦鼻子，带手绢了吗？有没有洗手？等等。晚年荣格在谈到这些事时，仍然心有余悸："为了自尊和虚荣，我小心翼翼、如履薄冰，尽可能维护完美的形象。"

荣格自卑感的第三个来源，想必是和我们现代人相似的——那就是"学渣恐惧"。让荣格变成学渣的学科，正是数学。少年荣格非常讨厌数学，几乎到了无法忍受的程度。据说他的成绩是全校垫底的。数学给他造成的恐惧，几乎持续了一生。直到晚年，他已 84 岁时，才开始质疑，为什么他曾经无法容忍数学，却能够正确地计算出许多复杂的题目？他说这在他一生中始终是一个谜。

今天来看，这个谜底在于，荣格的自我功能产生了分裂。人类最主要的自我功能有四个方面——情感、思维、感知觉、直觉。

而数学，尤其中学数学，需要较高的思维功能，如代数中的公式演算、逻辑推理和论证。学到几何的时候，无论平面几何还是立体几何，又需要较高的感知觉功能，要能在脑海里把一个圆柱体变成一个圆锥并且反转过来，计算其底面积或者某个夹角的度数，等等。小学低年级的数学，加减乘除，也主要是感知觉功能。数学到了较高的阶段，还需要较好的直觉功能。例如，有的人可以直接看到一个公式的结果，或者在看到公式后，迅速在头脑中浮现图画。

大家可能以为做数学题并不需要情感，但实际上，不少数学推演的过程会调动大量的情感，尤其会产生美感。比如杨振宁教授在2019年3月接受《国家科学评论（NSR）》采访时提到，杨－米尔斯理论的提出，最初是来自数学，他觉得这个理论还不完美，但是解题过程太美了，他觉得这应该是正确的。1954年，奥本海默请杨教授在普林斯顿做报告，荣格的病人兼好友泡利也被邀请在场，因为泡利也在做类似的研究，便问了杨教授很多问题，让杨教授吃了不少苦头，最后泡利没有发表自己的研究，而杨教授踌躇了很久，还是决定发表了，发表的原因不是理性的，而是直觉——“它真的非常非常漂亮”（见《杨振宁：科学研究的品味》一文或《杨振宁文集》华东师范大学出版社）。

荣格的感知觉功能可以让他完成一部分数学的内容，在英文版荣格文集的第二卷《实验研究》中，有很多统计学运算，我们看到荣格都可以完成。但是，荣格的思维功能，的确是不稳定的，所以他的著作在逻辑推演上，往往会有一些不够严密、严谨之处，思维应该是他的劣势功能。相反者相吸，谁具有强大的外倾思维功能，谁就会吸引荣格，如弗洛伊德和泡利。

荣格在情感上对数学是厌烦和讨厌的。这是因为曾受到过某位数学老师的伤害？抑或数学对他象征着某些事物？比如数学，作为科学的基础，象征着对宗教，对其父亲职业的攻击？这些问题都值得思考。

除了数学外，还有两个科目让荣格排斥，就是体育和绘画。这让人有些意外，因为体育与绘画需要的也是感知觉功能，尤其是外倾感知觉。但是荣格在这方面的强势却在青春期被抑制了。

一般来说，如果一个青少年的优势功能被抑制，咨询师会假设，是环境不太期望他的这些优势功能得到发展。最常见的抑制少年优势功能发展的原因是：

第一，贫穷。穷人家的孩子，需要比较功利实用的追求。其学习目的，多数是为了社会地位和财富。所以他们被赋予学习的意义就是，努力学习 = 上名校热门专业 = 好工作 + 好校友 = 社会地位 + 财富。此时如果他们的优势功能是体育、绘画、历史、文学等这类专业，往往不能带来好结果。

第二，他人阻碍。例如，父母不希望子女成为艺术家。

第三，自我抑制。例如，在重男轻女的家庭中，哥哥很爱妹妹，担心自己学业太优秀，会让妹妹造成太大的压力。

荣格可能是自我抑制多一些。少年荣格心中的自我，仍然存有自卑与自恋的两极化。一方面，他能体验到凤凰男学渣的自卑感；

另一方面，他觉得自己又是很重要的，不可小觑。就像他幼年时觉得自己玩“火”与众不同一样。

少年荣格采用了人格分裂的方式，来应对学业压力和自卑感。他会幻想自己是一个生活在18世纪的老人，脚穿扣带鞋，驾着一辆凹面后轮的轻便马车，车厢悬挂在弹簧与皮带上。据说有一次，他看到一张图片上的老斯塔克伯格医生（18世纪巴塞尔的一个名医），马上觉得自己就是那个医生，觉得自己穿过那双鞋。

这种自我的分裂，和他的仪式化行为——躲在家里的阁楼雕刻小侏儒和发明宗教仪式，使他的性格更加内倾。

他在晚年回忆起这段经历时曾说，可以把自己的整个青春期与这个秘密联系起来理解，它导致自己在此期间有了无法忍受的孤寂。在那些年中，他最大的成就，就是抵制住了对任何人说起这件事的诱惑。

大多数内倾者在青春期都不怎么快乐。因为青春期会要求一个人能够求学、求爱、求友，有较好的外倾思维、外倾情感、外倾感知觉功能。而荣格，因为秘密仪式和自我的分裂，内倾的程度反而被加大。

为什么一个人到了青春期，社会文化会要求他的性格外倾呢？大概因为爱本能的流动方向就是不断外投的，具体到青春期，就是指向爱情和性欲。所以青少年的必修课是恋爱。

孩子的性启蒙，开始于他们问父母，人是从哪里来的？荣格有一个比他小九岁的妹妹，他很喜欢她，妹妹出生后，小荣格也问过父母这个问题，父母说，你们是由鹳鸟带来。

显然这不是现代科学版本的解答，而是欧洲传统文化版本的解答，结果导致荣格产生这样的一个观点：这是用来骗我的谎言，我确信这其中有我不知道的事。

然后，他的好奇心进一步发展。尽管妹妹的出生让荣格产生了模糊的不信任感，却带给他积极的影响。通常情况下，当一个家庭中的第二个孩子出生后，我们会预测两个孩子之间会产生竞争和嫉妒，尤其在精神分析领域，当大家讲到同胞竞争时，负性层面的内容太多，正性层面的内容太少。

但是实际上，同胞竞争有利于一个人的智力发展，同时还会促进年长孩子的好奇心和观察力的发展。这一点，可以通过荣格的经历来证实。正是因为妹妹的出生，让荣格的好奇心和观察力变得更加敏锐，也让他开始更善于思考。

当孩子开始探索人的来源，迟早会知道人类是因为性交而诞生的。但是如果父母对这件事支支吾吾，孩子可能会觉得性交是一种羞耻，而他又是性交的产物，岂不是一个羞耻的产物？

更糟糕的是，当孩子到了青春期，性激素每天都在刺激他全身上下每一个细胞。他又该如何与性欲，这个带来羞耻的敌人斗争呢？

荣格采用的方式之一，是性幻想。荣格的初恋对象与他相遇在一次旅行中。当荣格回忆起这段经历时，眼前浮现的是这样一种画面："一个年轻苗条女孩的身影从我左边出现了。她身穿当地服装，长得很漂亮，用眼神和我打招呼。我们一起走下山谷，仿佛这是世界上最自然的事。她和我年龄相仿，因为我除了表亲外不认识任何女孩，所以感到相当尴尬，不知和她说什么。"

确切地说，荣格的初恋应该只是一次短暂邂逅，不能算是真正意义上的初恋。这种短暂的一瞥，居然被80岁的他写到自传里，一方面再次证明他当年性压抑的程度；另一方面，也说明了荣格分析学中的一个现象，叫作阿尼玛投射。

阿尼玛，就是指异性恋男性心中的灵魂伴侣。也就是人们常说的“女神”。少男心中的女神形象，投射到隔壁班的女生，就变成了那刻骨铭心、一生一次的初恋。

荣格对自己爱情的描述实在太少，而这恰恰是人生中重要的一部分。

为何荣格极少谈及自己的爱情？这一点值得考究。考究的起点当然还是要回到他生命中第一个女人——母亲。

处于青春期的荣格如此描述自己的母亲：“我的母亲非常好，有一种动物似的温暖情怀。”这是荣格少数的对母亲的正性体验。

母亲总是假定小荣格在精神上远远超过实际年龄，并且像对成人一样对他说话。这实际是母亲把自己的伴侣、心中的同伴投射到少年荣格身上。母亲的这种做法不仅促成了荣格的早熟，同时还促成他的自恋。

早熟让荣格思考的内容、个性的成熟度和同龄人格格不入，自恋又让他很难融入群体，所以荣格成了一个孤独的少年。他交了一些朋友，但多数是背景简单而又腼腆的男孩，大多数老师则认为他既愚笨又狡猾，无论学校何时出现了差错，他都是第一个被怀疑的对象。

在这种情况下，他有了最早的被称为“自性化”的体验，按他的描述是这样的：“我觉得那些高山、大河、湖泊、树木、花朵、动物，是上帝的见证。在他的世界之外，存在着另一个世外桃源，就像一座神庙，任何进入的人都发生了改变。他会瞬间被整个宇宙的美景所俘获，以至于只剩下惊讶和赞美，将自己遗忘。这里生活着那‘另一个人’，他对上帝的了解是作为一个隐身的、个体的，同时又是超个人的秘密。这里没有人与上帝分离，就好像人类的心灵同时与上帝一起，对造物不屑一顾。”

自性化，是荣格学派最重要的术语，也是荣格派治疗的目标，是指一个人个性充分发展，成为一个完整的人。用通俗话说，就是自成一体、自性圆满、自由自在的意思。自成一体，是指人有自己的主张，有自己的理想和价值判断体系，不会轻易地人云亦云，被别人左右。自性圆满，则是指一个人有充分的自我接纳能力、自我满足能力，能够享受孤独，自得其乐。自由自在，则是指一个人敢于追求自由，善于追求自由，但当他的自由意志因为一些条件无法充分实现时，依然可以安然自在。

通过荣格这段少年时期的自性化体验，一方面，我们会感受到他身上的那种自性圆满和自由自在感；另一方面，又会让人心生不安，因为这种感觉常常出现在老人和仁波切身上，荣格的这种体验是很超前的。同时，我们从最后一句描述中也隐约看出，这种体验还带着少年的自恋和分裂，因为成熟的自性化心态是不会对“造物”不屑一顾的。

当然，自性化，并不是分裂的消失，以及精神病变心态的消失。自性化既然是指心灵的完整性，那么，心理疾病，同样是心灵完整的一方面，我们对于各种精神疾病的态度，应该更多是接受，而不是妄想要根除它们。

荣格把自己人格中分裂的部分，命名为“第一人格”和“第二人格”。他曾经这样说：“第一人格和第二人格之间的作用与反作用贯穿了我的一生，但与分裂型人格和精神分裂毫无关系。相反，每个人的生命中都有这样的分裂，即第一人格和第二人格。”英国的精神分析学家温尼科特，用“真自我”和“假自我”来描述这两个人格成分。

而荣格非常明确地知道，他的第二人格就是他内心的智慧老人，对他有着深刻的影响。这个智慧老人，最终取代了他的父亲，引领着他的人生。

说到这里，我们要回过头，看看荣格的青少年时期，对于父亲的记忆。荣格从 12 岁开始出现昏厥症，看起来像是心理因素导致的昏厥，在多次发作后，他听到了父亲对自己未来的担忧，病情随后就好转了。这一点说明，父亲的关心和爱，疗愈了他生命中的危机。

如果说母亲影响一个男人的爱情和婚姻的话，父亲则会影响到一个人的事业方向。按照子承父业的传统，荣格应该成为一个牧师才对。他母亲的家族里有六个牧师，而他父亲的家族中也有三个牧师——爸爸和两个叔叔。为什么他最终没有成为牧师？

每当荣格跟父亲谈到宗教时，他的父亲总会绕过“三位一体”这样的内容。当荣格向父亲提出自己内心的困惑时，他的父亲一般会承认说：“我不知道三位一体是怎么回事。”荣格一方面会钦佩父亲的诚实，另一方面，也让他体会到一种人性的孤独。所以他最终决定不再去教堂，尽管他的内心深处仍然是一个基督教徒。他曾说过自己不参加圣餐仪式，是因为那不是宗教，而是上帝的缺位。

父亲也告诉他，他可以做任何喜欢的事，除了做神学家。因为父亲自己并不喜欢做神学家，虽然是神职人员，一生却没有哪怕一次的圣灵降临体验。

同时父亲很讲民主，并不要求孩子绝对地服从自己，而是让孩子自己去选择瑞士版高考志愿。荣格当时的内心有点冲突，他一方面喜欢自然科学，主要是喜欢自然科学中的动物学、古生物学、地质学，另一方面又喜欢文科方面的考古学、宗教学。

这形成了荣格职业生涯发展的一种方向：并未选择神学作为职业，其理论中却又掺杂着强烈的神学色彩。这大概是他偷偷地对父亲所抛弃事物的认同。换句话说，他疗愈了父辈的信仰缺失。

父亲与父辈权威，这两个客体关系紧密。一般来说，一个人首先是和父亲建立连接，然后是和父亲同辈的男性权威建立连接，随着上学、工作，自己的关注力会从家庭中的父性权威转移到社会中父性权威的身上，如自己的老师和领导。

当一个人能够和父亲及父性权威建立爱的连接，他就会和整个父权社会、父权话语都建立较好的连接。但是现代人因为面临父权社会的解体，在和父亲－父性权威－父权社会建立关系时，难免会遇到重重障碍，这也是现代人的心理障碍的病因之一，在分析师鲁格·肇嘉（Luigi Zoja）的《父性》一书中，对此有详细描述。

自己的父亲虽然既不够坚强，也没有坚定的信仰，但是荣格少年时期的另外一个父性权威——舅舅，却帮他补足了缺失。舅舅小心地引导他成为神学家、牧师。当去舅舅家时，他可以和自己的表兄弟们畅所欲言地讨论教义，以及各种神学家的观点。

舅舅和爸爸共同构成了一种民主型权威的养育环境，这显然对荣格日后敢于坚持自己的主张，敢于和权威辩论，敢于走上自己的人生之路，有着深刻的影响。

荣格在认识弗洛伊德之前，个人形象在精神病学界是很完美的，堪称青年才俊、冉冉升起的新星。而后，他就走向了让世俗者看起来“自我毁灭”“不接地气”的“错误”道路。

首先是他结交了江湖医生弗洛伊德，让自己在专业界的名声受损。接着，他又研究很多在当时被鄙视的内容——炼金术、占星术、宗教修行、飞碟等，让名声进一步受损。直到后来，当超心理学和新时代兴起后，人们对他的评价才稍微好了一些。

一个人有底气反抗社会主流，这是自成一体、自性圆满和自由自在的一种表现。

荣格的底气，除了来自父爱和父性权威之爱，还有另外一个来源，就是阅读。通过广泛阅读，荣格结交了更多的历史上的“父性权威”，从而也不会被一时的风气带歪。这也是为什么要推荐青少年多阅读经过时间考验的世界名著的原因之一。

荣格在青少年时期最喜欢读的一本书就是世界名著《浮士德》，这是荣格妈妈向他推荐的。《浮士德》的故事，就是在讨论一个中年危机的炼金术士，如何通过一系列步骤，开展自性化过程，最终获得自性圆满。荣格看了之后，对书中的魔鬼代言人墨菲斯特产生了浓厚兴趣，墨菲斯特是一个象征着“阴影”的人物，荣格后来说到人格成长的心灵炼金术，第一个任务就是面对“阴影”，也就是面对我们心中的魔鬼。《浮士德》是贯穿荣格一生的著作，可以被看作是荣格的心理自助书。

荣格的哲学思想建立，也是在青春期阶段。他在高中阶段读过许多哲学家的书，如毕达哥拉斯、赫拉克勒斯、恩培多克勒、柏拉图等。对于19世纪的哲学家黑格尔，他曾表示是自己非常不喜欢的。之后，荣格在自己的著作中谈到辩证法，尽管他自己具有辩证法的思想，但他就是不喜欢黑格尔。

荣格喜欢古希腊的哲学家，并且非常欣赏叔本华，这也许是因为叔本华是唯意志哲学的创始人,而叔本华又深受《吠陀经》的影响。这就从另外一个角度解释了，为何荣格等人的思想在中国颇受欢迎。因为《吠陀经》的思想对佛教有非常大的影响，而佛教对整个中国文化又具有极大影响力。

学习与阅读，帮助荣格解决了青春期身份认同的危机，也就是儿时坐在石头上的思考——“我究竟是谁”。

他曾这样描述当时的感受：“我顿时醒悟，‘我是我自己！’好像我穿过一堵雾墙，在雾墙后面，还没有‘我’的存在，但是在穿过墙的一刹那，那个‘我自己’出生了。在这之前，我也存在，但是所有事只发生在我身上，现在所有事会发生在‘我自己’身上。现在我知道，我是我自己了，我存在了。”

这就是典型自我身份认同的稳定感，也是最初期的自成一体、自性圆满感。

阅读疗法几乎疗愈了当时的荣格，那个自闭分裂的小男孩，开始长成一个自信俊美的少年。

荣格说，自己在十七岁之后开始克服贫穷、乡下人带来的自卑感。他发现贫穷不是障碍，并且不是人类受苦的首要原因。富人的孩子并不比衣衫褴褛的穷孩子优越，幸福与否取决于更深刻的原因，而不是口袋里面金钱的多少。

什么才是荣格所说的超越穷富、决定人们幸福与否的更深刻的原因呢?

就是自性化，自性圆满、自成一体、自由自在。从而产生长时间的满足感，而幸福 = 满足感 × 时间。

家庭、父母或老师，这些外部因素并不足以提供给一个人丰富的自性化整合体验，而是需要那些来自我们内心深处的超越性意象。

对于童年期的荣格来说，这些超越性意象分别是独眼肉柱梦、神圣之火、永恒的石头等。到了少年期，这些内在意象又发生了变化，下面这个意象特别重要，提示着科学与宗教的冲突，在荣格内心达到顶峰，也象征着他自身灵性的觉醒：

“上帝端坐在金色宝座上，在世界之巅——夹杂着宝座下面的一堆粪便坠落在闪闪发光的大教堂新屋顶上，将其砸得粉碎，墙壁也分崩离析。”

这个意象标志着荣格的上帝观，宗教信仰的重大革命。在这个意象之前，年仅 12 岁的荣格就已做过一个梦，可以命名为梦 2——教堂上帝梦，这个梦是这样——

我在巴塞尔预科学校的一个阴郁的院子里学习，那是一座美丽的中世纪建筑。我从院子里经过一个大马车往来的大入口，在我面前是巴塞尔大教堂，阳光明媚地照在最近的彩色瓷砖的屋顶上，它重新装修过，给人留下了最深刻的印象。在教堂之上，上帝正坐在他的宝座上。我想："这一切多么美丽！这是多么美妙的世界，多么完美，多么完整，多么和谐。"然后发生了什么事，如此出乎意料，如此破碎，以至于我醒了。

荣格曾告诉别人，这个梦中有典型的“压抑”（repression），这是弗洛伊德发明的一个术语，他认为大多数心理障碍者的核心防御机制，就是无意识地遗忘某些事件，这些事件往往是此人的道德不允许的。荣格显然是指“发生了什么事”这一句话。这个“什么事”，是12岁的荣格不能接受的，当然我们也可以推断，它应该和前面提到的意象有异曲同工之处，它彻底破坏了荣格心中的“上帝完美”这一理念。

这个梦发生的背景和独眼肉柱梦一样，仍然是荣格熟悉的生活场景，以及具有宗教意义的场景。这一次的梦中场景，就是荣格的中学，说明它是在中学留下的情结。

中世纪建筑，表明带给荣格疗愈力量的传统文化。而梦中的上帝，就是带来了自性化感受的意象——完整感、完美感、和谐感。我们看到，之前梦中是独眼肉柱坐在王座上，现在变成了教堂上空的上帝。看起来之前的恐惧感似乎正在疗愈。

可惜的是，和独眼肉柱梦一样，这个梦还是一个噩梦，不知道什么事情发生了，少年荣格还是被惊醒。

少年荣格开始面对自己内心对信仰的动摇。在此之后，他经常思考上帝究竟是一个什么样的上帝，并且在这一过程中，他逐渐找到了一种和上帝融为一体的感觉。所以这个意象，也可以被称为基督教徒所说的“上帝的恩典”。在经历了“上帝的恩典”后，一个人会完全献身于上帝，除了实现上帝的意愿之外，什么都没有，其余一切都是愚蠢和毫无意义的。也就是说，从体验到恩典那一刻起，一个人真正的责任开始了。

如果把“上帝”换一个比较科学的心理学名词，那就是荣格说的“自性”，或者翻译成“大我”也可以。换言之，自性化的过程，正是自我和自性的分分合合的过程。少年荣格开始逐渐明白，上帝或许并不完美。由此他体验到了一个有些黑暗的秘密，他甚至说这个阴影笼罩了他的生命，使他变得郁郁寡欢。

其实这个秘密，就是上帝似乎也有不光明的一面。这在今天看起来很简单。也不是那么离经叛道，如当代基督教传道士，也有提出类似命题，但是在荣格的少年时代，谁要胆敢这么想，就是在挑战整个社会的主流价值观。

自性化体验过早发生，影响到荣格的两个方面：

一方面，它让荣格具有了责任感和道德成熟，拥有更深层次联结的人当然不惧人间的白眼。另一方面，这也导致了他内在忧郁的气质。因为他必须隐藏和压抑真我，这形成了他的阴暗面，需要他不断地进行整合。

除了这个具有人性特征的上帝意象外，荣格的石头意象也起到了稳定他心灵的作用，他曾说过，每当想到自己是那块石头，冲突便戛然而止。石头没有不确定性，不急于传达，千百年来永恒如此。由此他会想，虽然他仅是一个暂时的存在，但会爆发出所有的情感，如火焰一般在瞬间燃烧，然后消失。他就是自己所有情感的总和，而内在的“他者”却是永恒的、不朽的石头。

所以，石头，也是荣格所说的自性、大我的象征。无独有偶，科幻小说《三体》里面，也提到了石头，未来人类最终发现，原来最能够长久保存人类文化的东西，居然不是高科技产品，而是随处可见的石头，历经千万年风霜，仍然不改历史的留言。

可见人们对恒久性的追求，会自然而然地投射到石头上，这大概是荣格后来会对炼金术、哲人石感兴趣的原因，乃至到了晚年，荣格在丧失母亲和妻子后，开始在石头上雕刻下心性的留言。◆

扩展阅读

少年心性的特征就是喜欢图画，当今时代充分尊重人们的这种少年心性，出版了多本《漫画荣格》《画说荣格》著作，其中Maggie Hyde和Michael McGuinness所著的《荣格》还成了畅销书，在中国台湾地区已出版。由日本作者渡边学编写的《漫画荣格》，以及诸如《图解荣格心理学》这样的书籍也已出版，不过主要是介绍荣格的理论，而并非其个人传记。

漫画书籍，文字并不是主要看点，而是绘画风格和构图安排。不过漫画书籍也有一些“罕见”的内容，比如有同行告诉我，她在一本资料中看到，荣格的妻子允许他能够有情人，是因为害怕荣格会对女儿乱伦。我当时比较吃惊，因为并没有在其他传记作品中读到，细问之下，才知道她是从一本英文漫画书中看到的。

还有一本《世界心理学鼻祖：荣格传记（Carl Jung：wounded healer of the soul）》，王东东、宋小平翻译，世界图书出版公司出版，其中有大量精美配图，中文版也保留了原版配图。

如果有人既想了解荣格，又想学习英文，备考四六级或者雅思、托福，那么杨韶刚老师翻译的《简析荣格》外研社双语对照本，则是一个很好的选择。杨老师是心理学著作最专业的翻译者之一。

几乎没有任何一本书，是专门研究荣格的青春期的，但是加州的分析师Brian Feldman写过一篇优秀的文章，叫作《青春期后期的身份认同、性欲和自体》。这篇文章详细地介绍了荣格的青春期心理发展和他的临床工作的关系。作者提出，荣格在青春期后期和父亲的关系中，对父亲不太认同，相反有所疏远，开始认同母亲，认同母亲的结果之一是荣格开始出现了类似母亲的人格分裂，这也有可能引发了荣格的双性同体的身份认同，尤其表现在日后对弗洛伊德的接近于同性恋的情感上。

荣格对少女的一见钟情，是典型的阿尼玛投射，但是却针对一个偶遇之人，也体现了荣格深深压抑的性欲。这段经历影响到荣格的青少年治疗理论，他认为青春期男孩必须摆脱对母亲的认同，迫切需要男性的指引。今天我们更多是认为，青春期男孩，的确需要与母亲意象分化，但是更多是和婴幼儿时期的母亲意象、双性同体的母亲意象分化，从而形成自己稳定的性身份认同。

青年 1

让梦想疗愈空虚

你永远不要有企图改变别人的念头。你能够做的就是像太阳一样，只管发出自己的光和热。

—— 荣格

青年成人期，大约是指从 18 岁到 30 岁的阶段，是一个人从独立到人生基本稳定、建立起自己家庭的时期。同时，这也是一个人精神障碍容易发作的时期。通常我们会用一个词来形容这个时期的发展任务，叫作“三求青年”——求爱、求友、求业。也就是说，在这个时期，一个人的这三方面基本都会确定下来：第一，爱人是谁；第二，朋友圈是什么样的；第三，事业是什么样的。

在这个时期的个人心理分析中，有两个关键点：

第一个是考大学。这其中包括如下一系列问题：升学考试是如何度过的？有没有发作考试焦虑？志愿是怎么写的？是经过深思熟虑后根据自己的兴趣填报？还是别人说考什么专业比较好才填写？是基于这个专业毕业后容易找到工作？还是家人没和自己商量就代为填报？再或者，自己所选的大学，仅仅因为让家人觉得有面子？

第二个是工作。同样有一些问题：这是你的第一份工作吗？什么是你的职业？什么又是你的事业？

工作，是指一个人赚钱谋生的手段；职业，是指一个人可能长期从事的多份工作，但是这些工作都是在同一个职业范围内；而事业，则是指一个人做一件事哪怕没有收入，也会全心投入。

以荣格为例。他的第一份工作，是著名精神病院的住院医生和主治医生。第二份工作，是私人开业的精神科医生，专门做心理治疗。同时还有第三份兼职工作，就是大学兼职教师和教授。第四份也是兼职工作，是行业协会的主席。荣格所有工作，都是围绕着“心理医生”这一个职业展开的。心理医生，同时也是他的事业，他的事业是探索一个人如何疗愈空虚感、分裂感，也就是探索自性化的机理和方法。

荣格在考大学过程中，记录下了两个梦，第一个梦（梦3——挖掘古墓梦）是这样的——

> 我在一片黑暗的树林中，树林沿莱茵河畔展开，我来到一个小山丘上，在一个古墓前，开始挖掘。过了一会儿我发现，令我惊讶的是，我挖到了一些史前动物的骨头。这引起我极大的兴趣，此时我知道了，我必须了解自然，必须了解我们生存的世界，了解我们周围的事物。

这个梦的背景，不再是荣格熟悉的生活场景，也不是人类创造的教堂、学校等，而变成了莱茵河畔的黑暗森林，它代表着自然的神秘、生命和死亡。

梦中荣格也已不再是那个恐惧的小孩，而是勇敢的挖墓者。类似的挖掘、深入主题，在荣格的梦中不断出现，这种欲望投射到现实生活，除了变成创作、欣赏盗墓小说外，还可以变成对考古学的兴趣。荣格便是如此。同样的爱好者还有弗洛伊德，他甚至长期订阅考古学期刊。

精神分析，从某种程度上就是一种心灵考古学。例如，精神分析中的术语“本我”Das Es，就是德语中第三人称代词“它”。

来访者常常告诉弗洛伊德或荣格，那个念头不是他们自己的，而是来自内心的野兽，来自心中的“它”的精神分析，就是考察这远古的“它”的艺术。

荣格在升学考试期间做的第二个梦（梦 4——放射目动物梦），仍然出现在一个树林里——

> 我又在一片树林中，林间溪流纵横，在一个最幽暗的地方，我看到一个圆形水塘，被茂密的灌木丛环绕。有一种最为古怪且奇妙的生物，一半浸泡在水中：这是一种圆形的动物，闪耀着众多颜色的光泽，由无数小细胞组成，或是由触须般的器官组成。那是一个巨型放射目动物，直径有一米粗。面对这样一个壮观的造物安静地躺在那儿，躺在这隐蔽处所——清澈、幽深的水中，对我来说真是不可名状的美妙。它唤起了我强烈的求知欲，以至于心怦怦地跳，我醒了过来。

一般来说，当来访者的梦中出现圆形时，咨询师就会推断其自性原型被激活。所谓自性圆满，圆圈就是用来象征“圆满”的。圆圈在宇宙中无所不在，比如人体细胞是圆的，太阳和地球是圆的，天体运行的轨道也是圆的，所以荣格派学者提出，自性化过程并非是人类独有的，动物界、植物界、全宇宙大概都有这样一个过程。

在后荣格学派中，有些人认为自性化（individuation）过程始于童年。当然，大部分人还是强调，自性化被明确意识到并且走向圆满成熟，始于一个人的中年后期。

这个梦的时空，仍然是树林，但是已经不是黑暗树林，黑暗已经缩小，变成了森林中的一小块，而且在这一小块地方中，梦中的荣格最终也发现了生命，发现了自性的象征。

荣格梦中的黑暗物质，最早出现在“独眼肉柱梦”中，沿着草地上四方形的黑洞，荣格直面了令人恐惧的独眼肉柱。现在，黑暗物质已经由方变圆，这是自性化梦境的典型变化，由分裂的四相性变成圆满的圆形。

黑暗物质的周围，也不再是梦 1 中的石壁，而变成了树木、流水、灌木等，这些都是生命力的象征，它们的出现，象征着在荣格心中，生命的力量已经取代了死亡的力量。

这个梦最令人注目之处，当然就是放射目动物。在荣格 12 岁时的教堂上帝梦中，王座上的上帝，曾经诱发少年荣格的完美感和完整感，但可惜的是，这种感觉很快被打断了。

但是在这个梦中，完美感、完整感不但没有被打断，反而持续到了白天的生活，激发了荣格持续终生的、对集体无意识的探索，以及对宇宙和生命的神秘本性的探索。

放射目动物，或者说，放射虫，很可能是寒武纪出现的生物，它象征着生命的本源和早期。荣格学派曾有本书，叫作《两百万岁的自性》。也就是说，集体无意识中的自体，或者说“大我”，远远超越于人类文明，有可能在200万年前就出现，甚至有可能在寒武纪之前就已形成，或者有可能是地球形成之前的宇宙中存在的精神系统微粒。比如物理学家泡利和荣格，就曾经形成假设，认为微观粒子可能是精神性和物质性合一的存在。这种假设在当时有点离经叛道，现在似乎已经被越来越多的人支持了。

放射虫的形态和独眼肉柱非常类似，同样是圆形、硕大的，但是放射虫会发射出光芒，类似粒子突变时的光芒。这种五彩光，经常被人们用来指向超越、统一、和谐。比如彩虹，被认为是上帝和人建立契约的标志。藏传佛教也认为大成就者,肉身最终会变成彩虹。

这两个梦帮助荣格做出决定，他要学习自然科学，不再焦虑和冲突。升学的重大选择，居然通过梦来决定，这让不少人听起来，会觉得实在太疯狂。

而且别忘了，荣格并没有出生在大富大贵之家，按照现在流行的观念，许多人可能会劝说荣格这样的人，去考北京大学、清华大学、哈佛大学、耶鲁大学，并且首选金融等热门专业。

这种期望，对于外倾的人来说，大约是适用的，外倾者总是根据外在要求来决定自身走向，而对荣格这样的内倾者来说，则是一场灾难。

荣格通过梦来决策人生，这是运用了内倾直觉功能。很多人的人生决策，也是在自己的梦中就有提示或者预言，只不过自己没有觉察到而已。荣格之后的生活已证明，他当时选择的道路正确无比，既发挥了优势，又疗愈了自己，还带来了辉煌的成功。

荣格的这段经历也提示我们，一个人要深入地进行个人分析，并将梦境记录下来，是极其重要的。当我们的人生出现选择困难时，可以通过不断了解自己的梦来寻找答案。

荣格确定了事业方向后，接下来他需要解决的问题就是生存。

他必须养活自己，如果没钱，就没办法上大学，也没希望获得想要的科学职业训练。为此他向巴塞尔大学申请了奖学金，幸运的是，申请居然被批准了。

当一切就绪后，荣格又开始不太确定到底学习科学的哪一门？这一次，荣格驾轻就熟，又做了一个梦（梦 5——小小意识灯火梦），此梦再次体现了他的分裂以及人生中需要整合的内容。

梦是这样的——

在夜里某个我不知道的地方，我顶着狂风，艰难前行。浓雾笼罩四周。我双手护着一盏微弱的灯火，火随时会被吹灭，一切都取决于我能否保持这小小灯火不会熄灭。我突然感觉到有什么东西正在尾随我。我回头望去，看到一个巨大的黑色人影正跟在身后。在此刻我已经意识到，虽然我内心害怕，但是我必须保持这小小灯火，熬过黑夜和风暴，哪怕所有危险。

荣格本人对这个梦的理解是什么呢？

他说："当我醒来时，立刻意识到那个人影是一个布罗肯山幽灵，是我自己在山雾涡流中的影子。通过我带着的那灯火，它被带入到存在之中，我也知道，这小小的灯火就是我的意识，是我唯一的光亮。

理解力是我拥有的唯一巨大财富。虽然与黑暗的力量相比，它无比渺小和脆弱，但仍旧是一盏光亮——我唯一的光亮。”

这个领悟如果是18岁的荣格就得出的，那么我们可以确定无疑地说，荣格就是精神分析的天才，他在精神分析还没有被弗洛伊德发明之前，就可以解读梦的象征语言，产生了领悟——梦中的阴影，来自自身的投射。

这也是自性化的第一阶段的任务，一个人可以在梦中，意识到梦中可怕的黑暗人物都犹如梦幻泡影，无论动物、日本军队、魔鬼还是独眼肉柱等，都像德国著名景点布罗肯山的幽灵一样，游客们在此山中，不时看到巨大的阴影，他们一开始会惊恐不安，以为遇到了妖魔鬼怪，但仔细观察，不难发现，这个阴影就是自己的身影，它随着山雾和阳光，变大变小。

弗洛伊德也说过类似的话，意识的力量是微弱的，但却是永恒的。事实上，这是很多人在深入到自己无意识中会体验到的感受。尤其是当一个人巨大的阴影出现时，就再明显不过地感受到自我意识的弱小性。

荣格说自己的第一人格是那个持灯的人，第二人格如影子般跟随着他，任务是保护那盏灯，并且不能回头去看那永存的生命力，显然那是被另一种光照耀的禁地，必须要迎着风暴前进。风暴企图将他推回到无尽的黑暗世界中。在第一人格里，他必须前进，去学习、赚钱、承担责任、纠结、混乱、犯错、服从和挫败。推动他的风暴的是时间，时间不停地流入过去，就像狗一样追在他的脚后。它发出巨大的吸力，贪婪地吞噬所有的一切，他只能奋力向前逃离它。

荣格这种观点，指出了荣格学派说中阴影原型的一面——时间的流逝，死亡的来临。

每个人对时间的感受力不一样，这导致我们内心的客体和各种感受会不断投射到世界万物中，包括时间和空间中。

例如，如果觉得自己生活的住所是一个温馨美丽的地方，我们就会不断地断舍离，不断地整理家，把家中的空间整理得很美。

如果我们的住所，我们的家，被投射成一个垃圾桶，一个贪婪成性的巨婴，就会在它里面填满各种垃圾。

同样的，如果觉得时间是一个包容者，像母亲一样的包容，就会珍惜每一时每一刻，最终拥抱死亡。

相反，如果觉得时间是一个无情的吞噬者，就会因为时间流逝而感觉到痛苦，死亡被体验为抛弃性母亲。

人的大部分时间，都是在否认死亡中度过，但是青春期的时候，人们会真实地面对死亡。青少年体型飞速变化、变声期出现，他们会感受到自己正在丧失时间，丧失身影，丧失童年。好多青少年会梦到末日梦，当社会上出现“末日预言”时，青少年很容易信以为真。

所以荣格的小小火光梦中，火光也可能代表着青少年身份认同的脆弱性。这种脆弱性，在以前的梦中，都是由梦中的荣格直接承担的，但是在这个梦中，荣格已经是一个保护者。黑暗之物，也从地上黑暗的方洞变成了黑暗的森林，而现在变成了黑暗的巨人影子，荣格虽然害怕，但是已经充满了胆量，敢于在黑暗巨人之前保护自己的小小光亮。

荣格这种心态的变化，当然也和父母的变化紧密相关。

在他的记忆中，父亲的愤怒和不满与日俱增，状况使他充满了担忧，母亲则避免做任何可能刺激到父亲的事，并拒绝与其争吵。

以前那个对儿子关爱的民主权威消失了。

这是很多父母，在子女的成年初期，容易出现的状态。尤其是之前热爱宠溺孩子的父母。有人甚至告诉我："我上大学的那年，我爸就像彻底变了一个人。"这是为什么呢？

读者们还记得，在荣格童年时，父母曾经闹过离婚吗？还记得荣格说，少年时代，觉得他们家是乡下人，比较贫穷吗？

笔者推测，荣格家出现的情况，大概是父母双方已经隐性离婚，但是现实的压力，又让这对夫妻离不了婚。

离婚是一种能力。需要的第一个能力是有钱。否则，很多夫妻就只有无奈地停留在彼此不相爱的婚姻中，当家中所有的孩子成年后，如果女方能够养活自己，或者男方足够仗义慷慨，双方就会选择分道扬镳。这是许多夫妻常见的隐性离婚到显性离婚的路线图。所以不少孩子在接到大学录取通知书时，父母也拿到了离婚证。

还有些夫妻隐而不离的原因，是因为道德压力。比如荣格家，双方家庭都有牧师背景，在基督教的大多数分支中，是比较坚决地反对离婚的。所以荣格的父母，估计是到了一个中年危机的关键点——从物质和感情来说，双方可以离婚，但是从道德和道义来说，双方一辈子都不能离婚。这时就容易出现抑郁、愤怒、酒精成瘾等。

夫妻离婚会造成孩子的创伤，同时，创伤也可以转化为前行动力。荣格就是如此。他在大学期间，非常勤奋地学习，曾经参加学校的俱乐部，并且发表演讲，演讲内容被收录到荣格文集中，成为荣格思想的早期文献。

荣格似乎天生是为精神病学而生的，他表示出对精神病学和医学的浓厚兴趣。这时他父亲警告他，千万不要成为物质主义者。在那个时代，正是物质主义假设占据主流，精神病学认为精神产生于大脑的功能，是蛋白质的堆积，精神由此而生，灵魂和爱情均产生于头脑。但父亲的建议影响了荣格，他后来也反对物质主义的假设，这也是他比较非主流的原因之一。

与此同时，他发现父亲在悄悄地阅读弗洛伊德的著作，这也决定了日后荣格对弗洛伊德的心理投射，就是把弗洛伊德投射为一个师父，一个充满爱和智慧的父性权威。

荣格在 1895 年,也就是他 20 岁时考进大学。但是就在 1896 年，他 21 岁时，父亲突然因为癌症去世了。

当重要亲属死亡时，会让一个人的自性化速度加快。面对父母的死亡，最重要的仪式就是“临终告别”。这个仪式往往需要另一位在世的父亲或母亲，以及整个家族一起陪伴度过。

但遗憾的是，荣格父亲临终时，最关心的事，竟然是荣格是否通过了国家级考试，导致荣格在面对这个问题时，必须撒谎安慰他，毕竟这是父亲临终前最关注的事了。这种告别场景，容易造成孩子以后的学习情结，会纠结于各种考证、无效的学习。但是幸运的是，荣格似乎并没有多少学习情结、考证情结。

令人奇怪的是，荣格曾提到自己站在父亲床边，被当时的情景迷住了，因为他之前从没有见过任何人死去。这是一个值得注意的情况，荣格为什么从没有见过人死去呢？难道在此之前，他没和家中故去的老人告别过？还是在他们的家中会刻意回避死亡？老人们在故去的时候并没有和子女们、孙子孙女们好好告别？这是一个令人深思的状况。

据说在荣格父亲弥留之际，母亲曾叹着气说了一句话：“这一切过去得多么快啊！”之后不久的一天，母亲又说了另一句令荣格崩溃的话，就是："他为你死得很及时！"

这句话给荣格造成了很多想法。荣格后来回忆说："'为你'这个词给了我很沉重的一击，我惋惜过去的日子，因为它们不可挽回。"

但同时，他的另一部分觉醒了，荣格曾说过，一个充满男子汉气概和自由自在的自己在那时觉醒，他搬进父亲的房间，并从此在家中取代了父亲的位置。

随后荣格做了一个梦（梦6——死亡父亲回家梦），大致是这样的——

父亲突然站在我面前，说他度假回来了，正要回家。我想他会因为我搬进了他的房间而恼怒。

类似主题的梦荣格后来又做了一遍。这个梦没有详细记录，只有一句话。

由此我们能看出，荣格那种隐隐约约的俄狄浦斯情结。

俄狄浦斯情结有很多种，如正性俄狄浦斯、父性俄狄浦斯、倒错性俄狄浦斯等（关于这几种情结的详细介绍，见David Scharff所著《性与家庭的客体关系观点》，2009年由世界图书公司出版）。

正性俄狄浦斯情结，是指小男孩要和爸爸分享妈妈的爱，甚至想要替代占据爸爸的位置。与此同时，小男孩又爱着自己的爸爸，不忍心把爸爸杀死或扫地出门，从而他希望自己变成像爸爸那样的英雄好汉，娶一个像妈妈那样的贤妻良母。

但是荣格没有多少正性俄狄浦斯情结，荣格曾经明确地写下，他和周边人谈过，自己就是无法想象一个人怎么会爱上自己的妈妈。因为在他眼中，他妈妈不是一个可爱的人。与弗洛伊德截然相反。

荣格大概也无法想象，一个人怎么会有要取代父亲的这种感受。他和父亲的关系主旋律是充满爱意的，哪怕他们曾在他青春期争吵。直到父亲死后，他搬进父亲房间后，才开始担心父亲的愤怒，才感受到两人的竞争，才开始感到惭愧。也就是说，正性俄狄浦斯情结的内容，在他 21 岁才开始出现。

到了此时，他的生死观开始进一步发展，他开始第一次思考关于死后生命的问题，并且倾向于认为人死后还是有生命的。既然父亲的鬼魂会不断回来,所以相信鬼魂存在,对他的生命是很有意义的。这类梦提示了荣格，虽然他的外在客体父亲死亡了，但由于内心与父亲这个客体的关系没有断绝，才导致他不断地梦到自己的父亲。

在这一点上，需要我们注意的是，如果一个人特别不愿意接受他的亲人死亡的事实，不愿意承认亲人已故，此时，他会开启一种防御机制，告诉他自己，他深爱的那个人正活在另一个地方。这是很多人相信鬼魂或者轮回的心理学原因之一。

也有些人不愿意相信鬼魂或者轮回出现，哪怕他是一个科学家，哪怕我们给他呈现有关轮回的诸多研究。这又是为什么呢?

我的一位来访者提供了答案——“如果人还有来生，如果我死后居然还要见到我不想见到的一切，这样的生命实在太可怕了，就像被判决了无期徒刑，我宁愿要死刑，一了百了。”

所以，人们的情感，往往会决定他选择看到什么样的事实。

医生天天都接触死亡，这也促进了荣格的生死观，他作为医学生经常要做动物试验，做完实验后，医学生经常要杀死各种实验动物，如用断颈法杀死小白鼠，用静脉注射空气法让小兔子安乐死。以前很长一段时间，医学生还要杀死猴子或者狗，现代已经不允许拿高等哺乳动物做实验了。

荣格觉得这种方式不太好，因为他自己对动物有很多的怜悯心。这种怜悯，他认为并非源自他从书本中学习的知识，而是依赖于更深层的原初心灵态度——在无意识中与动物建立了同一性，也就是同体大悲的悲悯心。

悲悯心，也是做医生尤其心理医生的重要心理素质。人类天生有慈悲的种子，但是这种心态要开花发芽，还需要后天灌溉。尤其是父母之慈悲与社会之公义，荣格显然得到了不错的灌溉。

从情感上模糊的慈悲观，上升到对人类的尊重，对所有生命的大爱，就是一个人的人生观、人性观形成的过程。

青年期是三观（世界观、人生观、价值观）建立稳固时期，所以人在青年期应该多看哲学名著，并确定三观。“空心症”就是这样疗愈的。

那些我们一辈子都喜欢反复看的书，就是在这个阶段打下基础的。前面已经谈到了歌德的《浮士德》就是荣格青春期的最爱。

而到了青年期，荣格发现了另一个作者：尼采。尤其是尼采的《查拉图斯特拉如是说》，对他的影响很深刻。他发现在这本书中，尼采也存在着第二人格，这种心心相印、相惜的感觉，对荣格很有疗愈作用。

后来在他功成名就后，还反复提到尼采。尼采可以说是近代哲学最有名的“空心症”患者，并且通过哲学重建自己的人生价值和信仰体系。可以说他就是荣格的老大哥病友，当然众所周知，尼采的自我疗愈效果并不太好。但是他通过《查拉图斯特拉如是说》，的确开创了通过写作开启自性化的先河。荣格成名后，花费数年的时间，和一群分析师讨论该书，这个研讨会的记录有数千页，已经出版，是研究尼采和荣格的重要文献。

在大学期间，荣格开始思考自己是否要换到精神病学专业。根据前面的介绍不难分析出，选择精神病学是荣格的不二之选择，因为他们家数代人都有精神障碍。

但是在从事精神医学之前，荣格曾经有许多犹豫和徘徊，直到后来，当他读到精神病学著作时，才灵光一现，选择精神病学作为事业方向。

荣格如此感叹："我兴趣的两股激流合二为一，并成为一股激流，冲刷出自己的河床，这里是生物和精神的事实，共同存在的体验性领域，是我到处寻找又无论在哪里都找不到的领域，这里真的有了一块地方，让自然和精神的冲突变成了现实。"

荣格把他的自性化历程，也就是把解决、容纳和消化冲突的任务，投射到了精神病学上，所以荣格会用整个生命的力量来学习精神病学。

他用自我疗愈、自我超越的力量去学习精神病学，克服了名利的诱惑。精神病学相当受人轻视，没有人真正理解他，他的朋友对他转学精神病学一事都震惊不已，认为他放弃了做内科医生的机会，去学习精神病学的胡说八道，实在是愚蠢无比的。

如果荣格当初选择随大流，去做一个内科医生的话，我们可以预测他的走向，一是他可能变成一个平庸的内科医生，二是他可能在中年后从内科转行转到精神科。当然也有第三种可能——他因为精神障碍发作，以内科主任医师的身份住进本院的精神科病房。

后来，荣格写作了不少有关育儿的文章，其中对父母和老师的建议就是，要尽量以自由的精神来支持孩子们的理想，否则孩子在成年后，仍然可能回到他最初想要从事的理想事业中。

临床上这种案例比比皆是。例如，一个人迫于社会的期望和赚钱的需要，选择了大家认为正确的“工作”，如大学报考热门专业、挤破头挤进世界 500 强企业等，但是他的职业却是不稳定的，每隔一年就转行另外一份工作，或是拼命赚钱，牺牲身体，或拖延发展。但是到了中年以后，当这个人性格成熟，或是钱赚够了，就会回到他青年时期的事业理想，如做艺术家、做乡村教师等。

一旦进入到自己的理想事业，荣格生命本能的小宇宙爆发了。他开始疯狂地学习。整整六个月时间中，把自己锁在了自己任职的精神病院，通读了 50 卷的《精神病学概论》。

他的医学博士论文，就是研究他表妹，一个人格解离病人，同时也是“灵媒”。他的论文的标题叫作《论所谓神秘现象的心理学和病理学：一个精神病学研究》。他说：“从广义上来说，我坚持认为精神病学，是患病者的患病心灵与医者的假定正常心灵之间的对话，是患病者人格与治疗师人格之间达成的协议，两者大致上都是主观的。”

他认为，幻觉和妄想，并非仅仅为特殊的精神病的症状，而且具有普世的意义。也就是说，幻觉和妄想可能是我们人类普遍存在的一种心灵状态。弗洛伊德也有类似的观点，认为所谓正常人，就是在梦中发作精神病的人，而所谓精神病人，就是睁着眼睛做梦的人。

这就是当年精神分析的前卫之处，它消解了现代社会的一种分裂——把精神病人和正常人分割为截然不同的两类人。

说到“空心病”，这个名词流行的时候，就有同行开玩笑说，既然有“空心病”,那是不是也有“实心病”？既然有“巨婴”,还把“巨婴”界定为可能是一种心理障碍,那么“成熟”是不是也是一种病?既然有网络游戏成瘾这种病，那么热爱学习成瘾，是不是也应该被界定为一种病？成年人天天上班,从早上9点到晚上9点,一周6天,被称为996，996人是不是生病了，应该命名为“工作成瘾”？我们要不要发明一种疾病名称，叫作“正常人格障碍”？

荣格把精神病人当作朋友，当作亲人，这奠定了他作为一个关心好病人的医生的基础，当然也埋伏下了危险——就是他容易被来访者的情绪传染，从而心灵受伤。接下来会详细列举荣格的来访者如何影响他。◆

扩展阅读

尼采的《查拉图斯特拉如是说》一书对荣格影响深远，也是他经常引用的著作，荣格的《红书》，在形式上也很接近尼采此书。

比尔斯克尔的著作《荣格(On Jung)》，周艳辉译，中华书局出版，是一本从哲学的角度来理解荣格思想的著作，其中有一个章节，专门介绍了荣格的《〈查拉图斯特拉如是说〉研讨会》。荣格在此书中发现了第一人格和第二人格的分裂、阿尼玛和阿尼姆斯、智慧老人等原型。

青年 2

受伤疗愈者：我昨天受的伤都是为了今天懂你的痛

真实生活总是悲剧性的，那些不知道这一点的人从来没有活过。

——荣格

荣格毕业后进入精神病院，和一群默认自己无比正常的精神科医生和护士一起工作。不久之后，他发现精神病学家的工作非常无聊。这是因为：其一，就当时的精神病学教学观点来看，医生的主要工作仅仅是满足于诊断、描述症状、做统计；其二，从当时占上风的所谓临床观点来看，医生并不关心精神病人是否同样是人、有自己的个性，而是用一长串诊断和症状给病人“贴标签”，用诊断给他扣帽子，好像病人一被诊断，这个诊断名称就自然带来疗愈一样。

但是荣格仍然保持了对病人本人的强烈兴趣，在其自传中，他记录下来多个病人，本章在此总结如下——

病人1：误杀孩子的妈妈

这是一位少妇，她被诊断为精神分裂症。但是，荣格觉得这不是精神分裂症，只是一般的抑郁症。由于当时的荣格还只是一个实习医生，所以，他对自己的这一诊断也持怀疑态度。荣格那时候开始做一个心理测验，叫作联想测验，就是让来访者根据一堆词展开联想。例如，“水”让你想到什么，“房间”让你想到什么，等等。电影《危险关系》中就有展现荣格做此测验的镜头。通过测验，荣格挖掘出下面这个浪漫曲折的故事——

病人结婚之前，认识了一位男士，那个男的是一个富二代。由于这个富二代的周围环绕的都是一些漂亮的女孩，这个病人非常不自信，她以为这个富二代不爱她，只好嫁给了别人。

然而，五年之后她的一个老朋友来访时告诉她，其实这个富二代一直深爱着她，这就引发了这个女人抑郁的开始。

过了几周，她准备给四岁的女儿和两岁的儿子洗澡。由于他们生活在农村，受自然条件的限制，饮用水与洗澡水是分开的，洗澡用的水是肮脏和有污染的。她在给女儿洗澡时，发现女儿在喝洗澡水，作为母亲的理性，此时她应该出手制止，而她非但没有制止，甚至还端了一杯脏水给她女儿喝。

不久之后，女儿患上伤寒夭折了，这个患者由此抑郁症大爆发，被送入精神病医院。荣格通过这个联想测验，发现她其实是一个谋杀犯，还了解很多此秘密的细节。但是按照当时常规的做法，医生仅负责给这个病人开各种对付失眠的药物，并且监视她，防她自杀，除此之外再无他策。

到底该怎么办呢？荣格很冲突，他问自己：我应不应该开诚布公地与她谈谈呢？我该捅破这个脓疮吗？我面对的是前所未有的道德责任冲突，我要回答一个难解的道德问题。

按照流程，荣格要先找上级医生，找督导师去问该怎么办，但是荣格没有，他很有勇气，决定冒险告诉病人这个答案。因为在荣格看来，如果他去问那些同事，他们很可能会警告他说，千万别说，要不她的病情会加重的。

然而，荣格自己决定，直接把自己的推断和假设告诉这个患者，结果两周之后，病人出院了，并且再也没有复发过。

荣格对同事绝口不提这位病人，担心他们会议论纷纷，或惹起法律争端。他认为这个女人已经够惨的了，命运已给了她足够的折磨，她应该回到生活中，用一生去赎罪。

同时，通过对这位病人的诊疗过程，荣格提出了他对精神类疾病治疗的看法，他认为在精神病学中，很多情况下，病人是带着一个没有说出的、无人知晓的故事来就诊的。在他看来，只有在调查过其完整个人经历后，治疗才算真正开始。

完整的个人经历，表示什么呢？表示来访者要在治疗中向我们口述一个他们的自传，这也是我们的初始访谈要做 1 ~ 4 次的原因所在。

在整个过程中，我们要向来访者了解的信息包括：你爸妈为什么结婚？他们为什么生下你？你母亲为你哺乳到几岁？ 0 ~ 3 岁还发生过什么事？有没有被遗弃？ 3 ~ 6 岁又发生过什么事？ 6 ~ 12 岁、12 ~ 18 岁、18 ~ 22 岁、22 ~ 30 岁、30 ~ 40 岁这些时间段里，又分别发生过什么事？等等。

对有些人来说，当完整的个人经历调查完成后，尤其是当他把自己的各种创伤故事讲完后，他的治疗也就结束了。

这也是忠诚保密原则是心理医生伦理第一条的原因。

因为在这些形形色色的创伤故事中，很多都是来访者永远不愿对人道出的秘密。荣格认为，那些不为人知的事情是把病人撞得粉身碎骨的巨石，若能知晓病人的秘密，我们就找到了治疗的线索。

秘密必须找到一个价值中立的第三方来谈，所谓树洞效应，这是病人治疗的另一伦理原则——价值观中立的来源。

荣格说过，医生的任务是探究如何才能找到线索，只考察有意识的素材是不够的。有时可以用联想、测验来打开局面。分析梦，或者和病人长期保持颇具人文关怀的交流都可以。

治疗的对象永远是整个人，而绝不仅是症状，必须深入研究完整人格问题。所以，我们经常会听到行业前辈强调这样一句话：我们不要见病不见人，一定要见整个的人。

怎么才算见到整个的人？荣格已经明确指出来了，就是愿意聆听这个人的整个故事，并且是带着人性、人文的关怀去聆听他所有的秘密，不要对他进行道德判断，会面期间只是不断地问，从小到大地问，以及沉默地、理解地聆听，当把他所有故事了解完整后，才算是见到整个的人。

病人2：赋予荣格“巫师”称号的女人

1905 年，荣格担任了苏黎世大学精神病学讲师，同时担任门诊的主任医师，他在此职位上仅做了四年，到了 1909 年，随着荣格私人诊所规模的日益扩大，他就辞去了苏黎世精神病医院门诊主任医师的工作，但是仍保留了在大学里担任兼职教师的职位。

在大学示范教学的时候，荣格遇到一个有趣的案例。

他给病人做了催眠，但是病人不愿意醒来，最后荣格花了整整十分钟，才把她从睡梦中唤醒。特别神奇的是，这个病人醒来后，马上就扔掉了她的两个拐棍，并且行走自如。后来，这个病人不断来上他的课，荣格用她做了好几次催眠示范。

事实上，这是好多医生讲课时最希望碰到的病人。她不断地来，不断地配合医生的治疗，还可以用来示范在课堂上的奇迹好转。

荣格却没有为此而兴奋，他认为自己其实并没有催眠成功。他继续详细调查病人的历史，经过了解后发现这个女病人有一个智障的孩子，并且就住在荣格的医院，而这个女病人一直期望自己有一个很聪明，给自己挣面子的、事业有成的孩子。荣格这才意识到，女病人把自己的这一愿望转移投射到了他的身上。

事后，荣格分析称："我的心理治疗实践居然始于一位把我当作其精神病儿子替身的母亲，这是我第一次真实的治疗经历，不妨说这是我第一次给病人做的个人分析。我至今仍然清楚记得和这个老太太的谈话，她真是一个聪明人，还为我认真地对待她，关心她们母子利益的举动感激不尽。"

这件事后，让荣格意识到催眠术并非很好的治疗方法，很快就弃之不用。他对人解释说："因为催眠疗法只会像摸黑行路一般，永远不知道改善或治愈能持续多久，在这种不确定性之中工作，我总觉得良心不安。"

当然，这只是荣格放弃催眠治疗的一个方面。另一方面，荣格认为自己也不喜欢独自断定病人应该怎么做。他更为关心的是，如何从病人本人那里获知天生的倾向以及将他们引向何处，为了达到这个目的，他必须仔细地分析他们的梦和无意识的表现。

这才是导致荣格最终放弃催眠术的原因，他不喜欢成为治疗中的权威者，决断地告诉来访者该往哪边走。换句话说，这是荣格在“吐槽”一些医生，尤其是那些有权威情结的喜欢决定来访者的催眠师，或者说这是荣格骨子里的一种反权威情结。

当然，现代催眠，已经和荣格当年不一样。已经不是那么权威主义了。而且其在当代各种心理治疗流派中，大多都有受惠于经典催眠疗法的部分。

1904—1905 年间，荣格在自己的门诊中进行了心理病理学的实验研究，主要是心理皮肤电效应和联想测验。在这段时间里，他发表了不少国际期刊的论文。荣格已经开始成为一个事业有成的青年才俊。所以当他去拜访弗洛伊德的时候，就有点类似北京大学的心理学系年轻教授，去拜访朝阳区某胡同中的私人执业心理咨询师。弗洛伊德开心不已。

病人3：酗酒的美国男人

1909 年，荣格和弗洛伊德同时受邀去美国克拉克大学讲课，同时被授予荣誉法学博士学位。

在这段时间里，荣格又诊治好了一个美国病人，尽管治疗过程颇为波折，但同样取得了良好的效果。

那是一个酒精成瘾的病人，从荣格给他做的联想测验表明，他有强大的恋母情结。他出生于豪门望族，有一位温柔的妻子，生活无忧无虑，但仍然嗜酒成性。

荣格认为，他酗酒是为了麻痹自己，以便忘掉自己难受的处境。

那么，这个美国病人要忘掉的是什么呢？原来，他母亲拥有一家很大的公司，他在妈妈公司里担任重要的领导职位，但是想摆脱母亲的压迫和束缚，可惜他鼓不起勇气辞去这份优越的工作，也只好处处受制于自己的母亲。因此，每当他和母亲一起工作时，就会借酒消愁。

经过荣格的短暂治疗后，这个美国病人戒酒了，但在荣格看来，他并未痊愈。因此提醒这位病人，如果他回到美国，酒瘾可能还会复发，然而这个病人不以为然，神采奕奕地回到美国。正如荣格预测的那样，病人一回到母亲身边，便又开始酗酒。

他的母亲受不了，特意跑到瑞士和荣格商量用什么方法治疗自己的儿子,她精明强干,是一位地道的“权力控”,荣格清楚地意识到,儿子是没有力量对抗如此“虎妈”的。

在这种情况下，为了给病人提供更好的治疗，荣格采用了在我们今天看来，仍很具争议的一个做法，他背着病人，给他开了张医学证明，说此人因嗜酒成瘾已不能胜任工作，建议母亲将他解聘。结果母亲真的把自己儿子解聘了。当时病人非常愤怒，但是，当他离开母亲后，个性得到了良好发展，最终做出了辉煌成就。

尽管结局是好的，但荣格后来回忆这段往事时，内心仍满怀愧疚。他说自己在随后好几年时间都对他很内疚，因为自己的所作所为确实不符合医生应遵守的伦理规范，不过可以确信的是，为了病人的利益，这样做是必须的。

从以上几位病人不难看出，荣格在职业生涯的早期，就存在着和病人伦理界限模糊以及为了疗效而突破伦理界限的情况。这似乎来自他强烈的好胜心和追求疗愈的迫切欲望，而一个不断追求效果、追求成功的人，或多或少在后面工作总是有点自卑情结。因为自卑者总想需要外在成功来证明自我价值，而且会为了成功不惜付出一切代价。如法国作家司汤达所创作的小说《红与黑》，就是描述了一个自卑的外省文艺青年，为了获得巴黎上流社会的声誉和认可，如何不断突破道德伦理界限的故事。

病人4：坠落地球的“月球女孩”

随着“酗酒的美国男人”这位病人在荣格的视线中逐渐淡出，他又接了一个新案例。这位女病人是一个杀人犯，也是上层社会人士，还做过医生。二十年前，她因为想嫁给一个好朋友的丈夫，毒死了自己的好友。

然而，当她如愿以偿地嫁给了这个好友的丈夫后不久，丈夫却死了。他们的女儿长大后，却想方设法地要摆脱她，年纪轻轻便结婚搬到她看不到的地方，和她越来越疏远。

这位女病人是一个骑士，很喜欢马。奇怪的是，马碰到她时会显得焦躁不安，甚至她最心爱的那匹马还把她摔下马背。后来她又开始喜欢狗，但是她的狗又瘫痪了。她觉得自己因为这些事而精疲力尽，急需忏悔告解，便找到了荣格。

荣格认为是她毁了自己。犯下杀人罪行的人等于扼杀了自己的灵魂，作为凶手，她已给自己判了刑。如果一个人犯罪后被捕，就是受到了司法处罚，如果这个人偷偷犯罪，即便她自己没有道德意识，并且一直未被别人发现，她在内心中对自己的惩罚也会不约而至。

正如这个病人所表现的一样，惩罚终究会出现。

显然在荣格看来，这个病人没有道德意识，因为在她杀人时，没有太大的道德冲突，但是，她还是陷入一种无法忍受的孤独中。

为了摆脱孤独，她不得不找人去分享她的心事，找一个可以不带任何偏见，能够接受她告解的人，因为这样一来，她便再次与人性建立了联系。

这个人应该是医生，而非职业的忏悔牧师，因为她对聆听忏悔的牧师心存怀疑，在她看来那只是一种仪式，牧师不会把事情单纯地看成事实，反而会加以道德判断。

荣格认为，她已经受到了人和动物对她的厌恶，已经受够了这种无声的判决，不能再接受更多谴责了。临床诊断的重要性在于给医生指明方向，但是诊断对于病人而言基本是毫无帮助的，病人的故事才是关键之处。只有故事能够展现人文背景和世间疾苦，也只有理解病人的故事，医生的治疗才能起效。

病人5：爱上鞋匠的老奶奶

这是一个75岁高龄的老妇人，四十年间卧床不起，大部分的人都认为她精神衰退。她不会说话，只能吃流质或者半流质食物，她会把食物滴在手指上再吃，喝杯牛奶都要两三个钟头。而且吃东西时，她还有一个特别古怪的动作，就是会有节奏地挥舞手臂。

有一天荣格去查房，看到老太太仍然在神秘地比画着，这个动作立刻引起了他的注意。他想，老妇人这么做，到底是为什么呢？伴随着好奇心，展开了对她个人情况的调查。

他发现，这位老妇人曾做过鞋，在四十年前的档案上有这样一段记录：过去的鞋匠用膝盖夹住鞋子，在皮革上穿针引线的动作正是这样的。然而，还没有等荣格弄明白其中的缘由，这个病人就去世了。在葬礼上，荣格见到了她的兄长，怀着满腔的疑惑，荣格向他打听了这个老妇人出现精神问题的原因。这位兄长告诉荣格说，妹妹曾经和一个鞋匠恋爱，但是这个鞋匠不愿意娶她，当鞋匠抛弃她后，她便疯了。看来这个鞋匠式的动作表明，她把情人认同为心上人，而这种认同，至死方休。

老妇人的这个病例让荣格初步意识到了“精神分裂症”的心理起源，也让我们看到，在不可理喻的疯狂症状背后，却隐藏着一段至死不渝的疯狂爱情。

病人6：疯狂的女性苏格拉底

这个病人的名字叫芭贝特。芭贝特来自苏黎世的旧城区，她在卑微的环境下长大成人，姐姐当了妓女，父亲则是酒鬼，芭贝特在39岁时被诊断为“妄想型早发性精神分裂症”，类似于今天说的妄想型精神分裂症。她总会说自己是苏格拉底的跟班。

荣格认为她的症状是有意义的，想表达的内容也许是：“我受到了和苏格拉底一样不公正的指控。”

有时候芭贝特又会说自己是一个独一无二的多重工艺品，是玉米面底座上的葡萄干糕点，是日耳曼奶油，或是别的什么……这些在荣格看来，都表明了芭贝特自我评价的膨胀，是对自己自卑感的一种补偿。

1908年，当弗洛伊德到苏黎世看望荣格时，荣格把芭贝特案例告诉了他，当时弗洛伊德感慨地提出了自己的疑问，就是虽然他在这个病人身上的发现很有趣，可是如何忍受与这个奇丑无比的女人日复一日的相处呢？

荣格认为弗洛伊德提出了一个莫名其妙的问题，所以冲弗洛伊德翻了一个白眼，并告诉他，自己从没这么想过，因为在某种程度上，自己觉得芭贝特是一个令人愉快的老妇人，她有那样美好的幻想，还会说很有趣的话，无论何时，甚至在精神错乱时，人性的光辉仍然通过她的胡言乱语显现出来。

芭贝特及类似的案例让他相信，那些所谓的精神错乱、精神病病人，其实没有人们想象得那么严重。即便是这类病人，他们的内心也存在着一种堪称正常的人格，只是此刻它正冷眼旁观，有时这个人格还会做出非常理智的评述和异议。

病人7：《圣经》疗法

他又遇到另外一个精神分裂症病人，经常用上帝的口吻对别人说话。有一次荣格在经过这个病人身边时听到了，他凭自己的直觉告诉这个人,必须信赖这个声音,然后这个“上帝”声音继续对他说：“让荣格医生测试一下你对《圣经》的了解程度。”

于是，荣格每次和这个病人做治疗，就拿出《圣经》的一个章节和病人阅读，在下次治疗时，会测试他的阅读进度。这个行为一直持续了七年多，并且是每两周一次，这就意味着荣格为这位病人进行了 170 多次的治疗。

其结果如何呢？大概进行到 150 次左右时，本来充斥到病人整个身体的声音退到了他身体左侧，右侧的声音完全消失了，并且声音的强度并没在左侧声音中加强，还与原来相同。荣格后来回忆说，这名病人至少是半身痊愈了，这是出乎意料的成功，因为他没有想到阅读《圣经》能起治疗作用。

这让荣格更加确定，妄想和幻觉是有意义的，精神症状背后有着病人的人格特质、生活经历、希望和欲望，精神疾病中并无崭新或者未知的内容，相反，仅是深层的人类本性而已。

就表面而言，医生只看到精神病病人的悲惨和毁灭，却很少看到他们那远离我们心灵，不为我们所知的另一面生活，如下述这个病人“月球女孩”。

病人8：月球女孩

这是一个年仅18岁的年轻来访者。她出生在一个颇有教养的家庭，15岁时，她被哥哥诱奸，后又遭到同学猥亵。自16岁起，她便躲进了与世隔绝之境。她对别人隐藏自己，直到最后，仅剩的感情联络对象是别人家一只凶恶的看门犬，并且企图驯服它。17岁时她被家人送进了精神病院，在里面待了一年半。她有幻听症状，还拒绝进食，并完全缄默了。

当荣格遇见她时，她正处于极度紧张的状态。荣格用几个星期才慢慢说服她开口说话，她告诉荣格自己克服了重重阻抗，才得以住在月球上。她在那里见到的都是男人，这些男人马上带她去了月球地下的一个住处——他们的小孩和妻子都住在那儿。因为月球的高山上住着一个吸血鬼，专门攻击妇女和孩子，因此月球居民面临灭顶之灾。这是占据月球人口一半的妇女都只能住在月球地下的原因。她决定要为月球居民作贡献，她开始筹划捕杀吸血鬼。

经过周密准备，她专门建造了一座塔，在塔的天台上等候着吸血鬼的到来。等了好多天，她终于看到吸血鬼远远地飞来了，它扑动翅膀的样子颇像一只巨大的黑鸟。她拿出祭祀用的长匕首，把它藏在长袍下，等待吸血鬼抵达。突然，吸血鬼已经站到她的面前，吸血鬼长着好几双翅膀，遮盖了脸和整个身体。

所以，她除了看到一堆羽毛之外，什么也看不见。她惊奇不已，完全被好奇心压服了，很想看看这个吸血鬼究竟长什么样子，她慢慢地走过去，手依然按在匕首上。突然吸血鬼所有翅膀张开了，一个天神般美丽的男子出现在她眼前，他用带铁钩的、羽翼化的手臂圈住了她，使她无法使用匕首，而且她被他的容貌迷得神魂颠倒，根本不能攻击，他把她从天台上举起来，带着她飞走了。

荣格并没想到在这位精神病人心中，隐藏着这么有趣、浪漫的故事，他很惊讶。但是，当她对荣格讲完自己的故事后，出现了对荣格治疗的阻抗。她说荣格阻碍了她重返月球，从此她再离不开地球了。

她表示说这个世界不美好，月球美极了，那里的生活很好，显然，她的极度紧张状态再次复发了。荣格送她去了一所精神病疗养院，她病得非常严重。

两个月后，“月球女孩”出院了，荣格又为她做治疗。荣格认为，他必须帮助女孩认识到生活在地球上是不可避免的事实，以此强化她的自我功能。这个“月球女孩”竭力反抗这个结论，结果她再一次被送回医院里。荣格去病房看她并对她说：“这一切不会对你有任何好处，你不可能再回月球了！”她终于默认了这一点，随后很快出院。后来，这个“月球女孩”去医院做了护士，但却遇到一个助理医师，对她动手动脚，她当时便掏出左轮手枪，对他开了一枪，从此以后，她随身带着那支左轮手枪。

接着恐怖的事发生了。这个女孩最后一次见荣格，当治疗结束时，她把那支枪拿了出来说：“荣格医生，你看这支枪。”荣格吃惊地问她带着枪干什么，她回答说："如果这次结束治疗你让我失望的话，我就开枪！"

好在荣格是幸运的，治疗让这位"月球女孩"很满意，随后她回到了自己的家乡，并且结婚生子，定居在东部地区，还在第二次世界大战中幸存下来，始终不曾发病。由此，荣格在晚年提到这位病人时表示，他相信精神分裂症是可以通过纯心理治疗方法治好的。

荣格认为，他之所以能够治愈这个"月球女孩"，主要得益于她的投射。荣格曾说过，这个女孩遭遇乱伦后，让她在世俗生活中倍感羞耻，但是她在幻想生活中却变得十分高尚，因为在虚幻王国中，在传统上乱伦是皇族、神族才有的特权，正因为她沉溺在虚幻世界中，她变得遗世独立，不再和所有人有所连接，她跳入了宇宙，进入了外太空，遭遇了长着翅膀的恶魔。在咨询治疗期间，她便把恶魔的影像投射到了荣格身上。所以在无意识中，荣格受到了死亡的威胁。而就像任何一个劝说她回归正常人类生活的人一样，当她能把自己的故事讲给荣格听时，便在某种意义上背叛了恶魔，从而与凡人建立了某种联系。也只有如此，她才得以重归生活，直至结婚生子。

这个来访者对荣格影响很大，从此以后，荣格便开始用另一种眼光看待精神病人所承受的痛苦，也更为深刻地了解他们内在丰富多彩的体验及其重要性。

这个病例给治疗师一个启示，就是不要急着把来访者拉回到现实生活中，否则，很容易会受到死亡威胁。我们一定不要被自己过于求胜的心态征服。当然，治疗师倒向另外一面也不行，比如说在这位来访者的移情中，她可能先投射治疗师是魔鬼，然后再投射治疗师是长着天神般美丽面容的帅哥。接着，她会深深地爱上治疗师。如果治疗师沉溺到这种爱之中，永不结束治疗，这也是错误的。

荣格认为,对于不同的案例疗法不尽相同。所以他常对人说:“如果一位医生告诉我，他严格遵守这样或那样的疗法，我会质疑他的治疗效果。”这也是我们常讲的“对症下药”，一人一方，是医学基本原则。

但是现在我们不少同行都不是“对症下药”，而是对人下“我自己喜欢”的“药”，也就是不管你是什么人，我就使用我自己喜欢的疗法。这是因为心理治疗有医学模式和超越模式两种状态，医学模式就是对症下药、治病防病的，而超越模式就是不管什么人来，都是把她们带到另外一个层次上。

荣格自己是两种模式混合的。总体上来说，他是一个实用主义者，曾提示我们："一个医生必然熟悉所谓的方法，但他也必须谨防落入特定易行的常规之中。总的来说，我们必须小心提防任何理论假设，它们今天可能是正确的，明天就可能被其他的理论假设所取代。我在进行分析时，根本不使用这些理论假设，我非常注意不要被体系化。在一次分析中，我可能用阿德勒式治疗风格，另外一种分析中，我可能采用弗洛伊德式治疗风格。”

所以我们可以说，荣格本人既是荣格学派治疗师，也是阿德勒学派治疗师，还是弗洛伊德派治疗师，在这一点上，他的格局很大。作为现代治疗师，我们更应该拥有这样的格局和认识：我们既是认知疗法治疗师，也是精神分析治疗师，还是人本主义治疗师，抑或是其他什么治疗流派的治疗师。不管什么身份，其关键在于我们遇到的病人更适合于哪一种。

在治疗关系上，荣格总是能够秉持一种平等的态度。他认为分析是一种需要双方均参与其中的对话。分析师和来访者面对面坐着，四目相对；医生固然有话要说，病人一方也一样有话要说。如果有些来访者很聪明，那么只用专业知识是不够的，治疗师要有广博的知识，除了全部的理论架构之外，还要了解引起病患的真正原因是什么，否则就会激起不必要的阻抗。毕竟，重要的是病人有没有将自己当作独立的人，而不是某个理论是否得到了证实。

另外，治疗师不仅要了解病人，而且也应该了解自己。一个必要条件就是：对自身进行分析及所谓的训练性分析。任何完整的分析都需要医患双方整个人格的参与。医生如不投身其中，病人便无法被治愈。当事情处在紧要关头，医生是选择入戏，还是躲在权威伪装背后，态度会让结果迥然不同。医生必须时刻监视自己和自己回应病人的方式，因为我们不仅是依靠意识来做出回应，我们必须时时自省：我们无意识时对当下情景的体验是什么。我们也必须观察我们的梦，密切关注并研究自己，就像我们对待病人一样仔细。

荣格这些观点表示什么呢？也就是说作为一名医生，尤其是治疗师，除了读书之外，还需要做两种日常活动。

一种日常活动是，必须做正念训练。这和聆听、共情这些最基础的技术一样，是治疗师入门必学的技能，可以让我们有能力监视自己和有能力回应病人。弗洛伊德、荣格，几乎所有治疗师都意识到这一点的重要，但是他们还没发现用什么方法来培养这种能力。今天我们知道是可以通过正念训练来培养的。

另一种日常活动是，治疗师要学会不断地记录自己的梦，做“梦”的日记。对于每一位来访者，我都会问他：“你有‘梦’的日记吗？”

如果是咨询师来访，尤其是当他向我提到："李老师，我慕名而来，我是一个精神分析的爱好者。"我同样会问他说："让我们默认设置，你既然喜欢精神分析，平常肯定做'梦'的日记，对吧？"

在给病人进行诊治过程中，荣格认为医患之间的关系是可以互换的。他说："我常常问自己，病人究竟给我带来了怎样的信息？病人对我来说又意味着什么。如果他们对我无关紧要，我便没有了切入点。只有当医生本人也受到影响时，他的治疗才会起效。'受伤的医生才是治愈者'。反之，若医生抱有一种刀枪不入的人格，他的治疗则不会有效果。我认真严肃地对待我的病人。也许我会遇到和他们一样的问题，病人经常恰好是专治医生伤心事的一剂良药。"

这是提醒我们治疗师，要时刻转换对来访者的态度。有些来访者可能就是专门来疗愈治疗师内心的伤疤的。在荣格看来，医生也会遇到与病人别无二致的困境。因此，每一个治疗师都需要第三者进行检查。所以荣格总是建议分析师去找一位神父或者修女进行告解。他说："妇女拥有扮演这个角色的特殊天赋，往往能够看到男人无视的那一点。她们知觉敏锐、眼光犀利，能够看出男人暗地里的心思。间或还能看出他们的阿尼玛所施展的诡计。她们能够看出男人自己忽略的那一面。也正是因此，没有女人会相信自己的丈夫是个超人。"

病人9：完全正常的精神科医生

一个人得了病，就应当接受分析和治疗。但是这一点可能不太适用于神经症病人，有一些病人的症状可能是隐藏的，表面看来他们可能比正常人更加正常。在荣格治疗的生涯中，就遇到了这么一位。这名完全“正常”的人，是一名医生。当这位医生见到荣格时，还带来了荣格一名老同事的问候，他是荣格这位老同事的助理医生，并且接手了荣格老同事的诊所。

当这名医生告诉荣格说，自己想成为分析师时，荣格企图给他做梦境分析。但这名医生当即表示，自己不做梦。原本荣格认为，两人结束会谈后医生当晚就该有梦，但这个人却在接下来的两周全然不记得自己做过的梦。

不过最终，这个人还是做了一个令自己印象极为深刻的梦。在梦中，他经历了一段很曲折的道路，最后进入了一个房间，看见房间里有一个两岁左右的白痴小孩，小孩坐在一个夜壶上面，浑身沾满了粪便。通过这个梦，荣格马上意识到这是一位潜在的精神病病人。荣格认为，他刻意标榜着正常，实则体现了一种未能发展，在面对无意识时马上会一击即溃的人格，他的正常状态是一种补偿。

为什么荣格会通过这个梦认定这名医生是一位潜在的精神病病人呢？这涉及大自然为什么要制造出精神分裂症这种东西来，它制造出精神病，对人类的进化、发展有什么好处呢？

实际上，精神分裂症这种状态对非常严苛的、不正常的环境和重大灾难是有好处的。在电影《少年派的奇幻漂流》中，当少年派在面临重大人生危机时，出现了各式各样的幻觉。正是这些幻觉，让他度过了人生的危机。所以，当一个人过度地适应社会，一旦他所生活的那个社会环境发生了重大改变，这个人很可能会因为无法快速适应，导致自己人格崩溃。

同理，当一个人过度适应环境，也就是他表现得过度正常时，梦中就会出现各种各样疯狂的意象。那么这意味着，这个人需要在自己的生活中或多或少地安排一些让自己疯狂的举动。比如蹦极，参加一些以前没参加过的活动，或者跟自己的好朋友吵个架，等等。

换句话说，人生是需要病态和疯狂的。这是人类的正常需求，如果这种需求被压抑得太厉害，那就可能发生“正常型人格障碍”。这在临床上也是常常看到的一个现象，特别是那些看似风光的职业经理人，本来一帆风顺的，眼看着就要升职，突然崩溃了，就是由于他过度发展自己的适应性引发的。

荣格认为，一名好的分析师最好有医学背景。尽管对于那些非医学背景的人能否做分析师这一点，荣格是持肯定、赞同态度的。但是，他认为非医学背景的人做分析师时，需要在专业医生的指导下进行，由此避免在遇到潜在精神病人时，出现不必要的偏差。

病人10：梦境成真的女孩

在荣格经手的最奇特案例中，这是其中之一。

一天，荣格梦到一个姑娘来找他做咨询，这个姑娘不断地向他介绍病情。于是在梦中，荣格一边看着这个姑娘一边想：我一点都不理解她，也不知道发生了什么情况。突然，他冒出一个想法：困扰她的是不成熟的恋父情结吧。

第二天，就有一个女性来访者来见荣格。当他看到这个姑娘时，立马意识到，她就是昨天梦中的姑娘。面对这位梦中出现过的病人，荣格毫无头绪，他主要纠结于，这位出现在他现实生活中的病人，会不会如他梦中判断的那样有恋父情结？

在不断向来访者询问病史的过程中，他发现来访者的祖父是犹太教圣徒，而她的父亲却背叛了来访者的圣徒祖父。当荣格把真相告诉她时，她受到了强烈震撼。

就在当天晚上，荣格又做了一个梦。在这个梦中，荣格正在家中进行招待会，这个病人也出现在招待会上。她来到荣格面前说："你有雨伞吗？雨下得实在太大了。"荣格真的就找到一把雨伞，摸索着打开了它，然后准备把伞递给她。这时发生什么事呢？在梦中的荣格居然跪下来，把伞递给她，仿佛她是天神一样。

荣格把这个梦告诉了这个病人。这也是荣格非常有特征的一种治疗方法，他会直接把自己做的梦告诉给相关的病人。一般来说，即使我们会对来访者透露梦中的一些相关细节，但绝不会说到这种程度，然而荣格是很开放的。就其效果而言，却又是好的。这个病人仅经过两次治疗就疗愈了，是超短程的。荣格后来回忆说："一周之后，她的神经症便无影无踪了。"

通过对这个女孩的治疗，荣格说出了他的一个领悟，他说："我跪着向这个女孩送伞，表示这个小姑娘并非是一个肤浅的人，掩藏在她的外表之下，是一个圣人的体质，圣人的胚子。也正是因为圣人的她，不具有神话的理念，因此，导致她生命中最本质的特征无从表达，她全部有意识的活动都指向了卖弄风情、穿衣打扮和性，毕竟除此之外，她一无所知。她只晓得应该理智，过一种漫无目的的平淡生活，然而事实上她是上帝之子，命运中充满上帝的神秘意志。我必须唤醒她心中的神话和宗教意识。因为她属于少不了灵性活动的那种人。由此，她的生活有了意义，神经症也烟消云散。"

所以，当遇到那些表演型人格障碍的来访者，一定要记住荣格的教训和经验。事实上，对于很多来访者来说，他们并不知道自己具有神性，所以需要通过治疗师来发现自己身上隐藏的神性。

事后，荣格总结说："在这个病例中，我没有使用任何方法。而只是去体会内在引导力量的存在。我向她解释了这一切。方法并不重要，重要的是对上帝的敬畏。"尽管荣格一再否认自己在这一过程中使用了一定的方法，但在整个疗愈过程中，我们不难发现荣格所使用的疗愈方法，就是唤醒来访者自我的内在灵性，唤醒他自我的内在领导力量。而这个方法被称为"反移情自我流露"。

通过这个病例，荣格也谈到了自己对于信仰和心理咨询的关系，他说："我的大部分病人不是信徒，而是失去了信仰的人。"这是现代治疗师面临的同样问题，我们在治疗过程中遇到的大部分人，不是失去信仰的人，而是没被培养过信仰的人，或是完全无信仰的人。在这一点上，中国治疗师面临的情况比荣格当年面临的情况还要糟糕和困难。

那么如何应对这种情况？荣格给了我们提示，就是必须观察病人的无意识是否能够自发地产生象征，用来补偿生命中缺乏的灵性或者神性。

同时，治疗师也要对传统的宗教信仰、儒释道等保持清醒的认识。一方面，可以鼓励来访者需要传统信仰的支撑；另一方面，治疗师要避免自己变成宗教传教者，尤其是把过于古老的宗教信仰传递给新一代人类。同时，治疗师还应从文化演化的角度看待中国某些传统文化崩溃的消极意义和积极意义，治疗师总是容易看到文化解体的消极意义，如心理障碍发作、巨婴、空心病、空虚感等，但是其实传统信仰解体是一个社会进入工业化社会的必由之路，传统文化解体带来妇女解放、人身自由，人类精力更多投入到社会生产中等优势。但是天下没有社会，不付出代价是无法进入现代化社会的。巨婴、空心病是一个社会文化变革要付出的代价。

病人11：反复做同一个梦的神学家

荣格曾遇到一个神学家，他重复做着一个梦：

突然，一阵微风掠过水面，上帝要降临了，天使要降临了。虽然这个来访者是一位神学家，会时不时地提到圣灵，而此时真正的圣灵降临，和他面对面时，他却害怕了。

联系之前荣格的父亲，我们可以看到，这个病人和荣格的父亲、舅舅等都有类似之处。首先，这个人的职业和父亲、舅舅的一样，是他们的同行。其二，父亲是坦承自己丧失了信仰，而这个病人的情况，就是表面上相信圣灵，但是其实是一个叶公好龙一样的爱好者。就像有些佛教徒，天天在念阿弥陀佛，但是相反却怕死，死了不正好可以上西天去见阿弥陀佛吗？

荣格认为，对这个来访者来说，他应该克服自己的害怕，或去超越自己的恐惧，不过如果这个来访者不愿意走或者不愿意承担这种后果，治疗师也从不会揠苗助长。

他注意到来访者在抵抗治疗，但是他认为来访者的抵抗是有意义的。抵抗往往是不可小觑的警示。治疗师的方法或许是一剂毒药，不是人人都能化解得了的，又或许是一次手术，如果操作不当便会危及生命。

因为在荣格看来：每逢触及内心最深处的体验，触碰到人格核心时，很多人都会屈服于恐惧而逃之夭夭。这也就解释了，为什么有时候我们治疗的来访者本来好好的，治疗师刚觉得可以深入治疗了，来访者本人却要求停止治疗，因为继续治疗对他而言，实在太恐怖了。

从这个病例可以看到，至少荣格已经部分修通了父亲一辈人的信仰真空。从而能够面对父亲同行的信仰真空。

《易经》里面有一个卦，叫作蛊卦，其中也是在讲如何修通父亲、母亲它们那一辈人的信仰真空、道德败坏，对于每个时代面对重大社会转型的时候，都有重大意义。尤其是中国人，蛊卦中提到，面对时代文化解体，父辈母辈道德败坏的时候，一个成熟的人，应该采取的态度就是“振民育德”。也就是说，提振后辈的精神，教导他们培育新型的道德系统。

清朝的康熙皇帝，就是一个《易经》爱好者，他和荣格一样，也是面临父爱缺席和母爱缺席的困境，当然，康熙并没有面临严重的社会文化解体，虽然传统中国文化在明朝、清朝已经走下坡路，但是还没有像欧洲传统文化那样，在工业革命时面临摧枯拉朽一般的革命。

康熙集合整个领导班子中的精英分子，大家共同撰写了一本书，叫作《周易折中》，成为后代易学家必学的内容。包括晚清时代的开明知识分子，孔子家的女婿——劳乃宣。劳乃宣在青岛，又教学了他一生最得意的一个汉学弟子——德国神学家、汉学家卫礼贤。

卫礼贤是荣格的老朋友及中国文化老师，他介绍《易经》和道教给中年的荣格，让荣格的自性化历程顺利开展。

可以说，青年的荣格，就是已经开始无意识地在做振民育德的事情。但是要得到有意识的整合、修补、更新父权文化的崩溃，那还是多年之后的事情。

病人12：扇耳光的公主病患者

荣格也报告了母系文化道德败坏的一个病例。患者是一个贵族娇公主，她动不动就给别人一记耳光，从小就养成这种习惯。当她来找荣格时，也准备给荣格一记耳光，但她的手还没有完全伸出来，荣格就跳了起来。荣格说："很好，你先打我，女士优先，打完之后我来打你。"荣格的这句话，把这个女人吓得不行。荣格认为，正是通过这种行动，治疗迈向了成功。他分析说："这个病人需要的是男子气十足的回应，如果在治疗中跟着病人走就大错特错了，甚至比无所作为还要糟糕。因为，她的强迫性神经症正是自己无法用道德自我约束造成的。所以，她必须受到其他因素的约束，如果没有外界的约束，强迫症就是她的约束力。"

从这个故事也可以看到，那个自卑的凤凰男，农村少年荣格已经不见了，而是一个正直、和权贵平起平坐的知识分子。

这也是心理治疗的人际关系基础，心理治疗的人际关系两大基础：平等交换，自由进出。

其一，治疗师和来访者是两个平等的现代公民，不会因为双方职位、出身、财产、肤色等而出现主人—奴仆的关系。

其二，治疗师提供咨询服务，来访者通过付费给予报酬，购买治疗师的服务。他们的关系是金钱面前人人平等，来访者可以通过拒绝付费、停止付费而离开服务关系，治疗师同样可以。

这种关系中，被疗愈的，不仅仅是病人，也是治疗师本人。当然治疗并不总会带来疗愈，就像医生，治得了病治不了命一样。

荣格认为在自己的诊疗生涯中，他的疗愈率和大部分人差不多，

1/3 的案例会全部治愈，1/3 会有进步，还有 1/3 没有实质的效果。

在他看来，那些没有改善和进步的案例是最难评价的，因为很多东西是多年后才能判断出其影响和效果的。他曾提到，尽管自己主动转到别的治疗师那里的情况少之又少，但是即便转诊离开的来访者中仍有一部分人写信给他，认为他的诊治起到了作用，这也是为什么判断治疗成功与否一直如此之难。

荣格的治疗理念，和多年后美国心理治疗界做了一大堆研究的结论比较类似，就是认为，为了治疗能够起效，建立密切合作的医患关系是最基础的成分。说到底，这种关系存在于不断比较和相互理解中，也存在于两种对立的心灵事实进行辩证整合的过程中。倘若为了某些原因，双方的感想不再相互碰撞，心理治疗程序就很难奏效，病情也很少会有改变。

此外，荣格还谈到了另外一点，就是他认为对于治疗师来说，能够体验“原型”是很重要的。

原型，简单地说，就相当于心灵的 DNA 结构，碱基配对。就像人体的细胞、疾病、体型等生理特征，由 DNA 基因起到决定作用一样。心灵的各种样貌，也是由原型决定的。

也就是说，如果治疗师对原型只有理智的观点，而他没有在梦中或者在坐禅过程中接触过原型体验，便会倾向于高估或者低估原型的作用。

高估原型作用是什么呢？例如，我们一看到来访者的自性原型在梦中显现，就以为来访者好了，这就是高估了原型。

而低估原型是什么意思呢？例如，当一个很严重的来访者来做咨询时，他的沙盘中或者梦中出现了一个曼陀罗，治疗师想当然地认为这是他的一个防御，并且是他理想化的防御，这便是低估了原型。

所以荣格认为，正是因为高估或者低估了原型，就会出现失控的状况。失控的第一步就是用理性控制一切，试图通过理性掌控局面，其实这是为了达到某些隐秘的目的，例如，为了保护医患双方，与原型的效应乃至与真实体验隔开一段安全的距离，然后选择以一种保险的、人造的、缺乏洞见的世界，用所谓的“明确概念”掩盖了真相，而摒弃了真实心理。体验由此变得有名无实，单薄乘虚而入，鸠占鹊巢。

也就是说，当我们和来访者一有体验时，就把它直接转化成一个术语，而非待在这种体验中一段时间，慢慢地品味、咀嚼、沉浸这种体验。

就像大家品茶，一口茶喝下去，需要在口中慢慢地游荡、体会这口茶的香气、水温、水质等，乃至要从泡茶者的衣着、茶具和泡茶的姿态等开始品味这口茶，而不是匆忙地一口吞下，然后马上开始滔滔不绝地说话，茶是什么地方的，多少多少钱，某某领导曾经送过我一车……

当时的荣格看来，知识分子类病人是最难治的。他认为知识分子的城府极深，练就了一种躲躲藏藏的心理状态。他最讨厌的来访者是病理性撒谎者或者习惯性撒谎者。这显然说明，荣格的自性化历程中，还是存在分裂和投射的情况，比如只看到知识分子的共性，而忽略他们的个性；比如过度地向往真实，厌恶虚伪和撒谎。但是完整的人生，就是需要接受一般水平的虚伪，正常水平的撒谎的。

而他比较喜欢的来访者应该是女性，他曾在自己的自传中说过这样一段话：“我的病人大部分是女性，她们往往尽职尽责、通情达理、极其聪慧地投入到治疗工作中。从根本上来说，正是因为她们，我才可能在治疗方面开拓出种种新途径，我的一些病人变成了我真心实意的弟子，并将我的思想传遍世界，我和他们的友谊数十年来从未中断过。”

这是荣格对自己的看法。针对他的这一观点是有争议的，主要体现两方面：一方面，如果一个治疗师的病人绝大部分只有一种性别，可能说明治疗师有未修通的女性情结。另一方面，如果治疗师看上了一个来访者，想和他发展成为弟子关系，也就意味着咨询关系彻底结束了。很显然，荣格没有处理好这个问题，所以他才会说自己的病人变成了真心实意的弟子。

当然，在一些特殊情况下，比如说，当我们和来访者做了一个短程治疗后，他转去找别人做治疗。多年后，这个来访者和我们有了专业合作，这种情况是可以允许的。而此时，这个来访者可以勉强成为前任治疗师的弟子。但是这个前任的治疗师，兼“师父”，是不能从自己现在的“弟子”，也就是以前的“病人”身上获取大量的金钱利益和名声利益。更不用说发生性关系。

而荣格和他的病人们有太多的纠缠。他自己提到，他的病人使他如此贴近人生的现实。他在不知不觉中从他们身上学到很多重要的东西，遇到形形色色心理水平的人，这些对他来说有无与伦比的重要性，更甚于与知名人士交汇。

可以看出，一方面，荣格心灵的疗愈离不开那些默默无闻的病人，从他们身上，他能够得到一种疗愈的力量。另一方面，荣格又很需要把这些默默无闻的病人，尤其是女性，抬到一个很高的地位上。

比如荣格所做的那个跪下来送伞给女孩的梦。像这种仰视女性的案例，在荣格生命中至少出现过两次，另外一次是一个叫作“瑜伽女”的案例。这是值得我们注意的，它充分体现出荣格和女性关系的两大特征：

第一，荣格很需要女性特有的母爱、关爱和包容。也许一个女性满足不了他内心有关爱的空洞，这或许是他的性格缺陷，更准确地说，应该是他的心理情结。

第二，荣格把自己心中女神的意象投射到病人身上。荣格心中可能很需要一个女神的存在，这多多少少可以和他母亲的人格分裂联系在一起。◆

扩|展|阅|读

荣格有很多有趣的案例，其中最著名的就是诺贝尔物理学家泡利(Pauli)，译成中文书籍中有两本是关于泡利的，一本名为《当泡利遇上荣格：心灵、物质和共时性（Pauli and Jung：The meeting of Two Great Minds)》，由 David Lindorff 所著，他本来是麻省理工学院研究机载雷达的荣誉教授，退休后成了荣格分析师，专门研究荣格和泡利，此书资料丰富，选材合理，是本好书。翻译徐彬也很认真，出版商居然还附上了中英文对照的编码。

另外一本叫作《炼金术之梦》，是荣格的《心理学与炼金术》这本书的第二部分，是荣格对泡利的 59 个梦和意象的分析。

荣格还报告过多个长篇案例。其中有一位病人命名为“正确先生”，他是一个家二代——家族企业第二代，之所以叫他正确先生，是因为他凡事追求正确，在中年的时候遇到了危机，主要是人生意义、性爱和家庭方面的。关于他的案例出版了一本书，叫作《梦的分析》，这个病例是比较成功的，也很好地展现了自性化开展的过程。长春出版社有出版此案例研讨会的中文版。我在“惟一心理读书”这个平台中，也有对此案例的逐章节讲解。

中年 1

弗洛伊德：杀死师父方能自我超越

任何形式的上瘾都是不好的，不管麻醉剂、酒精、吗啡还是理想主义。

——荣格

荣格曾经在自传中说，他交往过的名人，对他生命影响不大。但是很快他就自己打脸了，在自传中用了整整一个章节，来讲一个人——那就是弗洛伊德。

为什么弗洛伊德让荣格念念不忘呢？

大概因为弗洛伊德对荣格的意义，不仅仅是一个同行、一个老师。而是类似“师父”和“徒弟”的关系。而师徒关系的原型，又是“智慧老人”和“永恒少年”的原型配对，是人们度过中年危机，必须被激活的原型配对。

就像在武侠小说中，在电影《功夫熊猫》中看到的，少年的成熟离不开师父的指引。

之前说过，荣格还是少年时，就看到父亲读弗洛伊德的著作。

荣格自己在25岁时，已经看完了弗洛伊德的《释梦》。据说《释梦》的第1版只卖了800本，而这800个读者中就有荣格。

荣格曾这样描述弗洛伊德：“当时，弗洛伊德在学术界明显是一个不受欢迎的人，科学界的人若和他沾上关系，也是有损名声的。在学术会议上，人们只是在走廊中讨论他，在台上却闭口不谈。”

实际上，即使在民国时期，弗洛伊德的思想传到我国时，同样也被我国当时的心理学界认为是“江湖派”。美国的学院心理学，一直到今天，时不时还会有些心理学教授批判一下弗洛伊德。

所以，弗洛伊德和荣格的父亲有类似之处，他们都是被科学主义知识分子认为落后、不入流的人士，但是他们也有截然相反之处，荣格的父亲显然被科学主义打倒了，丧失了信仰，而弗洛伊德则把精神分析变成了自己的宗教信仰，以殉教的热情和果敢来维护自己的理论。

荣格加入弗洛伊德阵营，还是因为荣格做的一个科学实验——联想测验。这个测验相当于现在心理学院经常做的事件相关电位实验，是学院心理学最经典的实验。在试验过程中，荣格发现，所有的结论都在证明弗洛伊德的一个理论：人是有情结的，并且这个情结可以通过联想测验进行探测。

这让荣格内心产生了很大的冲突，他曾暗自嘀咕：“我发这篇论文的时候不提弗洛伊德不就行了，毕竟我是在得到实验结果之后很久才理解了他的著作。”

但同时，他心里还有另一个声音在说：“你若这么做了，装作不认识弗洛伊德，便是学术造假，你不能把学术生涯建立在谎言之上。”

经过一番思想斗争后，荣格最后决定成为弗洛伊德的追随者，为他而战斗，写了不少为弗洛伊德辩论的论文，汇集而成其文集的第四卷。

不难看出，荣格找到弗洛伊德的初心，是为了帮助一位被忽视、被误解、被鄙视的老师，同时这个老师又是真理的发现者。

32 岁那年，荣格去了维也纳。这是他第一次见到弗洛伊德，两个人谈了 13 个小时。

好多人以为荣格和弗洛伊德一开始就亲如一家人。实际上荣格很多时候不赞成弗洛伊德的性欲观、文明观和宗教观。

荣格认为如果按照弗洛伊德的文明观来说，文明不过是一场闹剧，只是受压抑的性欲的病态成果。这个观点正是弗洛伊德在《文明及其缺憾》中花了整整一本书来论证的。弗洛伊德认为，由于文明建立在压抑性欲和压抑攻击性的基础上，人类迟早由于无法压抑这些性欲和攻击性而大爆发，必然带来文明的毁灭，这也是为什么历史上历次文明最终毁灭的原因。

弗洛伊德一生的主流态度就是如此暗黑："事实便是如此，而这是命运的诅咒，我们无力与之抗衡。"虽然他有时候也流露出一点希望——也许精神分析可以改变人性。

对于性欲观，弗洛伊德是寸步不让，甚至要求荣格永远不要抛弃性理论，认为它是最本质的东西，必须成为教条，建立起不可动摇的壁垒。荣格当时对弗洛伊德提出"壁垒"这个词，比较吃惊，他不明白这个壁垒用来抵御什么。弗洛伊德给他的回复是抵御来自神秘主义的暗流。而我们知道，荣格自己的确对神秘主义非常感兴趣，如炼金术、飞碟、轮回等。换句话说，这是用来抵御荣格自己的爱好的。

荣格认为弗洛伊德已经把性欲变成了他的神秘主义、他的宗教信仰。弗洛伊德本身对宗教是不赞同的，他自己不信教，但是据说他曾经想说服荣格去信教，甚至要他去教堂。而荣格虽然曾在其著作中满溢对各种宗教赞美之词，但他本人基本不去教堂。

他们之间的友谊持续了六年左右，在弗洛伊德的努力推动下，荣格成了国际精神分析协会（IPA）的第一任主席，但荣格本身不太喜欢这个职位。他说过，被赋予团体领袖的重任真的太过沉重。首先,这种事不符合他的天性。其次,他并不想牺牲自己思想的独立性。第三，这样的荣耀会使他偏离真正的目标，他不喜欢这样，因为他在乎的是探索真理，而不是个人威望。

这一点和弗洛伊德有很大不同。弗洛伊德在生前不断地想要建立自己的威望。他通过嫡传门徒，建立各地的精神分析协会和精神分析学院来维护自己的名声，和荣格不太一样。这也是弗洛伊德的精神分析一度可以成为美国主流心理治疗方式的原因之一。

他们两位，一个外倾，一个比较内倾，性格其实比较互补，合则双赢，斗则两败。

而他们之间的争斗，大概是起源于 1909 年，荣格和弗洛伊德一起去美国后。

当时他们是一起坐船去的，历时七个星期。在这七个星期中，他们俩每天聚在一起做精神分析，分析彼此的梦。弗洛伊德也向荣格提到了自己的梦，但是不像荣格那般坦荡，他不愿意提供更为详尽的材料给荣格,这让荣格产生了怀疑,觉得弗洛伊德不敢面对真相。

弗洛伊德向荣格提到的梦是这样的：“我看到一个穿着奥地利帝国海关官员制服的老人。他从我身边走过，有点驼背，完全没有注意到我。他的表情乖僻，心事重重，不胜烦恼。梦中也出现了其他人，其中一人告诉我，这个老人并不是真的存在，而是去世多年的一位海关官员的灵魂。他是那种至今仍不能够真正死去的人。”

荣格分析了弗洛伊德的这个梦，他指出：“关于海关，我立刻想到了审查机构。对于交界，我一方面想到的是意识和无意识的交界，另一方面想到您的观点和我的观点之间的界限。边境上十分严格的海关检查，在我看来是对分析的影射。在边境上我们会开箱检查有无违禁品。在检查过程中，无意识的图谋不轨便被揭发出来了。至于那位年老的海关官员，他显然没能从其工作中得到快乐和满足感，所以他才用一种尖酸刻薄的眼光看待世界。我不可避免地在他身上看到了您的影子。”

荣格接着分析自己：“在弗洛伊德这个梦出现之时，虽然我对他的评价依然很高，但与此同时，我也在批判他。这种矛盾的态度是一种迹象，说明我对当下局势无知无觉，更不用说做出什么判断了。在弗洛伊德的个性影响下，我已全然抛弃了自己的判断，并把自己的批判性也束之高阁。这是我与他合作的前提。我不断地告诉自己，弗洛伊德比你更加博学、更加练达。在目前，你必须乖乖地听他的话，向他学习。”

同时，这个梦也给了荣格一些提示，他认为一位已经死去的海关稽查员仍在游荡的幽灵，难道就是弗洛伊德暗示过的自己抱有针对他的死亡愿望吗？这个梦也可能是对自己意识里的赞赏和钦佩的一种补偿。而梦中的最后一句话似乎在暗示弗洛伊德会名垂后世。

释梦者采取的解释，往往也会暴露释梦者自己的内心愿望。例如，荣格把梦中的一个阴魂不散、老而不死的海关官员对应到弗洛伊德本人，多多少少暴露了荣格希望弗洛伊德死去的黑暗想法。就像鲁迅，在看到父亲不断生病咳嗽的时候，不禁冒出一个念头：父亲与其咳得这么痛苦，不如死了好。

为什么人们会希望自己的重要他人去死呢?

最明确的原因，就是别人死了，对自己有利。

和弗洛伊德在一起，就要不断地告诉自己，弗洛伊德比你博学、比你练达，你要乖乖听话，向他学习。

所以孔子说老之戒之在得，老子说功成身退，也是生命智慧的结晶，一个老年人还和青年人抢名利抢风头，甚至抢女朋友，这自然是要被青年人在背地里诅咒的。

从另一个方面来说，其实根据弗洛伊德的理论，儿子想要杀死父亲，徒弟想要杀死师父，这大概是人类社会的根基，所以俄狄浦斯情结中最凶残的一面，被称为弑父情结。

这个梦也表达了弗洛伊德的“空心”状态:心事重重,烦恼不安,总是找不到自己灵魂的落脚处，总是处于无根状态，游魂野鬼一样空虚、恐慌、焦虑、饥渴、贪婪。

荣格也向弗洛伊德提到了自己的梦（梦 7——地下室头骨梦），这个梦境如下——

> 我在一套房子中，我不知道是什么地方，它有两层楼。这是“我的房子”。我发现自己在上面一层，内有洛可可风格的漂亮旧家具，墙上挂着贵重古画。我惊异于这会是我

家，心想：这还不赖！但想起来还根本不知楼下看上去如何。我到了底楼。那里的一切古旧得多，我看出，房子的这一部分大约建于15世纪或16世纪，陈设为中世纪风格，红砖墁地，一切都偏暗。我从一个房间走到另一间，心想：现在可得把这房子查个遍！我来到一扇沉重的门边开门，发现后面有一条石阶通向地下室，走下去，置身于有漂亮拱顶的古色古香的房间，检查四壁，发现寻常的砌墙方石之间有砖层，灰浆中含有碎砖，凭此断定，墙壁建于罗马时期，我兴趣高涨，也检查了石板铺成的地面，在其中一块里发现一只圆环，拉的时候，石板抬起，又出现了台阶，狭窄的石级通往深处。我走下去，进入一个低矮的岩洞，积尘满地，内有骨头碎皿，像是原始文化的遗迹。我发现了两具显然极为古老、半腐的人类颅骨——于是我就醒了。

荣格认为，他的这个梦代表人类的心灵结构是一层一层地联系起来的。弗洛伊德会认为，这两个死人头骨，一个代表他自己的死人头，另一个代表弑父的荣格，可能是杀父之后出于内疚自杀了。而那些一层层的房子，就是人们的伪装，防御机制，用来掩盖弑父的愿望。

荣格当然不会同意这种暗黑的观点，在这个梦之后，荣格提出了“梦并非伪装”这个观点。他说：“这个关于房子的梦激发了我的求知欲，它重新唤起了我昔日对考古学的兴趣。”

联系之前的梦境，我们不难看出，这个梦和之前的六个梦其中的两个都有类似之处，第一个梦是梦 1“独眼肉柱梦”（三四岁），第二个梦是梦 3“挖掘古墓梦”（18 ~ 20 岁）。

这三个梦都是梦者的自我，沉到地下，在地下寻找什么东西。在梦 1 中，梦者是从草地上一个方形黑洞进入地下的，在梦 3 中，梦者是在一片黑森林中，开始进入地下的。而这一次，已经人到中年的荣格（34 岁），他从自己家、自己的房子，开始进入地下。

陌生的家庭，这表明了荣格正在家庭中寻找什么东西，但是在熟悉的家庭中是寻找不到的，所以他需要一个陌生的家。

这个家的特征和梦 1“独眼肉柱梦”中的山洞有类似之处，就是富丽堂皇，布置精美，能够满足荣格曾经被抑制的外倾感知觉的需求。

然后我们知道了，荣格的这个陌生的家，是建筑于 16 世纪——中世纪的，换句话说，荣格正在寻找的是中世纪的精神、中世纪的审美、中世纪的家庭。他的梦 2“教堂上帝梦”就是发生在中世纪教堂的。

所以可以推测，这个梦和梦 1、梦 3 其实都是无意识地在对同一个主题进行工作——欧洲中世纪形成的家庭文化崩解了，夫妻恩爱，父子不再能够子承父业，继承父亲的信仰，孩子们即便生理上成熟了，心灵还是空虚而彷徨失措。

沿着这个代表中世纪的地面楼层，梦中的荣格向下探索，他再次遇到了梦 1“独眼肉柱梦”中的石壁，但是这一次的石壁，不再是原始的石壁，而是掺杂了人类文化的石壁，也就是古罗马精神，在梦中的这一层，荣格的外倾感知觉功能超级发达，就像一个考古学家。

就在这一层的地板中央，有一个圆环，这个圆环至关重要，是通向下一层的关键，圆环是曼陀罗的象征、自性圆满的象征。

然后，在最低层，梦中的荣格的自我发现了两具头骨。这个梦沿着时间开始回溯，最后荣格面对的是人类的死亡。在梦 1“独眼肉柱梦”中，死亡来自肉柱、食人者；在梦 3“挖掘古墓梦”中，死亡的骨头是动物的。这一次荣格开始直面人类的死亡。

弗洛伊德敏锐地觉察到，既然你在和我的关系中出现了这个梦，那这两个死人应该是父子关系。父子之间是你杀我、我杀你的关系。但是其实这还不算最暗黑的——母子之间也可以出现彼此杀害的关系啊！至于夫妻之间彼此杀害，那更是应该优先考虑的解释，因为地上的圆环，可能也象征着结婚戒指，这个梦的有些中文译者，就把原文中的 Ring 翻译成了“戒指”，况且当时的荣格正处于一个婚姻的进展时期，而此时的荣格，正在与自己的病人和学生萨宾娜发生恋情，弗洛伊德也卷入了他们的纷争中。

简而言之，如果从婚姻家庭的角度来看待这个梦，可以对荣格做出如此简单的解释——你从小目睹传统家庭的土崩瓦解，所以在夫妻关系中也面临种种困难，尤其是你太太出身高贵，和她父亲过度亲密，婚后又接二连三地生孩子，让你没有多少性生活的机会，所以你很愤怒也很憋屈，你觉得这个家庭死气沉沉，你幻想能够建立一个中世纪那样的家庭？

荣格很快向弗洛伊德谈了他的另一个梦（梦 8——官吏幽灵与十字军幽灵梦），他梦见了一个至今仍不能真正死去的人。这个梦分为两个部分——

第 1 部分："这个梦发生于瑞士与奥地利边界附近的山区，傍晚时分，我看见一个上岁数的男子身着奥匈帝国官吏制服，他略微弓背走过，对我不理不睬，面有愠色，一副郁郁寡欢、恼火的样子。还有旁人在，有人告知，老翁实际根本不存在，而是几年前去世的一名官吏的幽灵——他是那些不能完全死去的人中的一员。"

……

第 2 部分："我身处意大利一座城市，中午十二点与一点之间，烈日炙烤在街巷上。城市建于山丘之上，令人想起巴塞尔的一个地方——科伦贝克。小巷从那里通向穿城而过的比尔西希河谷，部分是阶梯式小巷，一条这样的台阶向下通往光脚会信徒广场。那是巴塞尔，不过，这也是一座意大利城市，有点像贝加莫。夏日艳阳当顶，万物充满强光。许多人迎面而来，我知道，现在打烊了，人们赶回家吃午饭。人流中走着一名身着全副盔甲的骑士，他拾级而上，迎面而来，头戴露出眼睛的帽形头盔和链环甲胄，外罩一件白色外衣，前胸和后背印有一个红色大十字架。

您可以想象，一座现代城市里，交通高峰时间，一名十字军战士向我走来，给我什么印象！尤为引人注目的是，在许多路人中似乎无人发觉他。无人朝他转身或者朝他看，我觉得仿佛他对其他人而言完全不可见。我自问该现象会意味着什么，这时就宛如有人回答（但无人在说话）：'对，这是定时现象，骑士总是在十二点与一点之间经过此地，而且很久了（我的印象是几个世纪了），人人都知道。'”

不难看出，这个梦和弗洛伊德的海关梦彼此呼应、颇多相似。

荣格认为圣杯骑士和海关官员是两个对比鲜明的人物。海关官员是面目模糊的，是一个至今仍不能够真正死去的人。然而，圣杯骑士却生机勃勃，十分真切。尽管在梦的第二部分显得神圣无比，但两国交界处的场景却显得平淡无奇。后来荣格了解到，这个圣杯骑士来自 12 世纪，正是炼金术中寻找圣杯的时期。这个梦预示着荣格未来的走势，他必将成为精神分析史上的一个十字军骑士，和他的国王决裂后，最终找到属于自己的中心——炼金术。的确，他的命运也是如此发展的。当然，圣杯骑士和弗洛伊德梦到的海关老头最大的区别在于，圣杯骑士是有坚定信仰的。

官吏幽灵和十字军幽灵最大的特点在于，这个梦是由两个看起来毫无联系的片段构成的。这种“多片段梦”的形成有以下几种可能性：①原来的梦境本来是相续的，但是其中有些情节，因为通过不了梦者的人格面具、道德和禁忌的审查，所以被删除、剪裁了。②梦境原来就是如此，因为无意识自我觉得它们是相联系的，或者无意识自我觉得逻辑联系不重要。

它们的联系其实也还是存在的，比如两个片段都是在讲述幽灵的故事。不少人，包括荣格本人，都把老官员看作老而不死的弗洛伊德。这当然也就验证了弗洛伊德的假设，荣格把弗洛伊德当作俄狄浦斯情结中的父亲杀死了。从而弗洛伊德变成了抑郁、焦躁的老官员。

荣格在其自传中，也承认这种说法的合理之处，他认为可能因为自己意识层面过于崇拜弗洛伊德，所以在无意识的梦中会对此种理想化进行纠偏。

不过弗洛伊德毕竟不是一个官员，也不是一个幽灵，所以幽灵应该还代表着荣格死去的父亲，荣格可能觉得父亲的幽灵是不甘心死亡的，联系梦 6“死亡父亲回家梦”，我们可以看到，死亡父亲回家来，不是因为他知道自己已经死了，回来看看心爱的儿子和老婆，带给他们祝福和保佑。而是他不知道自己死了，似乎还要回到自己房间把儿子赶出去。他的表情也是愤怒的。

从梦 8 的第 2 部分可以看到，幽灵发生了转化，无家可归、不甘心死去的孤魂野鬼变成了十字军骑士，他既是坚定信仰拥有者，又具有了荣格在父亲身上没有找到，而在弗洛伊德身上寻找的品质——坚强、倔强，永不服输、战斗精神。当然，他也是刻板地遵守时间的，总是在午时出现。午时是太阳最强烈的时间，也是阳性能量达到高峰的时间，属于日神的时刻。正是荣格和整个欧洲失落的精神——日神精神。

这种日神精神最早发源于古希腊，这大概是为什么梦中巴塞尔和意大利城市合二为一的原因。

梦的第 1 部分是梦者被官员忽视，第 2 部分是十字军骑士被市民们忽视，这大概也预示了荣格在工业时代必然沦为笑柄、被人忽视的命运——他就像塞万提斯的世界名著《堂吉诃德》里面的骑士一样，似乎恢复传统文化，恢复骑士的高尚爱情和忠义精神，但当时主旋律是打倒传统，崇拜新兴科学。荣格，很长一段时间都被视为神经兮兮、神神道道的老人。近年来随着人类进入后工业社会，荣格才重新受到重视。

荣格还从城乡差别的角度看待他和弗洛伊德的差别。在他看来，弗洛伊德之所以对乱伦与性错乱特别关注，是因为弗洛伊德是城里人，而荣格在乡下长大，乱伦和性错乱对他来说并不是什么值得注意的新鲜事，也无须特别说明。

在他看来，一个对自然全无所知的人当然会患上心理障碍，因为他们不能适应现实。太过天真，好像无知的小儿，因而，有必要将生活的实情告诉他们。用今天的话说，就是弗洛伊德太不接地气了，所以对性这个问题大惊小怪。

当荣格发觉弗洛伊德本人也有神经症，而且问题非常严重时，他认为，如果连导师都对付不了自己的神经症，那么精神分析的理论与实践又有什么意义呢？于是，当弗洛伊德宣布想让其理论与方法标准化、教条化时，荣格便决定不再同他合作。

荣格写了一本书叫作《力比多的转化与象征》，在此书快要完稿的时候，他已预见到此次出版将会造成他们的友谊终结。

因为当时弗洛伊德认为乱伦是很多精神疾病的病因。而荣格在书中提到，只有在极罕见的案例中，乱伦才是个人精神障碍的表现。一般而言，乱伦有着极具宗教性的一面，乱伦的主题在几乎所有的宇宙起源论和不计其数的神话中扮演着重要角色。并且他批评弗洛伊德只抓住乱伦字面上的阐释，未能将乱伦作为一种象征，去把握它在精神层面的重要性。

事实正如荣格所预料，这本书出版之后，二人决裂了。

不过荣格对于弗洛伊德这样一位亦师亦友的人物，还是给予了很多正性评价。比如他曾说过，弗洛伊德最大的成就当属他认真地对待神经症病人，探究他们独特的个性心理。他有胆量让病人自陈事实。没有偏见，勇气十足，成功地克服了众人的成见。他像《旧约全书》里的先知，颠覆了虚假的神祇，解开了掩盖欺骗和伪善的面纱。他毫不动摇，施予我们的文明推动力。

弗洛伊德虽然后来没有公开表达过对荣格的赞赏，但是如果把弗洛伊德和荣格的著作按照年代顺序来阅读的话，不难发现，两人其实都在暗中吸收对方的观点。就像百事可乐和可口可乐，表面上势不两立，但是实际上，从口味、品类、定价、营销等各方面，两者越来越接近。

在和弗洛伊德决裂后，荣格走到了几乎精神崩溃的边缘，这次的精神危机似乎远远超过他的童年时期，接下来会详细论述。◆

扩|展|阅|读

有关荣格和弗洛伊德的爱恨情仇，可以参考由艾伦伯格写作的《弗洛伊德与荣格：发现无意识之浪漫主义》一书，此书非常经典，多本荣格传记在写作到弗洛伊德和荣格的关系时，都引用此书。

Robert Wright 的博士论文 *In My Father's House : C.G Jung's Memories, Dreams, Refelctions–A son in search of Father* 是一部非常独特的作品，从父子关系的角度，考察了荣格自传中的父亲情结和梦境的关系，尤其是以父亲情结来理解弗洛伊德和荣格的师徒关系，以及斐乐蒙意象的出现，对这种师徒关系破裂的疗愈效果。师徒反目，大多是未解决的父亲情结作乱。在文学和现实生活中不断上演。

中年 2

从白鸽少女到自成一体

如果我要完整，那么我必须有黑暗的一面。

——荣格

与弗洛伊德分道扬镳之后，荣格感觉自己整个人都浮在空中，找不到根基。我们的病人也经常用“空心”“无根”等词语来描述这种精神的崩溃感。

那为什么会出现这种情况呢？因为在文化坍塌的时候，通过依附于权威，是可以暂时弥补自己的空虚和无意义感的。这就像某些佛教徒，通过把上师全能化、理想化来弥补自己内在的空虚和无意义感。当然，佛教到了一定阶段，也会告诉修行人，这个“上师”其实是心中的上师，也就是每个人的佛性。弗洛伊德就相当于荣格的上师仁波切，现在他和上师闹翻了，这几乎抽空了他。

在事业上，荣格认为，自己的当务之急是发展一种对待病人的新态度——与弗洛伊德教条主义者全然相反。所以，他决定暂时不把任何理论强加给病人，而是等待并观察他们自愿说些什么，顺其自然，静待事态的发展。

结果，病人开始自发地向荣格汇报他们的梦与幻想，而他会向病人询问“那么，你能想到什么有关的事吗？”或者“你具体指的是什么？这种想法从哪里来？而你对此还有什么想法？”在这一过程中，荣格摒弃了所有的理论观点，只是协助病人自己去理解梦中意象，而不运用任何的规则和理论。

我个人认为，荣格在一生大部分时间里，对“理论先行”这个观点的反对，是深恶痛绝乃至有点偏激过头。

的确，我们应该反对理论先行，不要让理论跑到来访者前面，但过度被动的话，对来访者也是不利的。有的来访者需要有个人在他的前面快走一点，还有的来访者要有人能够和他一起并排向前走，每个人的需求是不同的。同时，对于所有来访者而言，治疗的不同时期也会有不同要求。一般来说，治疗早期，理性功能比较薄弱的人，需要治疗师主动一点，给他一点理论支持，理论本身就是一种疗愈的催化剂。荣格这种治疗风格的变化也和他的病人群体发生了改变有关。之前荣格在精神病院工作时，他的绝大部分病人是非常严重的精神病人。当他自己开诊所之后，前来就诊的基本是比较健康的病人，需要让来访者自己引导治疗进程。

荣格开始相信，他这种平等的方法对待梦，并将之作为分析的基础是正确的，因为这正是梦的意图。

弗洛伊德和荣格的决裂时间是在 1912 年年底，37 岁的荣格这一年可谓多灾多难，在和弗洛伊德决裂前一年，他和自己曾经的病人、学生、同行萨宾娜·斯皮尔林（Saubina Spielrein）也决裂了。

萨宾娜在 1904 年走进荣格的生命，她是俄罗斯人，因为精神病到荣格所在医院住院。住院期间结识荣格，荣格成了她的医生，后来是老师和情人，荣格鼓励她学医成为自己的同行，后来她真的就成了荣格的同行，而且这一切弗洛伊德也被卷入其中。萨宾娜在1911年和荣格也决裂了。而荣格与萨宾娜发生恋情时，传说他妻子埃玛很不开心，去医院告发了他。

在1912年圣诞节前后，荣格又做了一个意义深远的梦（梦9——白鸽女孩梦），来消解生活中的巨大压力——

梦里，我发现自己身处一座华美的意大利敞廊中。它由廊柱支持、地面铺着大理石。我正坐在一把文艺复兴时期的金色扶手椅上，我的面前是一张美丽无双的桌子，桌子是由绿色的石头制成的——好像是翡翠。我坐在那里向远方眺望，因为凉栏高驻于塔楼之上。我的孩子们也围桌而坐。忽然，一只白色小鸟落了下来，可能是一只小海鸥或者鸽子。它优雅地停在桌面上休息，我示意孩子们坐着别动，免得吓跑这只美丽的白色小鸟。一眨眼的工夫，这只鸽子变成了一个小女孩，年纪大约八岁，长着满头金发。它和孩子们一起跑开了，在城堡的廊柱之间嬉戏起来。我陷入沉思之中，琢磨刚才经历的是什么事。那个小女孩回来了，用她的双臂温柔地搂住我的脖子，然后她突然消失了。鸽子再度出现，用人的声音向我缓缓地说："只有夜幕刚刚降临的几个小时里，我才能化为人形，因为那个时候雄鸽子正忙着埋葬那十二位死者。"然后它便飞走了，消失的无踪，我便醒了过来。

荣格自己分析说："一只雄鸽子和十二个死者有什么关系呢？由那张绿宝石桌子我联想到了《翠玉录》的故事。我想起了炼金术传说中伟大的赫尔墨斯的翡翠板。传说那是赫尔墨斯死后留下的一张石板，上面用希腊文刻着炼金术智慧的基本宗旨。我还联想到了十二使徒、一年中的十二个月、黄道十二宫等。但我参不破这个谜题，最后我只好放弃了这种努力。我只能肯定这个梦表现了无意识的一种不寻常的活动。但是我却找不到一种技术能让我触及内心过程的核心，所以我什么都不能做，只好等待，继续我的生活，并密切注意着我的幻想。"

有一些荣格的传记研究者认为，这是一个爱情之梦，这只可爱的白鸽就是他失去的爱人——萨宾娜的代表。后来，他把这种爱情意象投射到1912年他认识的一个新病人托尼·沃尔夫身上，托尼也从他的病人变成学生，从学生变成情人。

这个梦的时空和梦8"官吏幽灵与十字军幽灵梦"有类似之处，这一次我们看到，意大利这个地方，已经明确地分离出来，不再像梦8一样，意大利和瑞士的巴塞尔混合在一起。梦境向中年危机的荣格展示，他的自我需要进入意大利所代表的文化氛围中，才可能得到疗愈。

之前梦中反复出现的石头，这次发生了巨大的变形。从梦1"独眼肉柱梦"中地下的石洞，变成了梦7"地下室头骨梦"中的石壁、石板。这次变成了翡翠石桌。而且这个梦现在已经没有暗色调了，都是比较明快的色调。本来都是封闭的空间，现在也变成比较开放的空间。

文艺复兴时期的金色扶手椅，这个意象，现在和梦1"独眼肉柱梦”中红色的椅子是类似的，椅子上的东西以前是独眼肉柱，食人者，后来变成了上帝意象，现在则变成了荣格自己坐上了椅子。

文艺复兴这个时间，大概也提示我们意大利对荣格的意义，一方面，意大利当然是象征欧洲古希腊文明，另一方面，它也是文艺复兴的起源地。据说现代化进程也和它息息相关，而且基督教的禁欲主义，据说也是被文艺复兴推翻的，充分体现在薄伽丘的《十日谈》这本名著中。

所以可以说，荣格的屁股坐在了文艺复兴、人本主义的椅子上，但是他的心灵向往的可能是代表中世纪、炼金术的绿色石桌。石桌旁边围绕着孩子们，说明这个梦要工作处理的是家庭关系、亲子关系。

图中的白鸽，大多数人一眼都能看出这象征着灵魂。因为它就像灵魂一样可以降临人间，可以变成人形。

在神学中，灵魂是指介于人间和天堂的一种过渡形态。而在荣格心理学中，灵魂是指介于自我和自性之间的连接者。

所以，在讨论灵魂之前要熟悉一个概念，叫作心理现实。也就是，一方面，现实生活是真实存在的，不以个人的意志为转移的。例如，一个人看见一个美女从山上走下来，而他周围的所有人，只要五官功能正常的，都看到了一个美女和一座山峰。另一方面，认知心理学告诉我们，所有现实情境都会被人类的记忆、情绪加工，所以说一百个观众就有一百个哈姆雷特。例如，白鸽也是一样，有的人觉得那个女人是 100 分美女，有的人觉得只是 60 分，有的人觉得是一座高山，有的人觉得是一个小山包。我们每个人都活在自己的心理现实中。

一个人认识到自己活在心理现实中，也是心理治疗的前提，这样，他才能够做出结论：既然我活在心理现实中，那我就可以通过改变心理现实来改变心态，改变我内心的世界。

如果一个人认为，没有心理现实这么一回事，那么他必然认为他的痛苦来自外界，来自自然和社会，理所当然地，他也不应该做什么心理治疗，而是应该去改变自然，改变社会。

心理现实，这就是灵魂产生的前提，它是亦真亦幻的，犹如《红楼梦》中的太虚幻境。

灵魂的出现，让人的内心世界不再仅仅有现实，而是有了天堂，另外一个维度的存在。同样，白鸽一样的灵魂，出现在荣格家的桌子上，它给这个家庭带来了另外一种生命的可能性，也就是自由。自性化的三大特征之一就是自由自在。

对于中国人来说，想要自己体验到“灵魂感”，最好看两部小说：一部是《红楼梦》，这是将亦真亦幻发挥到淋漓尽致的一部著作；另外一部就是《西游记》，也是亦真亦幻，历史和幻想交错。

荣格在处理梦中动物意象的时候，有个方法，就是直接描述这种动物的生物学特征。

鸽子既然出现在荣格家庭的桌子上，我们当然就要了解鸽子这种动物的家庭是什么样的？

鸽子是一种单偶制动物，一夫一妻，公鸽和母鸽共同筑巢、孵卵和育雏。有些生产性能好的公鸽还具有“逐妻”行为，若母鸽离巢时，它会追逐母鸽归巢产蛋。母鸽产下蛋后，两口子轮流孵蛋，幼鸽孵出后，公、母鸽共同分泌鸽乳，哺育幼鸽。鸽子在丧偶后要经过较长时间才能重新配对。成年鸽失去配偶后，在发情季节，因性欲强烈，也可能出现乱交乱配现象。鸽子具有强烈的归巢性。时刻都想返回自己的“故乡”，尤其是遇到危险和恐惧时，这种“恋家”欲望更强烈。

这些特征好像都和荣格自己的心态有呼应之处，他也是恋家之人，不愿意离开家庭，婚外情出现后也不愿意离婚。但是另一方面，公鸽具有的暖男、暖爸特性，是荣格自己身上没有的。

所以我们看到，白鸽变成了 8 岁小女儿，搂住荣格的脖子，可能也有唤起他父爱让他留在家庭中的意义。

在心理咨询中，遇到的隐性离婚的案例也有类似的情况——父母们维持已经破碎的夫妻关系，只是为了和自己的孩子多待几年，不忍心孩子们遭受家庭破裂的痛苦。

鸽子变成小女孩后说：“只有夜幕刚刚降临的几个小时里，我才能化为人形，因为那个时候雄鸽子正忙着埋葬那十二位死者。”

这句话是什么意思？在我看来，是说荣格的灵魂要和他的自我结合，就必须具备几个前提条件：第一，夜幕降临；第二，他的灵魂和自我的结合实际上并不牢固，只有在几个小时中，他的灵魂才能够化为人形和他的自我结合；第三，这时候的雄鸽子有其他的事可以做。

雄鸽子埋葬十二个死者，这一句意味深远，让荣格一直困惑。

大概一种喻示就是，他在哀悼所有人的死亡，所有人都活在时间中，在时间中的人类就是有出生、有死亡的。荣格认为一个意象如果在梦中不断重复，当下有某种东西死去了，而它又仍然活着，这就是人们对时间的一种知觉。例如，尸体放进了焚化炉，但随后却发现人还活着。这是我们的精神系统正在不断告诉我们，死而复生，生而复死，生生死死，这就是生命十二个月的循环。

所以在他之前的梦8"官吏幽灵与十字军幽灵梦"中出现的幽灵，现在好像都变成了被埋葬的时间。荣格这个时候，在白天要埋葬的时间，当然就是两段感情——一段是和萨宾娜的恋情，另一段是和弗洛伊德的友情。

当然，也有人怀疑，他和弗洛伊德的感情是不是也是爱情？比如他们的通信中，弗洛伊德写信给荣格说，荣格离开后，他到处看到的人都以为是荣格。有位传记作者写到，他们两位都是精神分析师，他们之间发生了什么，也许只有他们自己知道吧。

接下来，荣格又做了一个梦。这个梦可以命名为梦10"死者复活梦"。

这个梦具体的时间不太清楚，可能是在梦9之后不久，在自传中，它们是前后相续的，这说明，哪怕在现实生活中它们不是相续的，但是在老荣格的记忆河流中，它们就是后浪接前浪的关系。梦境是这样的——

我在一个地区，它令人想起阿尔勒城附近的阿利斯康墓园，那里有一条石棺的林荫大道，石棺可以追溯至墨洛温王朝时代。梦中，我从城里来，看见眼前有一条相似的林荫路，坟墓排成一长行，基座有石板，上面安放着死者，他们躺在那里，穿着古装，双手合拢，如同古老的墓地小教堂中身披盔甲的骑士，差异只是，我梦中的死者并非以石雕成，而是以奇怪的方式制成木乃伊。我驻足于第一座坟墓前，打量死者，那是19世纪30年代的一个男子，我感兴趣地观察他的服装，他陡地动弹起来，复活了，分开两手，我知道，发生此事只因为我在注视他。我缓慢地继续前行，来到应是18世纪的另一死者处。这时故伎重演：我端详他时，他回生了，活动双手。我就这样沿着整排坟墓走去，直到大致迈入12世纪，走到身穿锁子铠甲、同样两手合拢躺在那里的一名十字军战士处，他像是木雕的，我长久凝视，相信他确实死了，但蓦然看见他左手一根手指开始悄然活动。

这个梦的一开始，时空再次发生了变化，从上个梦的意大利，变成了法国普罗旺斯附近的阿尔勒小镇，这个小镇的阿利斯康，有古罗马烈士陵园。在但丁的《神曲》中，对阿利斯康进行过美妙的描述，凡·高还专门为此地创作了一幅绘画。所以它代表着纯正基督徒的坚定信仰和面对死亡的勇敢。

这种精神，正是荣格及其父亲在寻找的——具有一个坚定的信仰，人的一生就具有了意义，这个信仰可以帮助人们克服死亡恐惧，而且，为了实现这个信仰可以牺牲生命。

当一个人，具有了可以为之献身的信仰，她就从贪恋生命、恐惧死亡的焦虑中解脱出来，成为自由自在的人。所以“生命诚可贵，爱情价更高，若为自由故，两者皆可抛”。

之前梦中频繁出现的主题：死亡、石头、下沉空间、森林，这次变成了石棺林荫道。而幽灵、死人变成了木乃伊。

然后，一个具有意义的事件发生了，木乃伊们开始复活了，而这个让木乃伊们复活的元素，就是梦者的自我。

在梦9“白鸽女孩梦”中，白鸽女孩是一个转化性元素，她连接起死亡和生命、动物和人类，现在这个功能由荣格本人来承担。

这提示着，即便在无意识领域中，梦者的自我也开始具有疗愈功能。

我们看到，梦中的荣格，正在沿着时间、沿着历史，复活各个时期的人物，它们分别是19世纪30年代的人、18世纪的人和12世纪的十字军骑士。简单地说，他的自我正在复活祖先的幽灵。

那么，在欧洲的12世纪、18世纪和19世纪30年代，分别有些什么东西死去了呢？

这个问题非常难回答。如果这个梦是一个中国人比如鲁迅做的，我们问他，你梦中的12世纪的南宋时代、18世纪的清朝乾隆和19世纪五六十年代的太平天国，对你现在的生活有什么影响？估计鲁迅也是难以一言道尽这数百年沧桑。

当然，总体趋势还是可以看出来的，12世纪的欧洲正在进行十字军东征，是基督教精神盛极而衰的年代；18世纪则是工业革命萌芽的世纪，基督教和封建王权开始受到震撼，美国建国；19世纪五六十年代，则是工业革命全面开展，旧有制度和传统文化遭到摧枯拉朽打击的年代。所以，这一系列的死人，大概象征着传统价值，传统男性的死亡，这是荣格及其父辈眷恋、执守的文化价值观。

此时的荣格，家庭和事业乱作一团，本来已经疗愈的创伤，再次复发。他诊断自己，正处于精神疾病要爆发的前夜，他开始自我分析，写作疗愈日记，同时他开始使用游戏疗法，玩小时候玩的游戏，用积木搭建小房子或城堡。他不断地捡拾一些东西放到他家附近，用来搭建他需要的物品。

有一次，他在湖边捡到了一个红色的、4 厘米左右的四边形锥形石头，突然明白这就是祭坛，同时他想起了人生的第一个梦——独眼肉柱梦。在其后的日子里，只要天气允许，他每天午饭后都会继续进行他的建筑游戏，一直到有病人来访。

在日常生活中，一个人如果突然开始玩他小时候喜欢的各种游戏，我们就知道，他开始自发地进行心理治疗了。这时我们可以鼓励他或她，多玩一玩。

虽然游戏治疗可以延缓发病，但是荣格还是出现了部分的症状，比如开始出现幻觉。1913 年 10 月，他突然感到有一种强烈的、令人无法忍受的幻觉向他扑面而来，他看见一场大洪水淹没了北海和阿尔卑斯山之间整个北部和低洼地。

然后他的幻觉源源不断，心情始终高度紧张，常常感到无助和焦虑。他首先尝试了瑜伽疗法，他大概是心理治疗历史上第一个给西方人介绍瑜伽的治疗师，也是第一个使用瑜伽进行自我疗愈的治疗师。

荣格说：“既然我的目的是想要知道我心中的动静，我要练习瑜伽直到自己足够平静，能够继续关注无意识的工作为止。一旦我感觉自己平静了下来，我便会放开对情感的束缚，允许各种意象和内心的声音重新开始说话。与此相反，印度人练习瑜伽是为了完全消灭大量的心灵内容和意象。”

我想，这是荣格对于印度人练习瑜伽的一个误解。在佛教中也有这样的“定学”“修定”，是修习之人为了消减心灵意象才练习的。

但修习之人在“修观”时，并不是为了消减它们，也不是为了鼓励这些内容的出现，而是旨在观察，所以它们愿意出现就出现，愿意走开就走开，练习瑜伽只是为了观察它们是怎么变化的。

那么，荣格练习瑜伽的收获是什么？他说：“只要我得以把各种情绪变成意象，也就是说，找到了隐藏在情绪之中的意象，我便会心平气和，再次放下心。我尽可能详尽地记下幻想，认真分析它们产生时的心灵状态。”

1913 年 12 月 12 日，在基督降临节那天，荣格决心迈出决定性的一步，决定不再控制幻觉，而是沉入幻觉中。当时他感受到，脚下的地面仿佛裂开了，他掉进黑暗的深渊，落在黏糊糊的东西上，进入洞穴里面，看到洞穴的岩石上有一颗红宝石。他捡起红宝石之后，看到洞里是流动的水，有一具尸体随着水流过来，那是一个金发年轻人。接着，漂来一只黑色圣甲虫。然后是一轮红彤彤初升的太阳从水深处冉冉升起。突然，一大堆血喷出来，血水持续喷涌让他无法忍受。这个幻觉让荣格非常震撼，他说这是一个英雄和太阳的神话，一出死亡与新生的戏码，而那只埃及圣甲虫则象征着重生。

六天后，他又做了一个梦（梦 11——杀死西格弗里德）。这一年，他 38 岁；这一天，是 1913 年 12 月 18 日。

这个梦境如下——

我发现自己跟一个皮肤棕褐的陌生少年、一个野人，在人烟稀少的多岩山中。天将破晓，东边已经天亮，明星行将隐没。这时，山上响起西格弗里德的号角声，我知道，我们得干掉他。我们携枪在狭窄的石径上伺机伏击他。忽然，山脊高处，西格弗里德现身于旭日的第一道光柱中，坐在骸骨制成的车上，顺着多石的山坡疾驰而下，他拐过角落时，我们朝他射击，他中弹坠亡。毁灭了如此壮丽之事，我充满厌恶与悔恨，转身逃遁，驱动我的是害怕有人可能发现这起谋杀。这时开始暴雨滂沱，我知道，它会灭迹殆尽。我逃脱了遭人发现之虞，生活可以继续，但留下不堪忍受的负罪感。

西格弗里德，有时也翻译为"齐格飞"，他是德国叙事诗《尼伯龙根之歌》中的屠龙英雄，他反复远征，在战斗中得到无数财宝和近乎不死之身。获得王位后被刺杀。荣格认为，西格弗里德代表着德国人的英雄意志，这个梦表明英雄意志不再适合他，所以西格弗里德才会被杀死。同时荣格感到一种怜悯之情，他说："我暗中把自己认同为西格弗里德，还掺杂着一个人被迫牺牲其理想和意识态度时所感到的那种悲伤。这种认同和我的英雄理想主义必然被抛弃，因为在自我意志之外还有更高的存在，且一个人必须为之折腰。陪着我的那个身材矮小、棕色皮肤的野蛮人参与了杀人，他其实是原始阴影的化身。那场雨表明意识和无意识之间的紧张关系已得到了和解。"

这个梦发生在山岭中，山岭，是在梦 3"挖掘古墓梦"中出现的场景，山岭在梦中出现，一般象征着我们的精神系统要更上一层楼。

这次荣格的确更上了一层楼，以前他梦中的死者都来自别人，或者别人是杀人者，这次他终于看到，自己就是一个杀手。

梦中所有的同性别之人，一般都是个人阴影的象征，这一点对今天的分析师来说，几乎是常识。但是在荣格那个时代，要能意识到这一点还是不容易的。而天才的荣格，居然看出来了那个野蛮人就是自己分裂的阴影。

当然，也有后人指出，西格弗里德和弗洛伊德的姓——西格蒙德（Sigmund）类似，所以这大概也象征着弗洛伊德，部分验证了弗洛伊德的“荣格有弑父愿望”之说。

倾盆大雨从天而降是一个净化的象征，它正在净化荣格心中残留的情结。就是英雄主义——男性自恋情结的一个变种。正因为有这种英雄情结或者说自恋情结，才迫使他当初找上了弗洛伊德。

但是他们是用枪杀死古典英雄的，联系之前死去的十字军骑士，我们大概可以说，这也象征着工业革命杀死了传统的英雄精神、骑士精神。

荣格继续探索他的幻觉。在他的幻觉中，他会经常掉到深渊的底部，或者出现在阴曹地府里，遇到白胡子老人和一个年轻美丽的姑娘，姑娘告诉他说：“我叫莎乐美！”

莎乐美和以利亚都是《圣经》中的人物。因此，荣格自己解释说：“莎乐美是一个阿尼玛的形象。她的目盲，是因为看不到事物的意义。以利亚是智慧而年老的先知形象，代表了智慧与知识的因素，而莎乐美则代表了人的情欲的因素。”

后来，荣格幻想中的先知形象又变成了斐乐蒙（Philemon，有时也翻译为“腓利门”）。他是欧洲传说中一个神仙般的人物。斐乐蒙首先出现在一个梦中（梦 12——斐乐蒙钥匙梦）：

蓝天形同海洋，并非云层密布，而是布满褐色土块，看上去土块碎裂，其间可见湛蓝海水，水却是蓝天。陡地从右边漂来带翼生灵，那是头生牛角的老者，带着一串四把钥匙，手握一把钥匙，仿佛正欲开锁。他有翼，而翅膀如同具有典型色彩的翠鸟之翅。

这个梦一开始就非常具有超越意味，土地、天空、海水发生了化合，三者合为一体。这和荣格生命中正在经历的人际关系分裂、内心挣扎形成了鲜明的对比。就在此时，斐乐蒙登场，他长着牛角，这在西方传统中是魔鬼的标志之一。斐乐蒙手持一串四把钥匙，捏着其中一把，仿佛正要打开一把锁。这当然会让人想起智慧之锁，四把钥匙则代表了其中的四大元素：地、火、水、风。斐乐蒙也具有四大元素的特征，穿透一切，联结起各种元素。

斐乐蒙的翠鸟翅膀也有很多象征意义。在古希腊神话中，有一位名叫阿耳库娥涅（Alcyone）的公主，她和另一位叫作克宇克斯（Ceyx）的男子结为夫妻，但是他们却彼此称呼对方为天帝宙斯和天后赫拉，这惹恼了宙斯。在克宇克斯出海的时候用雷劈死了他。梦境之神墨菲斯（Morpheus），以克宇克斯的形象出现在阿耳库娥涅梦中，告诉她这个悲惨的结局。她痛不欲生，投海自尽。然后她变成了翠鸟（还有一说是她丈夫和她一起变成了翠鸟）。所以翠鸟被用来象征着平息神的愤怒——雷电，带来安静和平静，当然也象征着爱情。

荣格对于翠鸟却没有进行象征意义的解读，这个梦后不久，他看到了一只死去的翠鸟，这让他非常吃惊，因为当地很少能够见到翠鸟这种生物。进一步地，他更加确信斐乐蒙，就是一个真实存在的、有自己生命的神灵或鬼怪。但是他的身份和当时的环境又不允许他承认神灵鬼怪的存在，所以他总是用一些含糊的词语来描述他的体验，比如他说“原型的自主性”。现在我们知道，其实就是他看到一个活生生的斐乐蒙的形象在他眼前，而且这个斐乐蒙还不断地教导他很多思想。

比如说，斐乐蒙对荣格说：“你的各种念头像森林里的动物一样，或像一个房子里面的人一样，或像天空的小鸟一样。如果你看到房间里有人，你不会认为这些人是你造就的，也不会认为你对他们负有责任。同时，你不能把我看作你的幻觉内容，也不能把我看作你造就出来的东西或者其他幻觉中的东西。”

荣格认为，这是斐乐蒙在教给他有关心灵的客观性，即心灵的真实性。所以他说：“他显得很真实，仿佛他是一个有生命的人。我与他在花园里散步，他就像我的所谓的印度古鲁（Guru，指上师、道友）。”

前面曾提到，一个人的梦中或幻觉中出现了声音，如果这种声音是非常智慧的话，大部分会来自于自性原型，现在，荣格的自性原型已经展现为一个具体的人物形状了。

但是这时也会危险，此时，荣格可以说已经具有了大部分的精神分裂症的症状，就差两条就可以诊断精神分裂症了，一条叫作“知－情－意”不协调，就是知觉、情感、意志三者不协调，各走一边，另一条叫作自知力，就是自己知不知道这些体验是与众不同的，知不知道自己快要发病了。

这两条荣格好像一直都不符合。除了瑜伽疗法、游戏疗法外，他最主要的、也是最有效的自我疗愈方法，就是写作疗法。不仅仅是写学术书籍，而是写日记，写给他自己看的书。

他首先写了7大本给自己看的书，图文并茂，这7本书叫作《黑书》，然后他又从《黑书》中提取材料，写了一本非常漂亮的书，叫作《红书》。

这两本书在他生前都只给少数至亲好友，他认为学识够格的人阅读，死后多年才得以出版，《红书》2009年英文版出版，2017年有了中文版。《黑书》则是2020年夏季才得以出版。

荣格在写这些书的时候，就曾问自己，我到底在干什么呢？

这时候，有个女人的声音不断告诉他说，这是艺术。但荣格却不断地去否认：这不是艺术，相反，他认为这是自然。

所以在创作过程中，他就不要求自己的作品有艺术性。他认为，如果自己真的去做一个艺术家，他是会受到诱惑的。他说："阿尼玛可能会轻易地诱惑我，并使我相信，我是一位不被世人所理解的艺术家，而我那所谓的艺术本性则给了我忽视现实的权利。要是我听了她的话，她十有八九会在某一天对我说'你以为你在搞真正的艺术吗？根本不是！'如此，这位无意识的代言人阿尼玛会迂回介入，能把一个男人彻底毁灭。"

多次之后，荣格就不那么需要自己的阿尼玛了。也就是说，这个人不再执着于寻找灵魂伴侣，寻找心中的女神。

他对待幻觉的态度也发生了改变，以前是恐惧它们，远离它们，后来是好奇地探索它们，现在变成感恩这些幻觉，他说："我就像一位病人，在接受一个幽灵和女人的分析！"

的确如此，转化幻觉，对人生非常有利。比如电影《美丽心灵》中的诺贝尔奖得主纳什，他就是转化了幻觉中的各个人物，灵魂得到了成长和壮大。

在当今的精神科领域中，我们对于精神分裂症治疗，同样是允许病人拥有幻觉、理解幻觉、转化幻觉。幻觉就像病毒，如果分量控制恰当，那这种病毒就被转化成为疫苗，有利于我们机体康复。

荣格在探索幻觉时，格外注重在现实世界里找到一个支撑点。他认为，他的家庭和事业便是他自己的支撑点。在现实世界中拥有一份正常的生活，以此与自己奇异的内心世界抗衡，这对每个精神病人来说都极为重要。

所以有些人认为，荣格在这段时间，虽有短期的自我功能丧失，但由于他具有很强大的自我疗愈能力，致使他能够一次次地沉到精神病症状中，又一次次地康复，所以他们认为这不叫精神分裂症，而是叫作“和无意识面质”。

在 1914 年的春夏之交，荣格连续三次做了同样的梦（梦 13——冰冻葡萄树），显然是无意识发出的强烈信号——

> 不久之后，那是 1914 年春天和初夏，一个梦重复了三次，夏天里袭来北极寒气，大地冰封，我看见整个洛林地区及其水道冻结，各地空无一人，百川悉数冰凝，鲜绿植物尽数冻凝僵死，此梦境于 1914 年四五月来临，最后一次在六月。第三个梦里，又有来自太空的极寒降临，梦的结局却意想不到：一棵有叶无果的树挺立着（我想是自己的生命树），叶片经霜冻而转化成了甘美葡萄，充满了疗愈的果汁，我摘下葡萄，送给翘首企盼的一大群人。

荣格本人对这个梦没有很多解读，只是隐约提到，此梦大概和之后的第一次世界大战有关。他似乎把这个梦当作了预测梦。但是一般人对预测梦的理解，是它直接预告历史场景，就像电影预告片那样。类似于这种用象征方法和历史事件对应的，是否能称之为预测梦，还有待讨论。

类似这类梦，可以被叫作毁灭梦或者末日梦，是心理治疗中常见的主题梦境。末日梦意味着一个人的心灵的死亡和重生，这是一个人自性化过程中必经之途。

这个梦发生的地点是洛林地区（Lorraine），这是法国的一个地方，但是历史上也曾经多次被德国占领，上一次梦到法国，是在梦10“死者复活梦”中，他梦到法国的阿利斯康墓，阿利斯康好像更多是和古代的欧洲基督教有关，这也是荣格试图复活、链接的传统文化，而洛林，虽然也和基督教有关系，比如这里是圣女贞德的故乡，但是可能更多是和工业革命有关，这个地方是重工业重镇。

现在这里发生了天灾，夏天的热和冬天的冷相遇，最终，寒冷占据了上风，所有的生命都死亡了。这显然和第一次世界大战不同，第一次世界大战主要是人祸，并非天灾，也没有出现连绿色植物都灭绝的惨况。

然后，转化性元素再次出现，梦9的转化性因素是白鸽女孩，在梦10“死者复活梦”中，转化性元素就是荣格本人，但是他本人显然对自己就是转化者这一点是有所疑惑和恐惧的。

但是在这个梦中，荣格显然是驾轻就熟地成为转化者了，他自己能够把冰冷的叶片转化为甘美的葡萄，然后赐予受苦受难的群众。在梦境中，他成了救世主。

葡萄树也很有意义，在梦1中，他曾经以为独眼肉柱是一个树桩，然后在梦3“挖掘古墓梦”和梦4“放射目动物梦”中，都出现了树林。树木，一般都象征着扎根大地，象征着长久的生命。现在这个意象转化、进化成了生命之树，象征着死亡、焦虑被克服，生命树连接天和地，转化生命与死亡，经常也被认为是自性原型的象征。

就在这个梦出现后不久，一个巧合发生了，幽灵似乎出现在荣格家。他觉得自己周遭笼罩着一种不祥的气氛。他的大女儿好像看到一个白色的身影穿过了房间，他的二女儿说，夜里自己的毯子有两次无缘无故地被人扯掉了。同一天晚上，他九岁的儿子也做了一个满是焦虑的梦，梦中出现了魔鬼。

一个星期天下午五点钟左右，也是一个阳光明媚的夏日，荣格家大门的门铃响了起来。此时，两个女佣都在厨房里，她们从那里可以看到大门外的空旷广场，大家立刻起身去看到底是谁在门外，但是连个人影也没看到。

而荣格正坐在门铃旁边，他本人不但听到了铃声，还看到了门铃在振动。荣格与他的家人们只好大眼瞪小眼，然后荣格似乎看到，房内来了一大群“人”，塞得满满的。荣格问：“这到底是怎么回事儿？”这些“人”齐声喊道：“我们自耶路撒冷归来，我们想要的东西在那儿未能如愿以偿。”

荣格当天晚上提笔写作，写下了《向死者的七次布道》。此书写完，房间安静，空气清爽，诡异事件至此结束，这是1916年。荣格事后评论说，正因为一些法则（逻辑自然的法则）有被违反的时候，所以世界才是有趣的，要是世界上没有了这些事物，该是多么枯燥啊！

这些经历充分证明了，一旦幻觉、症状的魔鬼被我们降服、转化，它们就可以变成得力的助手，就像《西游记》里面的孙悟空、猪八戒，本来是妖魔鬼怪，但是只要我们看到其本质是未来的佛，是曾经的天神，降服他们，转化他们，教导他们，和他们共同成长，我们就可以像唐僧一样，从一个凡夫俗子成为佛陀一样充满慈悲和智慧的人。

时间走到了 1917—1918 年间，荣格 42 ~ 43 岁的时候，他入伍参军，在瑞士的战俘营担任指挥官，他创作了很多图画，慢慢地写作他的疗愈日记——《黑书》。自 1921 年开始，荣格逐渐走出来了困扰自己的幻象，然后他又花了大约九年的时间把《黑书》改写成了《红书》。

似乎本书可以在这里进入到荣格的老年时期，众所周知，中年危机不仅仅是内心的危机，不仅是职业危机，它同时也是家庭的危机，很多人在中年危机时期，都会面临离婚、婚外恋等各种事件，在众多荣格的传记中，对此都避而不谈，讳莫如深。所谓“家丑不可外扬”的传统，让不少人对荣格的家庭丑事也采取不想碰、不愿碰、不敢碰的政策。

如果心理咨询是一桩纯粹的科学，那当然也可以采取这种态度，科学家和妻子、情人之间的风流韵事，大概和他提出广义相对论没有太多关系。但是心理分析学，它本身就是帮助人类面对黑暗和隐私的，荣格作为一个丈夫、一个情人、一个父亲，是如何面对中年危机的？这当然也是我们必然要面对的。接下来会详细描述这些事件。◆

扩|展|阅|读

本书中多次提到《红书》，可见此书无论是对于了解荣格思想，还是对于了解荣格自我疗愈都具有重要性。《红书》的编辑 Sonu Shamdasani 在他编辑此书的过程中，曾经不断地告诉荣格分析师们，我们还不了解荣格，不少荣格分析师不以为然，认为荣格的英文版文集已经出版 20 卷，其他研讨会、书信也在不断出版中，即便其疗愈日记没有出版，应该也不太紧要。结果此书出版后，人们发现，“不太紧要”变成了“十分惊艳，至关重要”。没有了这本书的荣格,就相当于没有了《查拉图斯特拉如是说》的尼采。通过此书，我们才了解到，荣格为什么说原型有自己的生命，为什么如此注重意象、共时性现象等。

详细介绍《红书》的各种意象及其意义，需要写作另外一本书来导读，超出了本书的篇幅。好在此书已经有多个中文译本，其中翻译最全面、编辑最精美的，当数由机械工业出版社出版、周党伟翻译的版本，这个版本的编排甚至比英文原版还要合理，英文版把荣格原著出版了大开本影印版，把德文翻译成英文的文本出版了小开本阅读版。而中文版则把图文合二为一。译者周党伟本人，就是 Sonu Shamdasani 的博士研究生，呕心沥血翻译此书。

《红书》的出版，也让人们开始怀疑，各种各样的荣格传记，尤其是学术传记，这些传记中都很少提到《红书》对荣格的思想影响，一个例外是由保罗·比舍普（Paul Bishop）2012年写作的《分析心理学创始人：卡尔·荣格传（Carl Jung）》。本书作者是现代语言系教授，在论述荣格思想的过程中，特别注重荣格思想的文学特性，可以说是还原了荣格理论的本来面目。

中年 3

性、爱、婚姻的整合重生

用一个人的阴影质对他，就相当于展现其自身光明给他看。

——荣格

据说，荣格曾对人说，他不太喜欢《荣格自传：回忆·梦·思考》。究其根源，是因为此书是他自己口述，徒弟们整理而出，其实并不完整，从而没有体现他自己的理想，达到自性化的第一个步骤——面对阴影，呈现完整的人。

此书中最明显的破绽，就是对荣格的性、爱、婚姻，几乎是一笔略过。荣格曾经与多位学生、病人发展出情侣关系。和情人托尼·沃尔夫（Tonni Wolff）的关系甚至持续了终身，更加奇葩的是，这不是偷偷摸摸的地下情，其夫人艾玛·荣格（Emma Jung）也允许了这段关系的存在。相当于一夫多妻。

在托尼·沃尔夫之前，还有一个病人、学生加同事，叫作萨宾娜（Saubina Spielrein），也和荣格发展了爱情关系。

那么，这是否说明荣格对妻子艾玛·荣格不是真爱呢？这倒也并非事实。荣格二十出头时见到了年方十四的少女艾玛（有些传记作者说那时她年方二八）。荣格对艾玛一见钟情，当即求婚，但遭到拒绝。

艾玛1882年出生，比荣格小7岁。从小被训练成贤妻良母，大家闺秀，她照顾眼瞎的父亲多年。其家族是万豪表这个品牌的拥有者，据说是瑞士首富或者二富，所有瑞士人都知道这富家美女艾玛。凤凰男荣格能在万众瞩目下敢于求婚，跨越阶层，冒着被拒风险，多少也证明了爱情可以克服自卑，赋予勇气，艾玛对青年医生荣格，想必也是早就暗许芳心，所以第二次求婚后就答应了。

1903年2月14日情人节，28岁的荣格和艾玛结婚。这段婚姻持续了整整52个年头，直到1955年艾玛过世。

有些传记研究者吃惊地发现，荣格很可能在结婚的时候还是处男，或者至少性经验不够丰富。

虽然荣格在大学时期已经是比较外向热情了——积极参与社团活动，和朋友们饮酒作乐。但是对于和女性发生亲密的肉体接触，可能还是心存芥蒂的，可能还没有完全从母爱缺失的创伤中走出来。

有关性爱和贞操问题，即便在心理治疗界，也存在两派观点交战。

一派认为，处男处女结婚不是天经地义吗？要是我不是处女了，被人嫌弃怎么办？那么一个人究竟应该有多少次性生活才结婚，请给我一个标准？

另外一派人觉得，怎么有人提出这么奇怪的问题？处男处女有什么重要？性生活难道还有社会统一标准不成？

我们这个飞速发展的社会，在性爱婚姻观上是丰富多样的。总体而言，有些人的性爱婚姻观比较严谨专一，不鼓励自由性爱后再进入婚姻。有些人的性爱婚姻观又是比较开放自由的，认为人不风流枉少年，过后就可以安定下来进入婚姻了。

荣格婚前接受的婚姻观念是保守的基督教婚恋观，婚后可能受到了当时自由思潮的影响。

他还在精神病院做实习医生的时候，就成了三个孩子的父亲，后来又生了两个。这对他来说，应该造成了较大的性欲的压力。他在和弗洛伊德的通信中也透露过这一点。

就在这段时间，他出现了第一段婚外恋，和美丽的女病人萨宾娜。萨宾娜和他的恋情持续了 7 年，从 1904—1911 年，荣格在这段恋情中年龄段是 29 岁到 36 岁，正是事业发展的上升期，萨宾娜本来是从俄国来到苏黎世的留学生，在求学期间精神疾病发作，病好后成了荣格的得力助手，荣格也帮助她成了优秀的精神分析师，她也成了弗洛伊德的病人和同事，她还是著名发展心理学家皮亚杰的分析师。对她的传记研究近年来不断涌现，人们发现她是一位被忽略的原创精神分析师，弗洛伊德的有些理论如死本能、女性受虐性格等都受到了她的启发。

萨宾娜和荣格、弗洛伊德的故事广为流传，有多本传记研究，还拍成了多部电影，其中最有名的一部是 2011 年的《危险方法》，由大卫·柯南伯格导演，凯拉·奈特莉、迈克尔·法斯宾德主演。

这是一部优秀的影片，既展现了荣格、弗洛伊德、萨宾娜三人的内心纠缠，也展现了那个时代的风貌，众多细节都比较符合历史。

荣格和萨宾娜首先是医患关系，又发展成了师生关系，一直到最后变成了情侣关系。我本人写过一篇文章，来讲述这种医患变师生、师生变情侣的关系。古往今来的师生恋可能有不少会变成爱情传奇，但是心理治疗界的这种情况大多是不欢而散。

荣格和萨宾娜也不例外，据说萨宾娜还跟别人说过，当时是荣格强奸了他。心理咨询师们往往容易站到同行的立场上，觉得这可能是病人的妄想发作。但是其实法律界是站在病人一边的。一般来说，心理医生和病人发生性关系，如果没有充足证据，证明病人当时意识清醒，自知力完整，都会倾向于判决心理医生犯了强奸罪或者诱奸罪。

如果说和萨宾娜的恋情是年轻的荣格一时意乱情迷的话，和另一个对象——托尼·沃尔夫的关系就不能用冲动解释。托尼也经历了三部曲：病人—学生—情人。

婚外恋有多种类型，有一过型婚外恋，如嫖娼等；有纯粹的性伴侣型婚外恋，如包养情妇等；有柏拉图式无肉欲婚外恋；有转移财富型婚外恋，比如有些富商、贪官利用情妇转移财富。荣格这种婚外恋类型叫作投入型婚外恋，也就是双方投入恋情，期望结为夫妻关系。荣格就曾经说过，托尼是他的第二妻子。

托尼可以定期进入荣格家，和荣格太太艾玛一起协助荣格的事业发展。荣格晚年，建立了自己的塔楼，长年隐居塔楼中，托尼也经常去塔楼陪伴他。

有人幻想这就是传说中的齐人之福，一夫多妻还其乐融融，其实只要看看古书，也就知道一夫多妻的生活有多么痛苦和麻烦。荣格的朋友和学生 C.A.Meiers 给艾玛和托尼都做过分析，他认为这两个女性都很痛苦。

特别是艾玛，她曾经三次提出离婚。并且瑞士当时的法律是，从女方结婚一刻起，婚前财产全归男方，所以艾玛当时提出离婚，是下了决心，动了真格。

还有人猜想，这是荣格不爱老婆了，这大概也不符合事实，每次艾玛一提离婚，他就失魂落魄，出现各种疾病，一直到晚年，荣格都对妻子恋恋不舍，妻子死后也念念不忘。

到了荣格晚年，在男女关系上他可能也止步了，虽然身边还是充满了世界各国的疯狂爱慕他的女人。

最典型的就是他和学生冯·弗朗兹（von Franz）的关系，弗朗茨是他学说的忠实继承者，也是他的学术写作中的得力帮手。他们保持了单纯的师生友谊。

当然，也有人怀疑，荣格终其一生也没有摆脱对女性的依赖，比如他似乎过度依赖照顾他的女性管家 Ruth Bailey 了，此人是他在非洲旅行时结识的一个贵族女孩，在他晚年成了身边的照顾者。

我个人觉得，类似荣格这样的婚外恋行为的心理动机，大概有以下几个方面。

其一，童年的母爱缺席。所以造成他特别渴望女性之爱，但是对于女性之爱又觉得不安全、不稳定，在和艾玛的婚姻中，因为是凤凰男配上了贵族女，这种不安全依恋感被激活了。

其二，少年时期的自卑感，也在婚姻中被激活。荣格是一个凤凰男，吃饭的时候声音很大，而艾玛是贵族女，他们生活细节有冲突。不少人回忆发现，艾玛会在宾客面前嘲笑荣格，而不是像其他人一样崇拜、敬畏他。而鄙视，常常被称为爱情杀手第一名。男人渴望被崇拜，女性渴望被陪伴。男人不被崇拜相反被嘲笑，就是被点了死穴。

其三，过大的名声带来的压力。荣格在青年时期过早成名，造成崇拜者蜂拥而至。大多数都是女性，大部分都疯狂地爱上了荣格，乃至当地人发明了一个词，叫作“荣格小姐”，来称呼这些涌入到苏黎世的崇拜者。这也造成了艾玛·荣格的痛苦，她感受到自己的生活都被这些崇拜者围绕，找不到自己的位置和人生的价值所在。她毕竟只是一个 20 多岁的大家闺秀，自然也不明白如何处理这样的婚姻危机。

而在这种压力之下，荣格似乎也过于追求事业上的成功和名声，他的两段婚外恋都是师生恋，这两个女人都帮助他发展了事业。甚至连艾玛都成了他的同事，写作了两本有关荣格心理学的书。

其四，青年成人转折期的压力。主要是指一对夫妻，在生育孩子后，他们的爱情周期就发生了彻底转折，从浪漫之爱发展到了养育之爱。以前是二人世界，但是现在两个人要把很大的精力都投注给孩子，养育孩子成了家庭重心。养育之爱，首先要求足够的资金，这对荣格家来说当然不成问题。其次，要求夫妻俩都能哀悼二人世界的丧失和落幕，这对荣格来说，应该说是有很大挑战的。正如大卫·萨夫在《性与家庭的客体关系观点》一书中所言，浪漫合一的关系，其发展心理学的起源是母婴心身相伴关系，那么母爱缺失的荣格，自然是会很容易贪婪执着于心身相伴关系，很难把这段关系让位给自己的孩子们。

而且，荣格不是仅仅要让位一次而已。而是家里接连生了五个孩子。从 1903 年结婚，到 1914 年最后一个孩子。整整 11 年的时间。可以想象，他们夫妻的私密空间受到了多么大的挑战。托尼就是在 1914 年，最后一个孩子出生那年开始和荣格发展关系的，据说这段关系中是托尼主动的。但是荣格应该也深爱着她。

其五，财富的双刃剑。荣格这样的夫妻模式，让处于中产阶层的人们愤慨不已，觉得这样的婚姻岂不是便宜了这个渣男，为什么不离婚呢？其实，离婚的第一个前提是：有钱，但是又不能太有钱。穷人很难离婚，因为谁离了谁都活得很困难。富人也很难离婚，因为一离婚，分割财产是极其复杂困难的，而且有些企业家、上市公司，离婚的消息会引发股市波动，离婚搞不好会闹出人命。所以他们会采取半开放婚姻，就是心照不宣，各自外面有人，但是都不戳破，经常还要在朋友、股东面前表演一下恩爱。与艾玛婚姻的维持，财产当然也是一个不能不考虑的因素，虽然应该不是主要因素。

其六，单偶制、多偶制婚姻观的冲突。众所周知，欧洲的主流宗教基督教是支持一夫一妻单偶制婚姻，反对离婚、出轨等行为，而艾玛的家庭就是虔诚的教徒。一个虔诚的基督教徒，如果她的老公出现外遇了，她会怎么办呢？她首先会祈祷上帝，恳请上帝赐予她勇气和智慧，帮助她度过人生的黑暗。她还要祈祷上帝，让他保佑出轨的丈夫，期望丈夫迷途知返，甚至还会为“第三者”们祈祷，祈祷这些迷途的羔羊，能够接收到上帝之爱，心灵能够得到安息，不要再做上帝不赞成的事情。

与此同时，如果不是天天被丈夫暴打，威胁生命，很少会有基督教徒主动离婚，教会也不支持这一点。因为在基督教的教义中，单偶制婚姻是上帝赐予的，上帝赐福的，它具有至高无上的神圣意义，爱是一切的答案，爱是所有问题的解决方法。估计艾玛多多少少，也是在实践这种基督大爱之道的，所以在荣格的晚年，和她比较恩爱，而和托尼有所疏远，在荣格的书信和访谈中，他也承认自己是基督徒。

另外，当时欧洲的主流文化对于传统文化采取比较激进的、彻底推翻的态度。其中也包括质疑单偶制婚姻，被认为那是基督教的余孽，是不符合科学的——他们指的是达尔文的生物进化论。当时不少欧洲人这么想——既然上帝不存在，人类是从动物进化而来的，那么上帝制造出单偶制，自然就是骗人的谎言，而很多动物是多偶制的，所以多偶制、群婚制，这才是人类本来应该有的样子。

在电影《危险关系》中，有个片段，就是精神病人同时也是精神分析师的 Otto Gross，劝说荣格“路边的野花应该采的还是要尽量采”。这个片段虽然是虚构的。但是它确实反映当时的知识分子圈的整体氛围。在精神分析圈中，弗洛伊德的多个学生和朋友都和荣格一样，实践了公开或者半公开的多偶制生活。

荣格当然算不上一个好丈夫，那么他是一个好爸爸吗？荣格文集有整整一卷是关于孩子发展和心理教育的。里面的大多数陈述都接近于“爱与自由——让生命如花开放”这样的感人理念。但是荣格并不是一个好爸爸，甚至有人怀疑他是否认真地做过爸爸，这种奇观在教育史上也不罕见，如法国的卢梭，宣扬的教育理念被载入史册，但是他却没有心情养育自己的孩子。

曾经有人问荣格，他为什么不喜欢孩子，荣格回答说，因为孩子们不懂象征的语言，在一边的艾玛插话说，你对任何不懂象征的人都不喜欢。瑞士分析师 Christa Robinson 曾研究《易经》，长期支持中国荣格分析师的发展，她的父亲是荣格的私人医生，她童年和父亲经常去荣格家，她也觉得荣格不喜欢孩子，每次都是荣格和父亲讨论各种深奥的哲学问题，而她和荣格的儿子、女儿们玩耍。荣格也会和孩子们玩一会儿游戏，但是他争强好胜，不肯输给自己的孩子们。Susan Mehrtens 写了一本荣格传记，名为《荣格此人：检视其生活（Jung The Man : His Life Examined)》，书中第 5 章专门描述荣格作为丈夫和父亲的样子，读者们看完这一章，大概要大骂荣格渣男 500 遍,大骂荣格家丧偶式育儿 5000 遍。这本书也是少数在《红书》之后出版的荣格传记，2012 年，历史资料比较丰富，虽然作者有些情绪化，但是也是非常严谨的，很多语句都注明了出处。

我们与其谴责荣格不是我们想要的好老公、好爸爸，不如来反思，什么样的人不喜欢做好爸爸呢？——青少年。青少年们有一段时期会比较讨厌带自己的弟弟妹妹。因为他们已经有能力自娱自乐，但是还没有能力和耐心来和幼稚的、不懂象征语言的弟弟妹妹谈话。荣格大概很长时间，是被永恒少年这个原型占据的。

当然在他晚年，这种不喜欢孩子的情况有所缓解。荣格晚年接受英国电视台 BBC 的采访，制作了一个节目，叫作 *Face to Face with Jung*(荣格面对面)。节目开头主持人就问荣格，孩子们是不是怕你？而荣格表达了他对孩子们的欢迎。有一次荣格还主动地和艾玛说，你可以邀请几个男孩来我们家玩？艾玛说，女孩可以吗？荣格笑了笑说，当然可以。后来艾玛就邀请了 von Franz 来自己家。Franz 后来成为荣格的忠实弟子。

但是荣格的夫妻关系、男女关系、亲子关系的情况的确还有很多不明之处。毕竟他的日记和书信没有完全公开。

许多人对荣格的婚外恋不能接受，我觉得这些现象非常有趣。每次有国外的分析师来就问他们，你们觉得荣格的生活中污点是什么？究竟是和纳粹合作，还是婚外恋？

欧美和日本的荣格分析师比较在意还是和纳粹合作，觉得婚外恋并不是非常严重之事。事实上，荣格所谓的和纳粹合作，也就只是两件事情:其一,他担任一个名为“国际医学心理学协会”的主席，这个协会总部在德国，纳粹上台前就成立，纳粹上台后荣格没有立即辞职。后来他辞职了，而且在他的文章中绝大多数地方是强烈谴责纳粹的。其二，在纳粹上台前他写的一篇文章中，曾经提到过日耳曼民族有什么民族特点，犹太人有什么民族特点等，其中有几句话有贬低犹太人的嫌疑。其实这一类种族歧视的言论，微博微信上铺天盖地，尤其是针对日本人和黑人。

我个人认为，大家对荣格私生活道德的关注和愤慨大约有以下原因。

其一，在我们的道德评价系统中，公众道德和私人道德往往是交叉的。就如古代，一个人可以因为他是一个孝子，就被皇帝升官。孝顺是私人道德，而人们假设，一个孝顺的孩子，自然就具备政府公务员的道德素质。到了现代仍然如此，一个明星、一个官员，经常因为他有婚外恋被曝光后，就会被开除、被贬低、被咒骂，所以假设此人私生活混乱，大概会影响他的演艺品德、服务人民的品德。也就是职业道德和私人道德是合一重叠的，这大概是中国家国一体的社会结构造就的。

其二，心理咨询师会被大多数人当作人生导师。而大多数都希望自己的导师，尤其是人生导师，具有高尚的品德，是一个君子，一个稳重的中年人，爱老婆爱孩子，工作努力操持家务。

那么，现代人何以找个民国年间的瑞士精神科医师，来寄托自己对父亲、对师父的各种道德向往呢？

荣格对于许多人来说，象征着理想的父亲——君子。这是因为君子这种父亲意象在中国是缺失了好几代的。早在《红楼梦》《金瓶梅》中就描述过这种父权文化的危机，性爱婚姻的混乱，在那一代的中年人身上就已经非常明显。

中年人承上启下，既要修通、改革自己的父辈遗留下来的家庭文化，又要建立传承自己这一代人的家庭文化，并传递给下一代。就当代的爱情婚姻来说，基本上每个人成家后，都要不断探索和建立属于自己家庭的观念——性爱婚姻观、金钱价值观、生死观和育儿观。

在遇到类似荣格这样的，性爱婚姻观有冲突的病人，一般会使用五条路技术帮助他，也就是说如下比喻：

婚姻就像一部车，奔驰在五条路上，不断更换车道。这五条路是：A—性爱合一，百年好合；B—良性离婚；C—按兵不动，等待时机；D—婚外恋；E—其他（包括 E1—独身主义；E2—同性恋；E3—恶性离婚……）。在一条路上，遇到了困难，就容易切换到其他道路，然后回到原来的路上。比如荣格的婚姻这部车，一开始是走在道路 A 上，然后换到了道路 D，然后又换到道路 C 很多年，最后回到了道路 A。有可能还在道路 B 和道路 E 上开了 30 分钟。

对于心理咨询师来说，我们道德中立，并不会提倡来访者必须走上道路 A。我们会问来访者，开车最危险的事情是什么？——是闭着眼睛开车，开车不看路，这样婚姻家庭迟早要变成车祸现场。

然后我们帮助来访者睁开眼睛，帮助他看到自己这一周的行为，正开在道路 B 上，帮助他认识到，在每条路上都会遇到什么困难。比如道路 A，遇到的困难就是憋屈感和无能感，尤其是心理程度较高的人，他就会发现自己必须不断地付出。道路 B 的困难是不安全感和茫然感，道路 C 的困难是停滞感和绝望感，道路 D 的困难是不安全感、内疚感和羞耻感，道路 E 的困难也是不安全感和绝望感。

当治疗师帮助类似问题的来访者，当他们睁开眼睛后，还要帮助他们具备应对困难的能力，就像唐僧师徒，不要妄想每条路上不会有妖魔，而是要告诉自己，所有的妖魔鬼怪都是可以降服、转化的，它们一旦被降服，就会露出原形——原来都是佛祖菩萨派来的卧底，派来帮助我们的。就像悟空、八戒，一旦被转化，就变成精兵强将。

那么，荣格，这个曾经的坏老公、坏爸爸，又是如果降伏他中年时期的妖魔鬼怪，最终在晚年走上了人生的丰盛和圆满的呢？这就是本书其余各部分要讨论的话题。◆

扩展阅读

关于荣格的恋爱婚姻关系，有多本传记研究，可以说，他的风流故事是精神病学历史和心理学历史上被研究最多的材料。碎嘴八卦，如果只是停留在朋友间捕风捉影，道人是非，那当然是小人行为，如果能够升华转换，变成心理传记研究的动力，则可以古鉴今。有关荣格与萨宾娜的故事，有多本研究，最著名的当然是 John Kerr 的《危险方法》。另外有两本书是专门研究艾玛·荣格的，一本是*Labrinths : Emma Jung ，Her marriage to Carl, and early years of Psychoanalysis* ，另一本是*Love and sacrifice : the life of Emma Jung*。也有专门研究托尼·沃尔夫的几本书。对于不愿意花太多时间去研究细节的人来说，Maggy Anthony 的*Salome's Embrace* 是一个很好的选择，简要介绍了荣格与其生命中多位女性的关系，也包括他的母亲和同事。

老年 1

母亲之死与家庭重建

对不成功的人来说，理想目标就是成为正常人。

——荣格

1920年，荣格45岁，对当代不少人来说，这可能是正当壮年。但是对荣格来说，这一年意味他将要步入老年，迎接智慧老人原型的洗礼。这一年发生了三件事情，其一是他开始学习和使用《易经》；其二是他去北非旅游期间，做了一个重要的梦；其三是他开始筹划建构塔楼。

荣格开始学习《易经》的时候非常认真，他用一把芦苇代替坐垫，常在一棵百岁梨树下，一坐数小时，身旁摊着《易经》来练习卜筮。但是他之前使用的《易经》版本，翻译者都不是深得《易经》精髓。直到荣格遇到了汉学家卫礼贤（Richard Wilhelm）。

卫礼贤是以牧师传教的身份，从德国来到中国的，但是他根本没有传福音，相反却把中国文化传回了欧洲。他翻译的《易经》之所以受到高度赞扬，是因为他得到了真传，教授他《易经》的人，就是孔子家的女婿——清朝的国师劳乃宣。

荣格拜倒在中国文化脚下，热情地学习《易经》，并把它推荐给了众多荣格分析师。卫礼贤德语版本的《易经》，就是荣格分析师 Cary Baynes 翻译成为英文的，这个英文版本成了世界名著，也几乎成了荣格分析师们居家旅行必备之宝典。

卫礼贤的师父劳乃宣曾是北京大学校长，所以当荣格遇到另外一位北京大学校长胡适时，可能会默认胡先生同样精通《易经》，可是交流之下让他大失所望，这可能也让荣格摆脱了对中国人的理想化。

卫礼贤的出现，填补了弗洛伊德离去后留下的空洞——亦师亦友的伙伴。弗洛伊德和卫礼贤截然相反：弗洛伊德偏执地热爱科学，把科学当作宗教；卫礼贤则偏执地热爱中国传统文化，将之视为自己的宗教。

荣格在和卫礼贤相处时，已经是接近老年。在卫礼贤生命后期，他的西方思想要在他身上复苏。荣格曾对卫礼贤说，你正要背叛自己的使命，你本来的使命是将东方思想引到西方来。卫礼贤说，我认为你说得对，这儿有某种东西正将我淹没。可我又能做些什么呢？不久之后，他死了。

在卫礼贤临死前数周，荣格出现了视觉意象，看到一个身穿深蓝长袍的中国人对着他深鞠一躬。荣格认为，这实际上表示，在卫礼贤心中也有一种深层次的内在冲突存在着。

阅读《易经》是荣格的第一次东方漫游，与此同时，他动身去了人类文明起源地——非洲，这一年是去北非。

在荣格看来，北非人具有这样一些特点：他们以情感来生活，受到触动便感动，从而让自己过于沉浸于情绪中。他们的意识既照顾和负责着空间定向，传递着来自外界的印象，同时也被内在的冲动和情感所扰动。这些意识并不会导致深思，自我几乎没有自主权。

从荣格的人格类型可以说，荣格在北非人身上看到的是外倾情感这种性格特质。这和荣格本人的性格特征是有些对立互补的。

荣格在青年期，大学期间，曾经有过一段时间的外倾情感爆发，尤其是在和男性关系中，但是我们知道他从青年期到中年后期，都很难把持男女关系中的外倾情感的力度。

在北非期间，荣格做了一个梦（梦 14——驯服阿拉伯王子梦），这个梦是这样的——

> 我梦见身处一个阿拉伯城市，如在多数阿拉伯城市中一样，此处也有一座堡垒，这是一个要塞。该城位于辽阔平原上，一道城墙绕城而砌。城市四四方方，有四座城门。
>
> 堡垒位于市中心（在那些地区，情况却并非如此），一条宽阔的壕沟环绕四周。我立于一座木桥前，它跨越水面，通往一座马蹄形黑洞洞的城门，城门大开。我渴望也从内部看看城堡，于是纵步上桥。大约走到桥中央时，城门中迎面走来一名风度翩翩，几乎具有王者气度的、白色斗篷加身的阿拉伯人。我知道，他是驻守这里的王子。跟我对面而立时，他发动攻击，想把我打倒在地。我们缠斗在一起，搏斗时撞上了栏杆；栏杆塌陷下去，我俩落入壕沟，他试

图把我的头按入水里淹死我。我想，不行，这太过分了，就把他的脑袋按到水下。虽然我赞赏他，但不想坐以待毙，就这么做了，不是想杀死他，而只是让他失去意识、无力战斗。

然后场景变化了，他跟我身处城堡中央一间巨大的拱顶八角形屋中，室内一片洁白，陈设简单，令人印象深刻。明晃晃的大理石墙边放着几张矮沙发，我前面的地上有一本打开的书，乳白的羊皮纸上书写着极其漂亮的黑字，并非阿拉伯文，看上去更像是西突厥书稿中的维吾尔文，我因摩尼教的吐鲁番残卷而有所了解。虽然不知内容，却仍感觉是自己写的“我的书”。我刚才还与之扭打的年轻王侯坐在我右侧的地上。我说，因为我得胜，他就得阅读此书，但他拒不接受。我揽住他的肩膀，可谓用父亲般的宽容与耐心强迫他读书，我知道务必如此，最终，他妥协了。

这个梦境最大的特征就是梦境发生时的背景、时空在不断变化，一开始的时空是一个城市的远景，梦者远远地看到了城市，然后是梦者要进入城市的时候和阿拉伯王子发生了打斗，最后是进入了城市的内部，洁白八角屋中，逼迫王子读书。

一个梦境的场景发生变化，也标志着它工作的内容发生了变化，此梦，显然是标志着荣格的自我开始逐渐深入阿拉伯城堡所象征的内容。从梦境之后的内容我们知道，这个要塞城市，就是荣格的自我曾经居住的地方，也是他未来要教授徒弟的地方。所以我们可以反推，这座阿拉伯要塞城市象征着荣格想要建立的一个异域氛围的家庭。而荣格游历北非，45 岁时，就是他开始酝酿、规划塔楼的时期。他最初规划的塔楼风格，一开始是浓浓的中非地带的原始草屋，然后觉得太原始了，才不断加固。特别在塔楼中，也有类似于这个北非梦中的堡垒结构。

堡垒和要塞都是防御敌人入侵的结构，那么，荣格在自己家还要防御什么人入侵呢？一方面的确在外在的人际关系中，他正在防御女性和孩子们打扰他，一方面他的内心也正在防御外倾情感。孔夫子说，唯女子与小人难养也，远之则怨，近之则不逊。有现代人说，其中的小人，是指小孩子。这么说的人，大概和荣格一样，是受不了女性和小孩，天生发达的外倾情感特性的，他们总是要求靠近、贴近、温暖和亲密。这让内心小孩尚且缺乏母爱的荣格有点难以应对。

这个阿拉伯城市具有四个城门，大概是象征着要整合四大功能——思维、情感、知觉、直觉，当然它也对应着梦 1“独眼肉柱梦”中的四方形黑洞。

我们知道，北非的热情性格激活了荣格整合外倾情感的需求。所以荣格自己在解释这个梦的时候，大概是体验到了这种整合的完整感和自成一体感，所以他说，这个阿拉伯的王子作为城堡居民是自性的化身，或更确切地说，是自性的信使或密使。因为他居住的城堡是一个完美的曼陀罗，一个有方形墙和四个门的城堡。他还提出，王子想杀死他的企图是雅各与天使搏斗主题的再现。荣格自己说:“我没有让步，反抗了他。在梦的第 2 部分，我成了城堡的主人，他坐在我的脚边，被迫尝试着理解我的思想，或者更确切地说，学着懂得人类。”

但是这样的梦也许可以从另外一个角度来理解。一般来说，梦中和梦者同性别的陌生人，往往都有可能代表梦者的阴影，梦者不能接受的东西。所以阿拉伯王子可能代表荣格在职业上的受伤，他曾经是精神分析王子，但是最后离开了精神分析；也有可能代表荣格对阿拉伯男性的一夫多妻制度的向往，他当时正处于实质上一夫多妻状态下，但是这种状态是没有社会制度的保证和赞许的；还有可能代表荣格的同性恋创伤和同性恋欲望的激活，因为从自传这一章的文字来看，荣格对于非洲女性和北非男性的同性行为都有所挂念。

荣格自己也意识到了阿拉伯人那黝黑的肤色，表明这个王子是一个阴影，但是他从社会心理的角度来看待这个阴影，认为这是欧洲白人的阴影。以理性主义为主流思想的欧洲人，发现很多人性部分都很陌生。全然不知自己的理性是以牺牲生命活力为代价的，人格中原始的部分被或多或少贬抑了。

当然，阿拉伯王子的出现也可表征父子关系，荣格对父亲怀有典型的农业社会的父子之爱——深爱有余，反抗不足。他和父亲长期睡在一起，替代了母亲的位置，一直在试图治疗父辈的痛苦——信仰缺失留下的伤痕。

梦中，荣格自我最终和王子达成了一种父子关系——“我揽住他的肩膀，可谓用父亲般的宽容与耐心强迫他读书，我知道务必如此，最终，他妥协了。”

这在炼金术中对应的是“智慧老人”和“永恒少年”的整合。父子关系、师徒关系就是智慧老人—永恒少年这个配对在世俗生活中的投射。

智慧老人这个原型，一般都在中年后期出现，而自我认同了智慧老人，乃至化身为智慧老人，对大多数人来说，要到生命晚年才可能出现。对于早熟的荣格，则在45岁就出现了，这也意味着荣格的心性在这个时候已经具有一个老年人的特点。

回过头去看整个梦境，我们有必要了解，“智慧老人—永恒少年”的整合是如何出现的？可以看到，它分为两个阶段：其一，体力征服；其二，智慧征服。

这和男孩成长的过程是对应的。首先，男孩在体力上不如父亲，从而产生对父亲的崇拜、恐惧和敬爱。然后，随着年龄增加，他在智力上、智慧上，被父辈和师长征服，从而认同父辈的旗帜。开展自性化之旅，从一个武力的英雄变成一个灵性的英雄。

荣格也对他的梦做出了文化无意识的解释。首先，他认为自己的欧洲意识（心灵）会有被无意识心灵出乎意料的猛烈攻击所淹没的危险。这是他之前丝毫没有注意到的。其次，他不由自主地有作为欧洲人的优越感。作为欧洲人，荣格对这些与自己有着如此不同构成的人种，用一种特定的视角把自己与他们划清了界限。但他心中存在的无意识力量却让荣格自己措手不及，而在梦中的蓄意谋杀正是呈现了这一冲突。

永恒少年和智慧老人的转化需要一种催化剂，在梦中，我们看到这种催化剂就是东方文化，用维吾尔文写在羊皮卷上的书。而且是梦中“智者荣格”自己写的。显然，它对应着荣格自己在现实生活正在不断写作的炼金著作——《红书》。

1920年发生的第三件大事，就是塔楼的建构。塔楼被称为“立体的《红书》”，它也是荣格的自性化过程中的重大事件，20 年前荣格就开始在考虑、设计塔楼。2 年后买下了地，又过了 1 年，塔楼的雏形构成了。

他为什么需要建一个塔楼呢？荣格在自传里明确说，这和母亲 1923 年那一年的死亡有关。

换句话说，这是死亡之塔，哀悼之楼。

48 岁的荣格将要面临父母双亡的处境，父母双亡，意味着一个人彻底长大，没有父母可以依赖，也没有父母可以照顾，他或她不可避免地要把目光和重点放到自己的核心家庭中。

而荣格此时，却准备建设一个家外之家——塔楼。

让我们看看他的内心发生了什么。

一开始，他想要建立的是一个非洲的茅舍，他说，这个茅舍象征着整体性理念、合家一体的理念，连各种小猫小狗、小猪小羊也都是。夜晚来临的时候，全家人围炉而坐，人们之间具有原始朴实的感情。

不难看出，荣格重建的家庭非常传统，是一个其乐融融的田园小家。

归隐田园，也是不少现代人的理想和梦想，说到底，许多人是农民的后代，有强烈田园情怀、乡土情怀，和瑞士农村凤凰男荣格遥相呼应、心手相连。并且大多数人是家庭主义者，哪怕年轻时浪荡不羁如同荣格，老了之后，也还是要回归家庭，重建家庭。对家庭主义者来说，家庭就是人生最高意义，最神圣的存在。

在自传中，荣格如此自我分析："它应传递安全感，不仅在躯体意义上，而且在心理意义上。”荣格渴求一种从身体到心灵的安全感，从外在建筑到内心世界的安全感。

人，处于危险之中，才需要安全感，充满安全感的人，却喜欢冒险。

荣格明确地把安全感、母亲和塔楼做链接，他说："对我而言，与塔楼相连的安宁感与更新感从一开始就十分强烈，塔楼意味着母亲的处所。"

也就是说，他体会到了自己内心和家庭某个角落存在着躁动感和死亡感，他寄希望母亲原型的力量，能够给自己一些加持。原型母亲，也就是伟大母亲原型，会给人带来安宁感和更新感。

人们在进入老年之时，都会渴望安宁感和重生感、更新感，目睹父母的衰老，见证父母的死亡，可以让中年人放下对安宁、重生、更新的执着。随着父亲、母亲入土为安，中年人真正地成为一家之主，他们了解，安宁地拥抱死亡，不能寄托在父母身上了，相反，自己正在被儿女们寄托为一个拥抱死亡的智慧老人。

在此阶段，我们治疗师都会鼓励来访者，和父母对话，尤其是和父母们讨论衰老、讨论死亡、回顾过去、拥抱未来。

治疗师也会用一个技术——"想象临终告别"，问来访者，你将会如何和你爸爸、妈妈进行最后告别？会让他们想象临终的场面，特别是临终的最后一句话，会和爸爸、妈妈说什么。

向死而生，提前进入到死亡中，会让来访者更清楚地知道，自己的后半生应该如何度过。未知如何去死，焉知为何而生？

母性缺席的孩子们，大多会在母亲死亡前后，重新体验到巨大的空心感和失落感。这样的孩子，心中暗暗怀着的幻想是：自己难说会在母亲和女人身上，重新找到婴幼儿时期缺失的母爱，也就是客体关系七件事——抱、亲、摸、看、说、逗、玩。母亲无条件地提供这七种体验，让婴幼儿对人类，形成安全依恋。

如果有重大缺失，就形成一种空洞感，有些人的这种空洞感过度强烈，甚至会形容这是一种“黑洞体验”，最容易在伴侣关系中寻求黑洞被填满。

荣格心中的这个黑洞，曾经被妻子、情人、崇拜者、学生、同事填满了一部分，但是母亲之亡，再次撕开了这个黑洞。

荣格后来不断地修补、构建塔楼，可以说他总是有一种不完整的感觉，1927 年，52 岁时，他修改扩建了一下塔楼，1931 年，56 岁时，他再次修改扩建。荣格大叔或者老伯经历了把自性原型反复投射到塔楼的历程，与此同时，他内心的自性塔楼——《红书》也在建立中。1930 年，55 岁时，《红书》完工，可以看作其自我和自性构成了稳定链接。

但是自性化历程，可以说时不时是让自我失望的。重建家庭的愿望失败了——荣格一家人没有围炉夜话，没有其乐融融，妻儿们没有围绕在他们这位伟大父亲、伟大灵性英雄身边。

相反，塔楼变成了荣格自己的闭关房。“躲进小楼成一统，管他冬夏与春秋。”塔楼里面没有自来水，也没有通电，不少建筑活计是荣格自己和工人们一起完成的，塔楼建成之后，荣格也不允许别人去塔楼看他，大多数时间都是荣格自己一人在其中居住。

托尼·沃尔夫偶尔会去看他，和他交谈，但是托尼自己也受不了塔楼里面无水无电、闭关山洞一样的设置。

我们可以把荣格建构塔楼的行为，理解是他自己发明的塔楼疗法。

心理治疗中有艺术治疗这一门类，所有艺术手段——文学、音乐、舞蹈、戏剧（影视）、绘画、雕塑、建筑都可变成艺术治疗的技术。但是就建筑来说，因为成本过高，很难变成治疗手段。

然而当代有不少电子游戏，就具有建筑的特性，如“我的世界（Minecraft）”，玩家们在其中建构各种各样的房间、城堡、城市，曾经有自闭症父母用此游戏和孩子交流，后来还出现了此游戏促进孩子心智发展的一些研究。

塔楼是荣格从意识层面对母亲死亡的反应，那么无意识层面的反应是什么呢？是他记录下的三个梦境。

第一个梦（梦 15——死去父亲婚姻咨询梦）——

> 丧母前几个月，也就是 1922 年 9 月，我的一个梦就预兆了母亲的死亡，这个梦涉及我父亲，令人印象深刻。自从他去世，也就是从 1896 年起，我再也没有梦见他。现在，他重现梦中，仿佛远行归来。看上去返老还童，脱除了他的父权权威主义的外表。我随他走进我的图书室，对获知他境况如何狂喜不已，尤其盼望向他介绍妻子和子女、展示房子、讲述其间我所做的一切和所取得的成就，也想谈谈最近出版的心理类型之书，但随即看出，这不合时宜。因为我父亲看起来心事重重。看来想向我要什么，我明显感觉到了，因此克制自己，没有说我自己关注的事情。这时他说，因为我是心理学家，他想向我咨询，而且事关婚姻心理。我准备就婚姻的复杂性做一个长篇演讲，这时就醒来了。

这个梦的主题，看起来非常明确——荣格心中的父亲，对婚姻不满，需要儿子提供心理治疗。

这不就是荣格一生悲欢离合的主基调吗？想来本书大多数读者都可看出。

但是98年前的荣格，却觉得这个梦不太可以理解。直到第二年母亲去世后，他醒悟过来，说这个梦预示着其母亲即将死亡。他大概认为，母亲死后，要和阴间的父亲团聚，而父亲哪怕死了这么多年，也为夫妻关系纠结。

这种死人招人说的解释，的确也是民间常见的释梦方法之一。也就是说，如果一个人梦到了死亡的亲戚回来，往往代表着此人自己要死，或者家里其他人要死。

这种死亡观是典型的家族主义死亡观，其内涵有两点：第一，死亡就意味着“回家”，家里死去的祖先，在“阴间”或者某个地方永恒地等待新的死者到来；第二，死去的祖先自动地具有了一些神、鬼的特异功能，他们会非常眷恋世俗的子孙，定期回来查看他们是否幸福安康，有时也会惩罚不肖子孙，或者附体到家里某人身上；第三，子孙们在死亡后往往也没有选择的自由，不可以不去和祖先会合。

《红楼梦》中就描述了这种死亡观，如贾宝玉的祖辈会拜托神仙们保佑儿孙。迪士尼的电影《寻梦环游记》讲述了墨西哥亡灵节和家族爱恨纠缠，在全球热卖。可见家族主义的死亡观在众多国家、众多民族都存在。

在死亡观上，荣格并没有接受基督教的主流死亡观——人死之后就长埋于地下，等待末日审判，上帝复活大家，接受审判。

他在自传中也从夫妻关系的角度来理解这个梦，他说："我父母的婚姻并非幸福，而是龃龉丛生，二人皆犯许多夫妇难免的错误。父亲在梦中向心理学家询问婚姻难题，因为对他而言，是该重拾问题之时了。显然，在时间无尽的状态下，他并未增长见识，因此，不得不求教于生者。"

在这样的理解之后，荣格说了一句："随着日渐年长，对于父亲，我越来越有一种深深的同情。"

这也是一个人进入中老年期的标志，也就是对于伤害自己的父母产生原谅、悲悯乃至感恩的态度。一般来说，被伤害的孩子是不太可能在中年期之前感恩父母的，他们的心态转变往往经历六个情绪阶段：①愤怒而哭泣；②哭泣后哀悼；③哀悼后重生；④重生后原谅，；⑤原谅而悲悯；⑥悲悯后感恩。

也就是首先可以充分表达对父母的失望和愤怒，愤怒情绪宣泄过程中，人往往开始痛哭流涕，哭泣之后，此人就可以哀悼人生的不圆满，父母的不完美，接受自己就是摊上了这么一个父亲或者母亲，然后他或她就有一种重获新生感，他或她真正地成为一个成年人了，能够原谅人生所有的错，这时她能够真正地接受父母，包容父母，不再以青少年的心态埋怨父母，相反能够悲悯父母，同情他们的脆弱、愚昧、无能，有些人在悲悯父母后，甚至会回想起父母养育自己的温暖和艰辛，从而再次出现对父母的感恩心态，这种感恩心态往往在一个人少年阶段出现，在青少年时期、青年成人期逐渐减弱，到了中年后期或者老年期，再次回收。

荣格的梦境也具有这种感恩情绪六步骤变化的痕迹。荣格首先发现，他已经整整遗忘了父亲 26 年，1896 年那年，21 岁的荣格面对了父亲之死，他做了一个短梦——梦6“死亡父亲回家梦”，梦中死去的父亲回到了家庭，年轻的大学生荣格担心因为自己占据了父亲房间，而受到责骂。

26年后，47岁的荣格在梦中再次遇到了父亲，父亲死而不亡，如同荣格梦中多次出现的游魂——骑士、老人等，他再次造访荣格，显然是有备而来，而且他直奔图书室，这个地方正是荣格父亲和儿子情感链接之地，荣格多次叙述过，他幼年时期如何在父亲的图书室里面徜徉，寻找各种知识，填充自己的头脑和心灵。

有句话叫作“父亲决定家庭的高度，母亲决定家庭的温度”，就反映了父亲在不少人心目中都是能够指引儿女人生方向、价值取向的。

梦中的荣格预期的父亲，其实是一个情感性父亲，一个期望看到儿孙满堂、其乐融融的父亲，一个家族主义的父亲，就像《红楼梦》中贾宝玉的先祖，所以他自豪而愉快地介绍自己的家庭，还有自己的事业成就。荣格对父亲的期望，和很多人的期望一样——如果父亲不是一个理想主义英雄，那么，至少我们期望他是关爱家庭的老爸爸。最糟糕的父亲，当然是既没有理想，也不关爱家庭，相反，不断地要利用子女获得各种利益。

荣格的父亲，在梦中显示出了其糟糕的一面，他不是一个慈父，不但没有给子孙们关爱和祝福，相反需要儿子来帮助自己，解决自己婚姻中的苦恼。而且父亲的心理需求——寻找夫妻治疗，看起来得到了儿子的认同和回应。

荣格和弗洛伊德都关注家庭对人的影响，而且荣格是极少数在100年前就论述夫妻相处之道的心理医生。正如他在梦中准备对父亲侃侃而谈夫妻相处的心理学之道一样。

联系之前的梦 14“驯服阿拉伯王子梦”，我们可以看到，在梦 14 和梦 15 中，荣格都已经变成了一个智者，在梦 14 中他能够教化、驯服青年，传授他的学习之道，而在梦 15 中，他已经能够教化自己的父亲——一位中老年人，传授他夫妻炼金术。

那么，在母亲临终时，荣格是否能够教化、驯服自己的母亲呢？让我们来看看他记录下的两个梦。

第一个梦是在母亲死前做的（梦 16——魔王狼狗梦）——

丧母之前另一次经历引人深思。她故世时，我在提契诺州，对噩耗震惊不已，因为死神突如其来。她死前一夜，我做了骇人的梦。我置身于一片茂密、阴森的树林中。其间怪石嶙峋，古树参天，一派神异洪荒景象。我突然听到一声尖厉的嗥叫，响彻寰宇。吓得人双膝发软。这时灌木丛中噼啪作响，一条硕大的狼狗张着令人生畏的血盆大口蹿出，见它这副模样，我手脚冰凉，它从我身旁掠过，我知道，现在荒野猎人命令它带走一个人的灵魂。我悚惧而醒，次日早晨，得到家母的凶信。

这个梦发生的时空，再次出现了森林，在梦 3“挖掘古墓梦”、梦 4“放射目动物梦”、梦 10“死者复活梦”中，森林也从幽暗的森林，变成幽静的森林，然后变成了布满石头棺材的林荫道，这一次的森林显然接近梦 3 中的森林，恐怖而阴森。然后随着一声尖锐的、响彻宇宙的呼啸，强烈的恐惧情绪出现了，这显然对应着梦 1“独眼肉柱梦”中的母亲的声音，那个母亲声音告诉梦者，独眼肉柱就是食人者，然后梦中的小荣格恐惧万分。

这次的中老年荣格也退行到了小荣格的水平上，再次在万分恐惧中惊醒。这次他也遇到了一个类似食人者的怪物，不过这个怪物称为食魂者、食鬼者比较合适，他也就是欧洲传说中的荒野猎人。他显然是一个雄性攻击者，代表着阳性能量的攻击性，显然此时的荣格，仍然像三四岁一样，无法整合这种死亡焦虑——把死亡视为一种攻击、一种掠夺。

但是，荣格毕竟已经是一个成熟的中老年人，不会像孩子时期，死亡焦虑持续多年，很快，他的无意识开始工作，于是出现了第二个梦——与母亲死亡相关的梦,这是母亲死亡当天晚上他做的梦（梦17——蟾蜍男孩梦）——

我在服兵役，跟随着一个大部队行军。前行到奥辛根的丛林，我在十字路口看到一处遗迹：一个有一米高、上方是青蛙或蟾蜍头的石头雕像矗立在那里。有一个男孩坐在雕像的后面，但他的头却是蟾蜍头。然后出现一个只有上半身的男人的形象，他的心口部位钉着一只锚（anchor），他是一个罗马人。另一个半身像大约来自1640年，与前一个人的形象相同。接着出现了木乃伊样的尸体。最后驶来一辆带有17世纪风格的四轮马车。车上坐着的是一位已经去世的人，但她仍然活着。当我叫她“小姐（Miss）”的时候，她转回头看着我，我意识到原来Miss是一种对贵族的称谓。

这个梦中，出现了多个以前曾经出现的意象，的确比较复杂，荣格自己也花了很长时间来消化，一直到母亲死后大约三年，他才在日记中写道："到现在我才明白 1923 年 12 月 23/24 日的梦是什么意思，它意味着我的阿尼玛之死（她不知道自己已经死亡）。它正好出现在我母亲去世的时候……随着母亲去世，A.（阿尼玛）也回归于沉默。多有意义啊！"

之前曾经提到，阿尼玛，也就是"灵魂伴侣""心中女神"之义，对于大多数男孩来说，都容易把阿尼玛投射给妈妈。所以纯真的孩子们总是容易无条件地爱他们的父母双亲，哪怕爸爸、妈妈嫌弃他们，虐待他们。

阿尼玛的丧失相当于丧失了"灵魂伴侣"，离开了心爱的女神，中国人用"失魂落魄"来形容这种重大打击。

荣格的梦境，也调动其所有的力量来修复这种创伤。

我们可以看到，梦境的开头是行军和兵役场景，说明梦境调动了有关军人的阳性能量，也是和他服兵役的记忆密切相关，也就是 1913—1917 年，38 ~ 42 岁时，他每年都要去军队一段时间，从 10 多天到 3 个月不等。

这也是他的家庭和事业最动荡的时期。他以军人般的坚定意志克服了这种动荡，此刻，再次需要这种男性气质勃发。一直到现在，人们都为了治疗"妈宝男"，而把他们送去当兵，也是暗合此理。军人还有一个特征，就是勇于牺牲、无惧死亡。这也正是人们面临死亡之时需要的心理特质。

跟随着军人们，荣格再次来到了森林，和梦 16"魔王狼狗梦"中的森林比较起来，这个梦中的森林显然没有那么恐怖了。首先，这是一片熟悉的森林，它就坐落于苏黎世的奥辛根 Ossingen，这里有车站、教堂还有村庄，这个地方的具体象征意义难以推断。但是这个地方要工作的内容，显然是和梦 1“独眼肉柱梦”紧密关联。因为随后就出现一个类似独眼肉柱的雕塑。

梦境继续，在一个十字路口，“一个有一米高、上方是青蛙或蟾蜍头的石头雕像矗立在那里。有一个男孩坐在雕像的后面，但他的头却是蟾蜍头”。

十字路口，一般来说象征着内心的冲突、心灵的分叉、意识的分裂，比如在俄狄浦斯的戏剧中，俄狄浦斯就是在十字路口杀死了一个男人，后来发现这个男人竟然是自己的父亲。

荣格面临的是母性的分裂，一方面是渴求无条件的母爱，另一方面是遭遇到母亲的愤怒和攻击。在梦 1“独眼肉柱梦”中，小荣格在梦中听到母亲说:“对,可要看好了。这是食人者！”母亲、死亡、肉柱，深深地印刻在荣格的记忆中。而如今，母亲已经死亡。

48 岁的荣格，其内在小孩也不再是恐惧小孩，而是变成了蟾蜍人，他和石柱平起平坐。蟾蜍的意义多种多样，要是我们使用荣格的扩充法，难免在此扩充出数万字，我们还是看看荣格自己的说法，在他的著作《神秘合体》中，他描述蟾蜍为一种亲近大地的生物，炼金之屋将在蟾蜍之上建立。所以我们可以推断，蟾蜍大概象征着荣格的内在小孩，已经找到了原形母亲，变形为原型意义的蟾蜍人，而荣格后半生的炼金术探索之旅即将展开。

接着梦境中出现了半身男人，一个心脏被锚刺穿的男人。被锚刺穿的心，不就是流行语中所说的“空心”吗？这个梦中男人——来自罗马的男人，是实实在在的心痛、心空了。然后出现了一个半身男人，一个残缺不全的人。我们看到，这种空心、残缺、不全，和罗马、17 世纪、1640 年、锚这些东西有关。

17 世纪也是欧洲传统的父权文化开始受到重大挑战的时期，文艺复兴、殖民主义、资产阶级革命都发生在这个世纪。荣格分析师 Luigi Zoja 就是来自意大利罗马，他写了一本书，名为《父性》，其人对父亲的危机有深入的研究。我们可以看到，早在古罗马时期，欧洲就已出现了父性危机。这一点不难在古希腊、古罗马的神话中看出来，神话中称得上好父亲的神实在很少。英雄尤利西斯是少数最终回归家园的男人，在此之前他在海上漂流多年，空心男人们好像也经常在情天欲海中漂流多年，就像荣格一样，只有航船上的锚，才能让他们流浪的心稍微安定下来。

所以这个锚，既可以看作它造成了空心，也可以看作它填充了空心，锚代表着水手精神、游荡浪荡、居无定所，但是它是让流浪的帆船停泊靠港的力量。

这个梦的重要特征之一，是不同意象代表不同的时间顺序。类似结构，在 11 年前的梦 10“死者复活梦”中也曾经见到，在梦 10 中，荣格的无意识自我试图复活三个人物，分别来自 19 世纪 30 年代、18 世纪和 12 世纪。

现在梦境又提醒自我，有个时间需要注意，那就是 1640 年。这一年欧洲发生的大事，就是英国资产阶级革命爆发，所以是否可以解释为资本主义造成欧洲男性身份解体，造成了荣格向往的传统父权家庭的解体？当然 1640 年也有其他的事件，比如这一年，一个名叫 Jiva 的 31 岁的瑞士男人来到了中国，据说这是历史上第一个来到中国的瑞士男人，而那一年的中国，正是明朝崇祯十三年，清朝崇德五年，这一年发生了大饥荒，张献忠、李自成的农民起义军四处流窜，大明帝国走上了灭亡的命运，也埋下了中华文明二百年后被欧美文明征服的种子，没有欧美文明和中华文明的碰撞，荣格也就没有可能接触到道教、《易经》，我们也就不可能知道荣格是何许人也。

解体的半身男人意象之后，出现变成了木乃伊样的干尸，这是荣格的系列梦中再次出现木乃伊，上次是在梦 10“死者复活梦”中出现，在法国的阿利斯康墓园。木乃伊是留恋人世、不甘心死去的象征。在以前的梦中，这个不甘心拥抱死亡的人都是男性，这次发生了变化，一个死而不僵的女人出现了，显然，这个女人对应着荣格的母亲，也许正如荣格的父亲或者其他欧洲人一样，她也是不甘心死亡的。但是这个女人同时是一个贵族女人，似乎提示我们，凤凰男荣格是多么希望自己的母亲是一个长生不老、气质典雅的贵族女人。这样才能填补母爱缺失的空洞感和父性不足的自卑感。也许这也是他对贵族淑女艾玛一见钟情的原因。

三年后，他居然才意识到这是阿尼玛死亡之梦，说明哀悼母亲——阿尼玛丧失的时间需要三年，在这一点上，荣格应该和孔子有共同语言，孔子也认为，哀悼父母的丧失需要三年，因为“三年方能免于父母之怀”。塔楼，具有的一个功能是，祭奠欧洲文化的母性丧失和父性丧失。

1935 年，已经 60 岁的荣格看着塔楼，又产生了一个愿望，他说：“我心中产生了要有一片围起来的地块的愿望。我要有一个更大的空间，一个总是朝天空与大自然洞开着的空间。”这个空间，和荣格内心的母爱空洞对应着，但是这一次，空洞变成了空性的存在，它不再追求依靠声名、成就、女人、老师、同事来填满这个空洞，而是找到所有原型的起源之地——大地母亲和天空父亲。中国人说的天父地母。这样天、地、人形成了三位一体的结构。

但是自性化的历程尚未结束，1939 年，64 岁的荣格，又添加了一个庭院和靠近湖边的凉亭。他说 ：“这二者构成了第四种成分；虽然这样，它们与这座房屋统一的三位一体性却是分离的。这样，便出现了四位一体的情形，四个不同的部分构成了这座建筑物，而且还是在十二年的时间过程中建成的。”

四位一体，或者说四相性，是自性化历程启动的特征，在炼金术中，说的是要整合四大元素，在荣格心理学中，可以理解为一个人要整合四大心理功能——情感、思维、直觉、知觉。我们可以看到，建筑本身是非常强调外倾感知觉功能的，而这本来是荣格比较劣势的功能。但是他的一生都在不断地发展补偿这个功能，年轻的时候，他坚持体育锻炼，尤其是划船，中年开始时他不断地绘画，然后是从中年持续到老年的建筑和雕刻。

1955 年，荣格的妻子，比他年轻很多的艾玛去世了。男人一生的三大不幸 ：年幼丧父，中年丧子，老年丧妻。被荣格摊上了一件。这一年他已经整整 80 岁。他的自性化动力再次看上了塔楼，荣格看着塔楼，突然觉得房屋中间的部分小而低矮，被两座塔楼所掩盖。他认为，这代表了他自己不能继续躺在母性之塔和精神之塔的背后。于是，他给这个部分加了一层。在他看来，被加的这一层代表着他的自我人格。

荣格在自传中如此描述——

“从一开始，塔楼就成为我的成熟之所，母性子宫或者母性形象，我在其中又可以成为现在、过去和将来的我。塔楼给我感觉仿佛在石头中重生，它看来是先前预感之事变成现实，是自性化的表征，是亘古常青的纪念标志。”

他在自传中还说——

“我称心地返璞归真，在此可谓炼金术中十分睿智地所称的‘母亲的老儿’，因为童年时就已体验过的‘老翁’‘耄耋者’就是始终存在并将继续存在的二号人格。二号人格处于时间之外，是母性潜意识之子……间或，我仿佛全身舒展，进入景致之中，进入万物，活在每棵树中，活在拍岸的波涛中，活在云朵中，活在来来往往的动物中，活在万物中……这些简单的事让人简单，要简单有多难！在博林根，静谧环绕，‘天人合一’……在此，创作的烦恼减轻了，创造性与游戏性共聚一堂。”

在这种天人合一的状态中，荣格开始拾起了童年的爱好，如果读者回到本书开始部分，不难发现，雕刻和坐在石头上想象是孩子荣格的爱好，也是幼稚的他的自我疗愈手段，人到老年，他开始整合起这两大爱好。

在石头上镌刻很多铭文。每当他静下来雕刻石头时，一些炼金术警句便如清泉般从他的脑海中汩汩流淌而来，这大概也是他晚年的著作，全部都和炼金术有关的原因吧。

1955—1956 年，也就是 80 ~ 81 岁期间，老人荣格，把他列祖列宗的名字刻在了石碑上，同时重新修改了家族的徽章，增加了炼金术的象征意义。

在晚年回忆起这段经历时，他曾经这样解析自己的这一行为：“雕刻祖宗牌位时，我明白了自己与先祖命运相关，这值得注意，我强烈感觉到父母、祖父母与其他祖先留下的那些未完成、未及解答的事物或者疑问影响着我，一个家族中好像常有业力从父母转到子女身上。我总觉得命中注定在祖宗那里已经提出过的问题，我也得回答，它们却尚未得到解答……只要一个集体问题的性质未被判定，它就始终显现为个人问题……个人领域受干扰，与其说是原发的不如说是继发的，是由于社会氛围发生了不利变化。因而，在此类情况下，不应在个人环境，其实应在集体情境中找寻受干扰的原因，迄今为止的心理治疗过少考虑此情况。”

也正是从弗洛伊德、荣格那一辈人开始，人们开始考虑研究家族无意识、文化无意识、家族代际遗传的问题，并发明了家庭治疗、团体治疗等形式。

作为今天的中国人，或多或少都会受到家族主义的影响，家族主义是中国文化的根基，儒释道三家都要面对这个根基。

家族主义的第一个特点是：认为家族关系是人生最高意义的存在、最高意义的价值。传统完整的家族崇拜是“天—地—君—亲—师”五级崇拜系统，在血缘关系之上，还是君主、天、地三级，除了亲属之外，中间尚有师父一级代谢人们的生命本能。

而且，五级系统中的“亲”，也不仅仅是指小家庭的父母，而是包括整个大家族。

正如荣格家会有族徽、族谱一样，传统的大家族也有族谱、祖宗祠堂、家族的学校等。至于人生的性爱婚姻观、金钱观、育儿观等，不少都是从小教育、代代相传的，往往是通过儒家的四书五经来传递。

这种系统的好处，当然是安全、稳定、温暖，害处就是个人自由受到限制。所以我们要追求工业革命的成功和进步，必然付出的代价就是这种大家族体系的打破。所谓父权利的解体。

荣格曾经面临这种家族传承的断裂，他提出，一旦我们失去了和自己祖先的联系，失去了安身立命的根基，就会不停地追求运动，追求发展。更倾向于生活在未来，生活在黄金时代的虚妄诺言里，而不是活在当下。

荣格的塔楼疗法，接近于中国文化中的归隐田园，类似陶渊明一样生活。当代的荣格学者也开始比较强调生态疗法、园艺治疗等，可以看作当代归隐田园的倾向，也是修复父权制解体留下的“空心症”的尝试之一。◆

扩展阅读

荣格生态疗法值得关注，因为它与中国田园文化、乡土文化比较契合。但是这些生态理念与技术，荣格本人仅自行使用，未总结为系统理论与方法。后荣格分析师 Dennis L. Merritt 与 Jean Bolen 的著作值得关注。Bolen 的书《如树一般（Like a Tree）》值得一读。在心理咨询中，常有人会开始种花种草，亲近自然，甚者有人购买别墅，这都是来访者自发的生态治疗。

老年 2

旅行与乡土

除非你将无意识意识化，否则无意识将指引你生命，而你会把它称作命运。

——荣格

很少有人在自传中会专门拿出一个章节写自己的旅游，因为这似乎是游记的内容。但是荣格却这么做了，大概是因为旅游对他有灵性成长的意义。

旅游，其实也是一种心理疗愈。它可以疗愈禁闭感、抑郁感，经常旅游，也可以润滑夫妻关系。对老年人来说，旅游还可对抗衰老感，毕竟只有身体健康的老人，才可以游走神州大地。

心理咨询师在处理中年危机、死亡焦虑之时，经常会问一个问题，称为“死亡倒计时”提问——“如果你得了绝症，生命只剩下五年，请问你将会如何安排自己生命中最后这五年时光？”

大部分人的答案中都会有旅游这一项，可见，旅游可以缓解死亡来临的不甘，也是和世俗告别的仪式，融入大地母亲或者离开大地、飞升天国的祭礼。

荣格自传中有关旅游的篇章，有以下特点。

其一，他所回忆起来的旅游全都是个人的旅游，而没有提及旅游之时，全家老少都在干什么。所以，我们大概可以得出的假设是，荣格很有可能在旅游过程中，需要一种属于自己个人内心的时空。就像他晚年常年隐居在塔楼中一样，回归内在，在内心世界中旅游。我们知道，荣格是一个内倾之人，这种性格之人很少喜欢旅游，往往是看看风光纪录片、Discovery 之类，就满足了。因为旅游总是要使用他们不一定擅长的功能——外倾感知觉，外倾情感。

其二，所有旅游都是海外旅游。这也是很多旅游爱好者的特征，前捷克小说家米兰·昆德拉曾经写过一部小说，叫作《生活在别处》，就是描述这种无根心态。生活在别处之人，总是容易把美好的世界、美好的国家、美好的家园寄托在异国他乡，而不是自己脚下的乡土，他乡永远是“美国”，故乡永远是“丑国”。比如一位女教师，她在心理咨询中，不断地梦到异国他乡，英国的古堡，德国的图书馆，日本的漫天樱花，在这些地方她可以天真地读书，浪漫地坠入爱河，但是现实生活中，她却憎恨着故乡，憎恨儒家文化，痛恨贤妻良母、温良恭俭对女性的束缚。直到心理咨询的后期，她才可以梦到，就在自己的故乡恋爱学习，对于故乡的人们，她也不再充满鄙视和愤怒。

昆德拉描述的前捷克的知识分子们，也是面临着传统文化价值的土崩瓦解、礼崩乐坏，与荣格如出一辙。生活在别处之人，尚可见于钱钟书的《围城》，描述的是民国年间国立西南联合大学的知识分子们的空虚、矛盾、茫然和焦虑，钱老先生说他们，犹如一个被包围的城市的人，城里的人想要冲出来，城外的人想要冲进去，婚姻如此，人生亦如此。

这种心态被称为“二元对立（Dualism）”。最美丽的风景，永远都在旅行者出发之前，比如我们出发去某个旅游胜地，它只是在我们头脑中是最美丽的。真正到了那里，可能会发现一切并不会那么完美。

旅行的心理意义是什么？荣格在其自传中给出一个很好的解释，他提出了，旅行是让我们更好地了解自己。如果我们从没有机会从外部观察我们自己的民族，我们怎么能意识到自己民族的特性是什么呢？从外部观察，指的是从其他民族的立场来观察。这样做，我们必须获得足够的其他民族集体心灵的知识，在吸收同化的过程中，我们会遇到不兼容的东西，包括民族偏见和民族特质。所有激怒我们之事，都让我们更为了解自己。

荣格首先记录的是非洲，其中北非之行，之前已经讨论。

非洲之行，让荣格产生了一种旅游心理学的解释，他说：“其实这是我无意识要去寻找一个欧洲氛围之外的地方，去观察我的心灵，去发现欧洲人格之外几近消失的人格部分。这部分人格站在我自己的无意识中反对我，并且我的确是在试图压抑它。为了遵从它的天然本性，它想要使我处于无意识状态，以便杀死我。但我的目标是通过洞察使它更有意识，那样我们就能发现一种共同的妥协方式。”

这一段从文化无意识的角度来看待人格面具和阴影的整合，换句话说，“白种人”“欧洲人”这种文化身份认同，形成了一种文化层面的人格面具，从而让认同“白种人 – 欧洲人”的人们忘记了人类的起源、人类的阴影，我们所有人在基因层面上都携带着黑人等其他种族的基因，甚至可以说，我们人类可能携带着黑猩猩等各种动物的基因。所以荣格派有本书叫作《两百万岁的自性》,也就是说，集体无意识，它不仅仅是人类的无意识，早在人类出现之前，它就存在于生物界，乃至我们可以提出“宇宙无意识”这样的概念，可能在地球出现之前，宇宙内就存在着心灵进化的潜能，可能是如同物理学家们设想的量子状态。

在非洲的阿斯平原，荣格看着辽阔苍茫的天空，一望无垠的平原，万千动物奔腾，产生了这种天人合一的领悟：

“这是静谧的永恒的开端，一如既往的世界，处于‘无’的境界。到此时为止，没人曾在此地认出这个世界。在这里，我是辨认出这个世界的第一人，但却不知道在这一刻，我也是真正创造了这个世界的第一个人。在这里，意识的宇宙意义对我变成了超乎一切的清晰。”

这听起来有点类似“心生万法”“心外无法”之说，其实也是心理咨询的工作前提之一，也就是来访者要能够意识到，他活在自己的心理世界中，他的痛苦来自自己的心理世界，而不是来自外在的物理世界，否则，心理医生就变成了物理医生，要帮助来访者去解决各种外界事物带来的苦恼。

这样的世界观、本体论和当时的学院派科学心理学背道而驰。因为科学的基础，至少在量子力学之前，是建立在客观、恒定、可测量、可检验的规律之上，而学院心理学，从诞生的第一天开始，就是要把自己变成科学大家庭的一员，所以，产生如此理念的荣格，可以说，是和学院心理学分道扬镳了，他如此说——

“把世界当作一种客观存在，给它打上完美的标记。我们通常把这种行为仅仅归功于造物主，没有考虑到这样一来我们就把生命看作了一台设计精良的机器，这台机器连同人类的心灵一起，运行在毫无感知、遵从已知、预先制订的法则中……再也没有新的一天通往新的彼岸，只有枯燥的计算程序……而事实上，人类本身就是世界的第二个创造者，只有人类才使世界成为客观存在。”

换句话说，把世界划分为主观世界和客观世界，这是人们心灵的一种理念而已。我国曾经有人给荣格扣上客观唯心主义的帽子，其实说他是主观唯心主义者也不为过。当然，把人类思想，用唯物主义和唯心主义两个标签来标定，这本身也只是19世纪的一些人对欧洲哲学界的一种判断。这种观点运用到心理学界、精神病学界都显然是太过简单了，何况如今时过境迁，唯物—唯心两条路线斗争已经是前尘往事，江南春梦一场。

心理咨询师和病人工作死亡焦虑之时，也必然要和来访者谈论世界观、宇宙观，双方的世界观、宇宙观必然发生碰撞、交流。所以荣格说，治疗师必须拥有可以明确陈述有防御保护功能的世界观。一个明确的世界观帮助我们面对人生起起伏伏。小说《三体》里描述，有些物理学家在得知宇宙的真相后自杀了，便是因其世界观彻底崩塌。他们突然发现，自己所见之宇宙，原来是被各种外星人改造过后的产物，因为星际战争，宇宙由十维降级，一直降级到三维的宇宙，而地球人的宇宙探索，早已被外星人锁住了基本粒子。换句话说，一个客观的、不受人类干扰、不受外星人活动干扰的世界是不存在的，既不存在这样的宏观世界，也不存在这样的微观世界。从太阳星辰到分子电子，到处都是生命体活动的痕迹。

《三体》中还预测了未来人类社会性别差异会消失，全人类都会女性化。而这和荣格观察到的社会恰恰相反，他观察到的是全人类都在日益的男性化，而某些男性开始女性化。荣格在非洲时，对比欧洲女性和非洲女性，产生了一个观点：

“白种人女性日益增长的男人化倾向与其自然完整性的消失有关。是否这是对她的贫乏的一种补偿？是否白种人男性的女性化又是进一步的后果呢？”

换句话说，就是现代女性之所以越来越“男人婆”，源于其自然完整性的消失。而为了补偿女人男性化后留下母性缺席，男性会变得越来越女性化。用中国话说，这叫作阴阳颠倒。

那么，自然完整性是什么？就是女性的孩子、家畜、房子、灶火、田地。所以要恢复人的自然完整性，自然也就需要家庭和田园，从此我们不难理解为什么荣格对于建筑塔楼、恢复田园生活如此入迷。也不难理解为什么后荣格分析师们非常热爱生态疗法，如分析师 Jean Bolen，她是因为写作了女神系列书籍成名，如《每个女人心中的女神（Goddesses in Every woman）》，是比较有影响力的女性主义者，后来她写作了《如树一般（Like a Tree)》，提倡女性们和大树、花草、自然联结。

有些人认为荣格是一个男权主义者、复古主义者，但是，荣格的性别观也有偏向女性主义的成分。他认为，当一个社会的制度越合乎理性，性别差异就越模糊。他预测，现代社会同性恋者会越来越多，会扮演着重要的角色。部分是母亲情结的结果，部分是自然进化的目的——阻止人口增长。

荣格在 1925 年，50 岁时，第二次到了非洲，这次他做了一个梦（梦 18——黑人理发师梦）——

整个过程中我只有一次梦见黑人，他的脸出奇的熟悉，我却不得不沉思良久，才弄清在何处曾与他相逢。终于想起来了，是我在田纳西州查塔努加市时的理发师！一个美国黑人。梦中，他手持烧红的烫发钳，对着我的脑袋，想要让我的头发卷曲，这就是说，想给我弄成黑人的头发。我几乎就感觉到那灼人的热力了，接着在一片恐慌中醒了过来。

荣格自己是怎么来理解这个梦呢？他说："我将这个梦看作无意识的警告，它是在说原始事物对我来说是一种危险。那时的我显然太接近'黑暗'了。于是，我的无意识呼唤出了12年前我在美国时的理发师，只是为了避免让我想起任何关于现在的人和事。我的梦的奇特行为很偶然地恰好符合第一次世界大战期间记录的一种现象，就是士兵们在战场上梦到战争的次数远少于梦到家乡的次数。随军的精神医生认为，一个士兵开始梦见太多的战争场面就要将他撤离前线，因为那意味着他不再拥有抵御外在印象的心理防御能力了。本身我进行的非洲冒险，就带有逃离欧洲和其复杂难题的秘密目的。"

所以，旅行，尤其是去外国的旅游，往往是象征着我们想要和母体文化分离，想要离开家园和故土，这就意味着故乡必然有让我们厌恶、憎恨的东西。例如，现在有很多人想逃离我们的汉族文化，逃到西藏去，但到了西藏才发现，那里仍然无法让自己的心灵得到宁静。于是，他们开始逃往国外，逃到欧洲文化、美国文化中去。不仅仅是当代人这样，古代也有很多人有游子情结，游子们总是一离开故乡，就写作大量诗文，歌颂和怀念故乡，但是他真正回到故乡，不到一年，又受不了了，再次启程。这就是典型的使用了分裂和投射认同等防御机制，把故乡和他乡，首先分裂成截然不同的两个地方，然后一个地方打上标签为“好地方”“人间天堂”，另一个地方则是“坏地方”“穷山恶水”。

黑人理发师这个梦还可以看作人格面具和阴影整合的梦，黑人代表着被白人排斥的文化特性，而白人的发型（人格面具），却需要黑人来打理，象征着阴影进入了人格面具，试图占据人格面具。在现实生活中，我们不难发现，荣格已经具有很多黑人的特点，比如塔楼一开始的时候，就是仿照非洲草棚，比如荣格在夫妻生活中追求的多偶制——这也是非洲有些部落酋长的特权，可以看作文化上的返祖现象。

荣格的肉身正在世界各地游荡的时候，他的心灵貌似随着肉身正在各种文化中探索存在的根源、生命的意义。

但是他的无意识梦境却深深地扎根于欧洲大地，回到了欧洲的传统灵性文化——炼金术。

从非洲回来一年后，荣格做了两个梦，这两个梦被认为是启示荣格开始炼金术之旅的梦境。

在找到炼金术之前，荣格做了一系列图书馆主题的梦。在他的这些梦中，他的房子旁边增加了一部分，也就是辅楼或者配楼，他不断地梦到它们，而这些东西又让他感觉很陌生。在梦里，他每每奇怪，为什么这些房子似乎一直都在那里，自己却不知道它的存在。

终于在一个梦里（梦 19——配楼炼金术图书馆梦），荣格走进了这个配楼——

他发现那里有个极好的图书室，大约是16～17世纪的建筑，被包着猪皮封面的、又大又厚的书籍摆满了几面墙。在其中几本书上有装饰风格古怪的铜版画，书中插图上画着前所未见的奇异符号。

当时，荣格并不知道它们是什么，过了很久他才认出它们是炼金术的符号。在梦里，他仅仅觉察到这些符号乃至整间图书室所展现的魅力。这些藏书深深影响着他，大约15年后，他本人所收集的藏书已和他梦中看到的所差无几。

这个梦看起来和梦14“驯服阿拉伯王子梦”有前后连贯之处，梦14中是荣格的自我，在阿拉伯的图书室中教导王子读书。而现在则变成荣格的自学成才了，而其自学的内容，就是和16～17世纪的炼金术有关。这说明荣格的无意识已经明确地知道自己后半生学习成长的方向。

荣格对此梦自我分析说：“房屋旁边的未知配楼是我人格的一部分，是我自己的一个方面，它代表着我尚未意识到的某种特质。”显然，他没有意识到的特质就是和欧洲传统文化——炼金术紧密相关的。

之前荣格的梦中也多次提到历史年代，从史前遗迹到12世纪、18世纪、19世纪等。和16世纪这个时代最相关的梦境，是梦2“教堂上帝梦”（那个梦中的教堂是一个中世纪教堂）和梦7“地下室头骨梦”（在那个梦中，荣格走进了一座15、16世纪的房子）。我们早就知道，荣格的心灵一直想要回答欧洲的古代文化，需要一些东西，填补空虚、空心感，在这个梦中已经明确地显示，荣格要寻找的东西就是炼金术。16 世纪是现代科学萌芽的世纪，哥白尼提出日心说，人们发明了天文望远镜，西班牙、葡萄牙的船队开始探索广阔的海洋，麦哲伦一直到死，也相信他到过的那几个岛国就是印度大陆的边缘，莎士比亚的戏剧开创了当代戏剧的范式，文艺复兴让欧洲人开始重新审视人性的位置。炼金术也开始兵分两路，一路坚持物质取向的炼金术，它演变成了今天的化工科学和医药学，另外一路走向灵性的炼金术，它随着基督教的衰落而隐藏于民间，300 年后才被荣格重新挖掘出来。

而图书室，看起来一直是荣格链接父母、哀悼死亡、自我疗愈的空间，在梦 15“死去父亲婚姻咨询梦”中，他的父亲也是见面之后二话不说，就进入图书室，而他在那时，也正准备把自己的新书《心理类型学》送给父亲。可以说，图书室就相当于炼金术士的炼金实验室，而自己写作的书籍就相当于炼金产物，做这个梦的时期，也是荣格的《红书》临近尾声之时，《红书》这本书其实就是荣格自己的灵性炼金术著作。

在梦 19 之后，荣格又做了一个梦（梦 20——困在 17 世纪），在这个梦中，时间被锚定在 17 世纪——

> 预演我与炼金术相遇的关键梦境大约在 1926 年来临：我在南蒂罗尔，这是战争时期。在意大利前线，我从前线战区搭乘一名小个子男人的马车返回，他是农夫。四周炸弹轰鸣，我知道，我们得加速赶路，因为情况十分危险。

我们必须过桥穿过一条隧道，其拱顶部分毁于炮火。来到隧道尽头，蓦然发现眼前是阳光灿烂的地区，我认出那是维罗纳省。脚下是城市，阳光普照。我如释重负，我们向草木苍翠、鲜花盛开的伦巴第平原飞驰而去。道路穿行于秀美的春景中，稻田、橄榄树和葡萄映入眼帘。我瞥见与街道呈横向的一幢巨大建筑物，庄园主宅邸规模庞大，是典型的庄园主住宅，配楼和侧楼众多，像是意大利北方诸侯的宫殿。宫中的路穿过一座大院，像在卢浮宫一样。小个子车夫和我驶入一扇大门，由此可以透过远处的二道门又望见沐浴在阳光中的风景。我环顾四周：右边是庄园主住宅的正面，左边是仆人房屋和厩房、仓库和其他连绵的附属建筑物。我们来到院子中央时，正好在正门口，发生了意外之事：一声闷响，两扇大门合上了。农夫从车夫座上一跃而下，叫道："现在我们身陷17世纪了！"——我心灰意冷地想到：对，就是这么回事！——可该怎么办呢？现在我们会被关在这里很多年！——但随后就起了宽慰之念：几年之后，总有一天我可以再次出去。

这个梦发生在意大利的南蒂罗尔，荣格之前的梦中，出现最明显的意大利象征的就是梦9"白鸽女孩梦"，那是荣格与阿尼玛的相遇会合，白日生活中，则阿尼玛被投射到托尼·沃尔夫，后来荣格在《荣格自传：回忆·梦·思考》中，提到意大利旅游经验，也串联到了阿尼玛的整合。他提到在意大利的拉文纳和罗马市，对阿尼姆斯和阿尼玛，他产生了新的想法。他说："男性的阿尼玛具有强烈的历史特性，作为一个无意识人格的化身，可追溯到史前时期，体现了过去的内容，并向个体提供了他本应知道的关于史前时期的那些元素。对于个体，阿尼玛是从古至今仍然在他身上活着的全部生命。与他相比，我总感觉到自己是一个没有历史的野蛮人——像是一个凭空而来的产物，既无过去，亦无未来。"

所以荣格所说的阿尼玛，不像一般人所想的，就是一堆美女而已，而是以美女为代表的灵魂伴侣、家园故土、历史情怀等。

在意大利文化中，荣格理论也深有影响，比如说意大利著名导演费里尼，就深受自己的一位荣格分析师影响，这位分析师还启发了费里尼使用荣格学派的《易经》来探索无意识。费里尼在分析师启发下，也写作了类似荣格《红书》的日记，名为《梦书》，我国有引进并翻译。其中图文并茂，还有很多《易经》的卦例。据说费里尼的多部作品都有荣格的思想,他被列入电影历史的名作《八部半》，显然是在探索荣格学派的看家菜——中年危机。

南蒂罗尔是意大利旅游胜地之一。但此地是 1919 年后，因战争失败，才割让给意大利的。在历史上，它曾经归属过意大利、法国、德国。当地有大量的德语人口，第二次世界大战时，德国和意大利曾经达成协议，让当地的德语人口回迁到德国，但是战后，他们中很多人又回到了意大利。所以，这个地方，无论在荣格做此梦之前还是之后，都是悲情之地，因为不幸成为兵家必争之地，所以饱受战争蹂躏、布满创伤。

梦境中，荣格当然想要逃出这种工业文明带来的战争创伤，与他相伴的，是他的阴影——一个农民和他的马车。荣格来自乡村，热爱乡村，想要回到充满乡村气息的农业生态文明中，梦中多次出现的城堡，带有众多配楼，则外化成为现实生活中的塔楼。当然，在内心层面，他希望回到前工业时期的炼金术师的心灵状态中。所以他指出对此梦的理解的关键——17 世纪是炼金术的高峰。

但是梦中荣格的自我，并没有因为躲开战火纷飞的 20 世纪，而感到兴奋和快乐，更不准备终老埋骨于春光明媚的 17 世纪。相反，他为自己困在 17 世纪而苦恼，不得解脱。

这大概是因为，荣格幻想着在欧洲传统文化中寻找到一条路，帮助欧洲人从发展主义中解脱出来。但是，荣格所寻找的东西，其实是类似东方宗教中的内心超越之道，这在欧洲文化中并非主流，只是在炼金术中有一些描述。

荣格本人对这个梦的解释是这样的：从天而降的炮弹、战争意味着外部发生的战争并未结束（当时欧洲正在战争），而是转战到了心灵之中，显而易见，在外部世界解决不了的问题只能在心灵之中寻找答案。这是我们常见的末日梦。一般来说，一个人梦到末日梦或天灾（人祸）梦，就预示着这个人的人格将要发生突变。突变能不能发生，就看他这个末日梦做过多少次，后面有没有一个好的结果出现。

梦中荣格被困在 17 世纪了，现实生活中，他也的确被困在炼金术中不得解脱很多年。准确地说，他是被自己的投射困住了。

荣格的无意识很快就走出了这种困顿之地，就在 1927 年的梦中（梦 21——利物浦之梦），而他的意识，则首先到东方文化中旅行多年，直到 1934 年后才回到炼金术中。

我发现自己身处一座城中，龌龊不堪，一身煤炱。那是冬夜，阴暗有雨。我在利物浦，我跟一帮瑞士人——估计六七个人吧，走过黑暗的街道，感觉我们从海上、从港口来，真正的城市在高处悬崖峭壁上，我们往那个方向走上去，这让我想起巴塞尔：市场在下面，然后穿过死人巷（Totengasschen）上至一片高地，到达圣彼得广场和圣彼得大教堂。我们上到高地时，发现一处街灯朦胧的宽阔广场，许多街道在此交汇。市区围绕广场辐射状排列，中间有圆形池塘，内有一座中心小岛。雨、雾、烟和亮光寥寥的暗夜覆盖一切时，小岛却阳光闪耀，那里孤零零地长着一棵玉兰树，遍挂红花。似乎树在日光中，同时自己又是光源。同伴们显然没看见树，对可恶的天气说三道四，谈论的是住在利物浦的另一名瑞士人，惊讶于他偏偏定居于此。我着迷于树木开花之美和阳光沐浴的岛屿之美，心想：我已经知道为何他定居此处了。于是醒来。

关于此梦，荣格在《荣格自传》中进行了比较长的论述，他首先说：“关于此梦的细节，我事后还得补充：各区又围绕一个中心点放射性排列，该中心点形成开放的小广场，亮着更大的路灯，如此就是岛屿的小型复制品。我知道，‘另一瑞士人’住在这样一个次中心附近。”

这说明，梦中的岛屿和城市形成了分型几何的图形结构，也就是曼陀罗的组成结构，它们遵循着自相似原则和迭代生成原则

（注：分型理论在20世纪80年代左右才成为科学界热门理论，后荣格的分析师经常引用此理论来说明荣格理论的合理性）。也就是梦中的岛屿和城市，既是彼此隔离的，又是彼此相似的，这和梦20“困在17世纪”截然不同。在梦20中，现代城市和17世纪的田园城堡是相互对立的。但是在梦20“利物浦之梦”中，对立的双方已经连成一体。

荣格也注意到了，这两个梦中情绪的矛盾性，他说：“此梦表现了我当时的处境，我现在还看得见褐黄的雨衣，因被雨淋湿而发亮。一切都极其令人不快，黑暗而分辨不清，正如当时的感觉。但我看得见超凡脱俗之美，因此完全可以生存。”荣格能够看到并且承认，现代文化是让他感觉沉闷不快的，就像工业污染笼罩着的英国天空，而且渴望农业生态田园的他，和现代人——梦中的瑞士同伴也是格格不入。同伴们不能理解在黑暗恶劣天气中，仍然具有最美丽的玉兰花，可以让人安然居住其间。

利物浦这个城市，除了象征工业革命外，还可以象征生命的源头，如荣格所言——

“利物浦（Liverpool）是生命之池（Pool of Life），Liver——‘肝’按旧说是生命之所。”

所以荣格能够安住于天气恶劣的利物浦，就意味着他的生命能够安住于工业革命带来的空心时代中，而且不受空心时代的集体精神的污染，就像梦中那株孑然一身，自成一体的玉兰花树。

荣格如此记录自己的自性化过程的此轮循环——

“于我而言，此梦的经历与尘埃落定的感觉相连。我看到此处表达了目标，中心是目标，人不会摆脱中心。梦境使人明白，自性是原则，是定位与意义的原型，其中有疗治功能。做此梦之后，我不再绘制曼陀罗，此梦表示心灵发展的顶峰，提供了我的处境的完整景象。”

在现实生活中，荣格的意识自我还在寻找一种能够转化、革新欧洲传统文化的东西，这就是以中国、印度为代表的东方宗教的修心术（注：利物浦之梦，在荣格分析中，有非常多的研究，此处浅尝辄止，更详细的论述参见后文）。

1928 年，卫礼贤寄给荣格一本关于中国炼丹术的手稿，是中国的《太乙金华宗旨》和《慧命经》的合印本。卫礼贤把这两本书编辑后，起名为《金花的秘密：中国生命之书》，介绍给欧洲读者。

荣格读过之后叹息不已，他认为中国道教修行者，已经找到了很好的自性化方法，那就是道教内丹修炼。从而他也可以完结自己的《红书》的写作。就在《红书》完工的 1930 年，命运的黑云再次压向了荣格，这一年，亦师亦友的卫礼贤逝世了。六年肝胆相照的友谊画上了句号。

荣格必须再次独身一人走上自性化旅程。除了中国文化，他也深入地研究了解了印度文化。最终他发现欧洲人是不可能完全变成印度人或者中国人，通过印度或者中国的宗教修炼技术而实现自性化，从而他开始在欧洲传统文化中寻找超越途径。

另一位欧洲哲人——海德格尔，也和他有类似的心路历程——首先对中国传统文化五体投地一般地欣赏和膜拜，最终还是回归自己的文化传统。

欧洲炼金术和中国道教的内丹彼此影响，很多内容都有类似之处，自然成了荣格重点的研究领域。对炼金术的研究，也再次激活荣格对歌德和《浮士德》之热情。歌德把《浮士德》当作自己的神圣工作，并称其为主线事业，他的一生都在这部戏剧的框架之中进行，这是一种通过写作进行的炼丹修行，就像中国道教修行者，通过写作《西游记》来修炼内丹一样。

他体验到在歌德身上有一种有生气的、跳动的生之元素，上演着原型世界的伟大梦境。荣格也被同一个梦境攫取了。从这一自性化梦境出发，荣格的后半生工作都围绕着炼金超越这一主题展开。

这种职业精神在中国称之为“惟精惟一”“从一而终”。这相当于把自性原型投射到自己的工作研究主题中，然后个人在研究中，自我与自性不断整合。这演变成一种被称之为“受伤研究者”的研究设计与研究方法，它就鼓励研究者们发现生命的主题，听从天命的召唤，一辈子研究下去，自成一体，自在随心。

所以自性化展开之后，一个人会有一项事业，但与工作、职业不同。我们知道工作是用来赚钱的，而职业是赚钱的一个专业方向，但它们不见得等同于事业。事业是一种让一个人觉得自己整个生命充满了意义的内在需求，可以安然赴死的那种能量。

荣格曾说过：“我对我的事业仍缺乏了解，而且我的同伴中也没人能够了解它。这个梦所带来的清晰陈述，使我得以客观地看待那些充满了我整个身心的事物。如果没有这一见解，我可能失去了方向，被迫放弃我的事业。”

这就是一个人自性化的第一轮，在循环结束时所出现的一个意象。这个意象出现之后，必须和意识自我进行结合，而意识自我要能认出这个意象的意义是什么。

自性的充分开展需要多年时间，而荣格整整用了 45 年。他说：

“对于当时我所体验和写下的事，我用了整整45年时间才将它们提炼成科学作品。年轻时，我的目标是在学科领域内取得一些成就。但是后来，我偶然触到了这股熔岩流，其火焰的热量重塑了我的人生。那是促使我去开展研究的最初东西，而我的工作多多少少成功地把这光芒闪烁的物质并入当代世界的图景中。我从事研究内在意象的那些年，是一生中最重要的时光——一切基本的东西都这样定型了。一切从那时开始，素材从无意识中喷薄而出，立即淹没我，而后来的细节只不过是这些素材的补充和说明而已。这就是我一生工作的原始物质。”

荣格因为如此坚持，十年如一日，到1938年游历印度时，他已经名满天下，他应该是第一位在西方世界中引入瑜伽、介绍瑜伽的心理治疗功用的精神科医生，大概因此，他获得了印度诸多大学的名誉博士学位。

1938年时他已经是63岁的老人，也不再是膜拜东方文化的入门者，在1936年的论文《瑜伽与西方》中，他已经明确指出，西方人是不太可能通过假装自己是印度人从而通过习练瑜伽而超越的，西方人需要发明出属于自己的、建立在基督教文化基础上的欧洲版瑜伽。

在印度生病后，他做了一个梦（梦22——圣杯梦），梦是这样的——

我发现自己，跟一大群苏黎世的朋友和熟人在一座无名岛屿上，估计位于英国南部沿海，该岛很小，近乎无人居住，它纵向狭长，向南北方向延伸约30千米，南部海滨岩骨嶙嶙，有一座中世纪宫殿，我们这一队立于院中，是一群游客。

前面耸立着一座气势宏伟的城堡主塔，透过大门，宽阔石阶清晰可见，还可见它往上通向柱式厅堂，里面烛光幽明。据说这里是圣杯城堡，今晚要在此“给圣杯祝福”。

此消息似乎具有秘密性质，因为我们中间有一德国教授，他酷似老年蒙森（德国著名作家，写有《罗马史》等，1902年获诺贝尔文学奖）。他对此事一无所知。我与他开怀畅聊，对他学识渊博、才智洋溢印象深刻。

只有一件事令人反感，他持续不断言说消逝的过往，如教师爷般大谈特谈圣杯故事的英国起源和法国起源的关系，显然，他既没有意识到此传奇的意义，又没有意识到其鲜活地存在于当下，而我对两者印象最深。

他似乎也对周遭现实毫无察觉，因为他举止就如在教室里对学生讲课。我徒劳地试图让他注意场面古怪，他看不到台阶，看不见大厅里微光闪烁，洋溢着节日气氛。

我无助地茫然四顾，发现我自己站在一座城堡的高墙旁边，高墙下部好像布满栅篱，但并非常见木质，而是黑铁制成，它巧妙地制成葡萄藤的样子，叶蔓俱全，还有葡萄。横向枝丫上，每隔两米就有小铁屋，如同鸟巢，我忽见阔叶中有动静，初似因鼠而起，随后我却清楚地看见蒙面小地精——蒙面侏儒（Cucullatus），在小屋间穿梭。“天啊！”

我冲着教授惊呼，“您看那儿……”

此时出现了间断，梦境改变了。我们（跟先前还是同一伙人，但不见了教授）在城堡外，童秃无木，山石嶙嶙。

我知道，肯定会出什么事，因为圣杯尚未在城堡中，而当晚就该给它祝圣。据说它藏在小岛北部的仅有的无人居住小屋里。我知道，我们的任务是到那里取回圣杯。

我们约有六人，上路向北漫步。长途步行几小时，又累又乏，我们到达岛上最狭处，我发现，一片海湾把它一分两半。最窄处，水面宽约百米。太阳下沉了，夜幕开始降临。

我们疲惫地躺在地上。这一带荒无人烟，童秃无木，只有草丛和岩石。四处辽阔深远，无桥无舟。天气寒冷，伙伴们相继入眠。我考虑该干点什么，得出的结论是，必须只身泅渡，取回圣杯。醒来时，我已褪去衣衫。

这个梦中最引人注目的当然是“圣杯”，圣杯是一个容器，它连接人和神，它象征着过渡客体，超越性空间，它是连接自我和自性的存在。

荣格自己解释说，梦把我从印度的世界中带出，提示我，印度不是我的任务，而仅仅是一段路程，哪怕它是重要的，会让我接近自己目标。似乎梦境在问我：“你在印度干什么，是在寻找你自己和你伙伴急切需要的治愈的容器，救世主吗？因为你们的国家岌岌可危，你们全都陷在迫在眉睫的危险了，稍不留意就会摧毁世世代代建立起来的一切。”

这种危机感似乎贯穿荣格及其父辈的一生，它既是个人的，又是整个欧洲文化的。荣格从幼年期就对圣杯的秘密、圣杯传说非常感兴趣，1909 年，在荣格告诉弗洛伊德的梦 8 中，就出现了圣杯骑士，时隔 29 年后，这个主题再次出现在荣格梦中。但是老人荣格的心灵，对于这个主题，显然有了非常不同的反应。

首先，这一次，荣格不仅仅是圣杯骑士的旁观者，而是直接成了圣杯骑士的一员。而且看起来，他是一个领导者。他们直接回到了圣杯传说的起源地之一。

据说，圣杯是耶稣在“最后的晚餐”中使用过的杯子，在耶稣为了人类赎罪被钉上十字架后，圣杯用来盛满耶稣的宝血，这个杯子具有各种神奇的功能，如让人长生不老等。然后它被基督教徒们带回了英国。

所以圣杯象征着耶稣基督的慈悲、牺牲和万能，是一种具有救赎能力的容器。另外，圣杯也是女性的象征之一。曾经有一种传说，就是耶稣和一位妓女——玛利亚结婚了，而且还生下了孩子。据说达·芬奇就是耶稣的子孙。耶稣当年要把基督教教主的位置传给自己的妻子玛利亚，但是罗马发生了宗教政变，就像金庸在他的小说《笑傲江湖》《鹿鼎记》里面描述的那样。圣杯骑士团，就是护送玛利亚和孩子到英国或法国避难的人，圣杯就是暗指“玛利亚”——耶稣的妻子。

而且，圣杯也和荣格个人的爱情故事有关。荣格虽然自己一直热衷于圣杯，并且也打算在自己的书籍中写作这一题材。但是他的妻子艾玛·荣格也很喜欢这一题材，所以为了夫妻恩爱，荣格忍痛割爱，把这个题材让给了自己的妻子。

但是其实这种让步是对于对手的最大蔑视。艾玛终生也没有完成她有关圣杯的研究。直到她死后，才由她和荣格共同的徒弟 von Franz 完成其残余手稿。

虽然圣杯有如此丰富和神圣的意义，但是我们看到，荣格及其朋友们却不是真正的圣杯骑士。他们只是一群游客。而且圣杯所在之地，也是一个狭窄荒凉的小岛。这大概象征着荣格和其他欧洲人一样，已经丧失了对基督教文化价值和骑士精神的敬意，他们是一群远离故乡的人。正在茫然寻找着失落的圣杯精神。比如荣格，很长一段时间，妄图在东方文化中找到医治欧洲人空心综合征的良方。

这种空心综合征的知识分子典型代表，当然就是梦中的老教授蒙森，圣杯就在他身边，马上就要出现，而他却仍然在讨论圣杯，把圣杯当作一种纯粹的历史知识，而不是活生生的经验。

这种绝对的理性主义，走火入魔的智能崇拜，是现代知识分子的一个典型特征。他们认同了一种偏颇的男权主义形象，美国文化人类学家理安·艾斯勒写过一本书，叫作《圣杯与剑》，其中就谈到圣杯大约象征女性的包容和仁慈，而剑象征男性主义的果敢和征服。它们两者辩证统一，才是人类的未来，而当代社会显然后者过度发展了。

所以在梦中我们看到，这群游客要想变成骑士，必须让学究教授消失。在神奇动物地精出现后，教授的确消失了。地精就是此梦的转化元素，它出现后，荣格诸人转化成了圣杯骑士，进入了欧洲传统文化无意识中一个神话传奇仍然鲜活的领域。

但是我们发现，自性化是一条孤独的道路，荣格必须一个人上路，冒着失去生命的危险，穿越穷山恶水，放弃一大圈疲惫不安的亲朋好友。

此梦对荣格的影响是非常深远的，它标志着荣格重新回到了基督教传统文化，并最终找到了属于自己的圣杯。

圣杯在哪里呢？就在传统文化的炼金术里。在旅行途中，尤其是去往印度的这次，他随身携带的书籍也都是有关炼金术方面的。

荣格虽然非常赞赏东方文化，但是也指出东方文化之不足，就在他去印度旅游之后。他说："东方人认为，善与恶有意义地存在于自然之中，只不过是同样事物的不同程度。我看到印度精神中包含的恶与善一样多。基督教谋求善并屈从恶。印度人觉得自己超脱于善与恶，并用冥想或瑜伽来追求实现这一超越。鉴于这种态度，无论善与恶都没有真正的界线，这就形成了一定的停滞，一个人既不真的相信恶，也不真的相信善，善与恶最多是会被认为是我的善、我的恶，即某事对我来说是善的或恶的，这给我们留下了矛盾的陈述，即印度精神缺乏善恶观。"

在荣格看来，一个人的世界里如果没有明确的善恶界线，那么唯一判定善恶界线的标准就成为这个人自己。

荣格认为，印度人模糊这个善恶界限，也有另外一种可能，就是他们现实生活中有太多的冲突，需要"无争"或者"不争"这样的态度，才能从对立的双方和万事万物中解脱出来。荣格是反对印度教中超脱观和涅槃观的。所以他会说，于他不存在不顾一切代价的超脱，一个人不能从他并不拥有，没有做过或没有体验过的一切中超脱，就像一个穷人，是不能讨论从财富中解脱的。

真正的超脱，只有当一个人做了一切所能做的，并且完全献身于一件事和尽最大努力参与其中时才有可能。如果半途而废，实际上就是切除了与心灵相对应的部分。人没有经过自我激情的炼狱，就是从来没有战胜过激情的体验。那么，这些激情就会住在隔壁，随时可能蹿出火焰并点燃自己的房子。

荣格到了印度，显然要与佛陀建立一些联系。关于佛陀，他这样认为：“我把佛陀的一生理解为自性的真实，自性突破并拥有了个人生活。对佛陀来说，自性高于一切神，是一个统一的世界，它代表人类存在的本质。作为一个整体的世界，自性同时体验本质存在和其可知性两个方面，舍此世界遍布存在。佛陀见到并领悟了人类心灵演化的尊严，因此他清楚地意识到，如果人熄灭这光，世界将存入虚无，叔本华的伟大成就表现在他也认识到了这一点，或独自重新发现了这一点。”

荣格的这种天下一家、多教合一的灵性观，在当年还是比较前卫的，如今，这已经是超个人心理学，身心灵运动的基础见地。

因此，我们可以把荣格归为任何一个宗教的信徒，也可以把他归为不属于任何一个宗教的普通人。自性化的过程，自然也要求一个人能够整合各种宗教观和灵性观，当他要信奉某一种宗教时，他最终把它变成一个具有自己个人特性的宗教。荣格的朋友——黑塞，写过一本小说——《悉达多》，就是在说一个叫作悉达多的人，如何在佛教背景下，创造出属于他自己的灵性超越之路的。悉达多曾经面对佛陀本人，他告诉佛陀，虽然很多人追随佛陀的建制式佛教修行方法，但是他觉得有必要找到属于每个人自己的个性化超越之路。◆

扩|展|阅|读

黑塞的小说《悉达多》，是荣格分析师必读，也是最常推荐给病人做自助书的，其中清晰优美地描绘了自性化的各个阶段。

集体无意识是超越人类和动物的精神界限的领域，而非洲是人类和动物联系最紧密，也是人类精神开始从动物精神中脱离出来的起源，荣格是最早探索非洲的心理特质对当代人的影响的心理治疗师，这个工作几乎没有后续者。幸亏分析师 Fannny Brewster 续上了这口气，她的两本著作值得浏览——《非裔美国人和荣格心理学：离开阴影》《种族情结：文化与种族的荣格派视角》。尤其应该考虑到的是，非洲和黑人是美国文化的阴暗一面，中国人近 30 年过多地接受了美国文化的光明面（也就是美国文化的人格面具），接触一下其阴影，也有助于自身的整合。

老年 3

死亡是时间之神的恩赐

孤独不是因为没人在身边，而是因为无法沟通那些对自己来说重要之事。

——荣格

印度之行后，63 岁的荣格正式步入老年期，这时离他 86 岁离开人间，还有人生的最后 23 年。

荣格是怎么度过这 23 年的呢？

其间，荣格经历了两件大事：其一是第二次世界大战，其二是配偶死亡。

第二次世界大战之前，荣格的名声达到了顶峰，众多著名大学都授予他名誉博士、名誉教授的称号。

名、权、财、色，可以说是人格面具的四大元素。一般来说，人们前半生追逐财、色，容易在财、色方面栽跟头，而后半生，又容易在名声和权力方面入坑。

荣格的前半生，在财、色方面吃了一些亏。到了后半生，具有了世界性名气，自然也就被世界性权力人物看上了——这便是纳粹高官和美国情报部门。

中国人也说，学而优则仕，好像知识分子的人生抱负就是做官，但是做官、接触权力是危险的，这大概也是中国古人如庄子，不断提醒人们远离权力中心的原因。

荣格和纳粹的接触其实很短，纳粹德国有一个医学心理协会，老会长退位了，请荣格来做新会长，荣格一不小心就为纳粹站了台，这个协会出了一期刊物，荣格在上面发表了文章，其中有几句话，提到了雅利安人心理特征和犹太人心理特征，有抬高雅利安人的嫌疑。

荣格很快发现，事态发展不对头，因为协会中真的开始歧视犹太人了，有人开始提议要逐出犹太人会员。这次荣格醒悟过来，一边退会，一边利用自己的声名帮助了犹太同行。据说，荣格之所以被认为有反犹太主义，还是和弗洛伊德派有关，他们认为荣格是反犹太者，因为荣格曾经说过，弗洛伊德的学说贬低人性，连犹太人自己也不接受。

之后，荣格多次激烈地批判纳粹政权。荣格本人还被列入了纳粹的黑名单。荣格的文集中，有可能引发争议的文字也被删除了。但是为时已晚，荣格的一生，乃至死后，都被扣上了反犹太人的帽子。

1997年，传记作家Richard Noll专门写了一本书，叫作《雅利安的基督：卡尔·荣格的秘密生活》(*The Aryan Christ: the Secret Life of Carl Jung*)，找出了各种蛛丝马迹，证明荣格曾经的政治错误。当然，荣格的拥护者们，也会反复寻找证据，力图证明有缺陷的大师仍然是德艺双馨的大师。

但是，至少在战后的很长一段时间内，荣格的名声都受到了重大损害，虽然不至于身败名裂，被人唾弃，至少也还是被人诟病的。战后联合国为了修复人们受损的心灵，请荣格等出谋划策，荣格等人写的报告中，居然警告，不要开展集体化的、大规模的心理疗法。这大概也造成了荣格学派进一步被边缘化。

一直到2002年，著名传记作家Deirdre Bair的长达880页的巨著《荣格：传记（Jung : Biography）》出台，这段黑历史才有了重见天日的一面，原来纳粹和美国都联系过荣格，希望他为自己效力，纳粹的高层希望荣格去给希特勒诊断一下，如果诊断希特勒有精神障碍，那么就可以把他换下来，从而避免输得太难堪。而美国在瑞士的情报部门，同样也联系了荣格，让荣格给希特勒做心理描述，荣格最后接了美国的活计，成了美国特工，特工编号为Agent 488，荣格准确地预测了希特勒要么奋战到底，要么自杀。

除了做美国特工，荣格在其他方面也表现出了一个老人的睿智和果敢。当时瑞士，虽然是中立国，但是也非常危险，很可能一夜之间就被纳粹占领，为了躲避战乱，哪怕是富甲天下的荣格家也要跑到偏僻的农村去。而且当时物资短缺，实施了军队管制。当然，荣格身为超级富豪，早就是国籍自由，完全可以逃离祖国，跑去一个没有硝烟、鲜花盛开的地方。

但是，荣格选择了留在祖国，共赴国难。这说明荣格具有强烈的国家身份认同，这也是一个人人格面具中比较光明的成分，对于中老年人来说，认同扎根于故国家园，当然是有利身心健康。所谓四十不惑，五十知天命。中老年人如果还是四处浪荡，生活在别处，身在曹营心在汉，不知日暮乡关何处是，这种老空心当然会造成自身和家庭的极大痛苦。

荣格和他的同事们，还试图帮助弗洛伊德化敌为友，虽然多年前，他们因为意见不一，离开了弗洛伊德的国际精神分析协会。这也表现出了这些老年人的心性修养，胸怀广阔，珍惜友情，度尽劫波兄弟在，相逢一笑泯恩仇。人到老年，自然会远离年轻人常见的"非黑即白"的极端思维，对世界和他人有更多的包容和接纳。

他们当时希望把弗洛伊德接到瑞士，哪怕只是短住，之后弗洛伊德可以去其他国家。但是弗洛伊德不但拒绝了好意，还说，我不会接受自己敌人的帮助。

从而，弗洛伊德错过了相逢一笑泯恩仇的机会，错过了让自己放下名利爱恨的机会，也错过了让心中充满慈悲和宽容的机会。

除了让自己的身体紧紧扎根于祖国外，荣格的心灵也回归了故园，扎根于欧洲传统文化。我们知道，欧洲古代有两大文化传统——基督教文化和古希腊文化。在荣格的时代，正是欧美第三大传统（科学主义）形成的高峰期。荣格对于科学的态度，也经历了黑格尔所说的"正—反—合"的三个阶段，一开始，他用青春的热情拥抱科学，后来走向东方宗教和非洲文化，发表了很多反对科学主义的言论，但是到了晚年，他对科学的态度辩证、缓和了很多，甚至比较在乎自己是不是"科学工作者"的头衔。例如，曾有瑞士学者，表示质疑荣格的心理学是否科学，荣格居然写信去质问对方，因为众多国家的科学协会、大学都授予了荣格荣誉会员、荣誉教授或荣誉博士的头衔，所以荣格反问此人，是不是对这些国家的科学家们有什么意见？

在其晚年写作中，他也开始和自己最著名的病人物理学家泡利合作，提供共时性原则，并且认为这个原则补充了当时的科学理论的不足。共时性理论当时看起来石破天惊，但是现在随着量子力学的普及，应该说，它基本上已经是当代人的常识。

就在第二次世界大战末期，1944 年时，69 岁的荣格心脏病发作。经历了一次濒死体验。荣格看到自己飞起来，悬在空中，回望地球，地球在蓝色的光芒中。他转过头，看到一块黑色巨石悬在空中，像是陨石。这块陨石和荣格自己的房子差不多大。石头浮在空中，而荣格自己也浮在空中。

荣格走过去时，看到石头被凿空做成了一个寺庙。石头入口在右面，有一皮肤黝黑的印度教徒，身穿白袍，以莲花盘姿势坐在石凳上。荣格知道那个人是在等他。他同时看到很多神龛，上面有很多供灯。

就在荣格要走进神庙时，他产生了一种感受，觉得一切都渐渐消失了。他说，我所有的追求、希冀、思想，尘世的亦真亦幻，都离我远去，或被生生扯掉，这个过程极为痛苦。然而，也有一些东西留了下来：我似乎还保有我经历过的事、做过的事和我身边发生的一切。

荣格感受到一切与他同在，他就是由这一切组成的，是一切存在过或者完成过的事物的总和。这时要整合生与死、有与无、时间的起始和时间的尽头。

整合的过程中，荣格产生了一种极为贫乏的感觉，同时又觉得自己十分充实。他再也无欲无求，不再惋惜丢失的或被夺走的东西。相反，他觉得自己拥有了组成自己的一切，这让他觉得此生足矣。

这时他已经靠近神庙，并走上台阶。突然他看到自己的心血管医生H的灵魂也跟来了。荣格马上知道医生受了地球的派遣，果然他告诉荣格，他的离开是不被允许的，他没有权利离开尘世，必须返回。

荣格的濒死体验就结束了。当时荣格感觉很痛苦，整整三周，他没有恢复过来，而且他觉得地球是一个三维的牢笼，就像小说《三体》中描述的人类，他们在体验了四维空间的广阔后，回到三维世界，就具有到处都有幽闭、狭窄的感觉。

同时他的直觉告诉他，如果自己回来，H医生是不是要死掉呢？事实上，的确如此。1944年4月4日，这一天荣格的病好了，H医生却倒在了病床上，不久后H医生去世了。

这之后，荣格仍然有几周处于情绪两极化的状态，这期间，他又出现了三个婚礼幻觉。

第一个婚礼幻觉是一个犹太教的卡巴拉神圣婚礼，他看到护士头部周围有一个蓝色光环，他的病房变成了卡巴拉传说中的石榴园——一个炼金的圣地。

第二个婚礼幻觉，是比较有基督教意义的，叫作“羔羊的婚宴”，代表着耶稣基督和羔羊的结合。

第三个婚礼幻觉是古希腊的神圣婚姻。他说：“我走到了一个广阔山谷的尽头，面前是一串起伏的丘陵。山谷尽头有一座古罗马的圆形露天竞技场。在这里，人们正在庆祝神祇的婚姻。男女舞者登上舞台，主神宙斯和赫拉正在进行神秘婚礼，就像《伊利亚特》中描写的一样。”

这些幻觉，每次大约出现一小时左右，过后他会再次睡去。荣格觉得自己在极乐世界中，这种极乐感来自一种时间上的整体感，有的事情尚未开始,而有的事物确切地存在于当下,还有的已经结束,这一切却是一个整体。那是一个令人捉摸不透的整体，包含着对开始的期待、对现存的惊异和对结果的满足或失望。人类交织于这个难以描述的整体中，同时又以完全客观的态度观察着这个整体。

对于长期坐禅修行的人来说，这种体验不难理解，入定的时候可以体验到这样的感受，禅观、内观的时候也容易出现这种体验，当然其中的情绪可能没有这么欣快。

对于没有这种体验的人来说，这段话是很难理解的。有一部电影，叫作《超体》(*Lucy*)，影片中，主角 Lucy 大脑被开发到 100%的时候，就出现了类似感受。我们看到，心灵可以在时间和历史中穿梭，也不再受到物理环境的限制。最后，Lucy 出现了类似虹化的现象，就是身体彻底消失，变成彩虹一样的光芒。虹化，以前大多数人以为只是传说和现象，现在随着手机的发达，社交媒体的发达，几乎每隔一年半载，就有人见证虹化，以后大概要成为“仁波切”们的标配了。

荣格的濒死体验当然还有其他很多理解的方法，比如有的人从纯粹生物学的角度来理解，就是这些体验都来自大脑在人死之前要分泌大量的内啡肽、多巴胺等神经递质，让人和动物比较快乐安心地死亡，但是这种纯生物学观点，没有办法解释，为什么同样是分泌神经递质，不同人的神经递质制造出来的视觉体验是不同的。也有人是看到满天空中飞舞的都是一对对正在做爱、交配的男女，和荣格看到的三场婚礼类似。鲁迅说，所谓婚礼，就是一群人敲锣打鼓地宣告，一对男女要交配了，弗洛伊德想必也同意，婚礼来自最原始和最根本的性欲——爱本能。

所以从这个观点，荣格的濒死体验大约是一次压抑性本能的集中释放。就像很多动物临死前都会有勃起、射精等表现一样，其意义大概也是临死之前要留下基因。

婚礼，从荣格心理学的角度，当然是化合原型的表征。荣格晚年费力最多的一部炼金术著作就叫作《神秘合体》。这本书 1955 年才完成，是荣格 80 岁生日的礼物。荣格曾经以为这是他职业生涯的最后一本书了。但是之后因缘巧合，他又创作了一些作品。在炼金术中，频繁地使用到婚礼来比喻对立面的整合，如《哲人玫瑰园》，就用日神和月神的婚姻、化合、死亡和重生来比喻对立统一、相反相成的元素是如何完成自性化过程的。

一对正在结婚的夫妻，或者正在做爱的男女，看起来无论对世俗的荣格，还是终身修持中阴解脱修法的西藏修行者，都具有强烈的吸引力，乃至临终之时，也会升起与之有关的视觉意象。这种意象，用弗洛伊德的术语来说，叫作“原初场景”，或者“俄狄浦斯情境”，就是孩子，第一次看到了或者想象到了一对恩爱的、要结合的伴侣，这对伴侣与观察者（孩子）形成了三元关系，我们称呼为“俄狄浦斯三角”。

这时孩子是选择进入夫妻关系，变成他们的一员，与父亲或母亲竞争？还是意识到，那是不属于自己的领域，从而祝福他们美满？这都是心理发展的重要节点。在前面的章节中已经谈到过，荣格要修通这种俄狄浦斯三角情结是很困难的，因为他父母不相爱，他长期替代了母亲的角色，与爸爸更亲密。

在濒死体验之后，荣格的人生进入到 70 岁，孔子所说的“从心所欲不逾矩”的阶段，也是人生的最后一个阶段。

从荣格的这些体验来看，似乎可以说自性化程度进入较高阶段。但是实际上，不同人的自性化程度是无法进行比较的，不能说一个人的自性化比另一个人的自性化更高级或更低级，因为自性化无法量化，也没有高低上下这种二元对立。当有人企图把自性化列出一个排行榜，类似高考那样的，可能是中了考试文化的毒，把自性化也当成可量化的考试成绩来对待。

大病痊愈后，荣格的工作就进入了硕果累累的阶段。他说他不再致力于完善自我的观点，而是让自己跟随思想流动，他力图无条件地接受一切事物本来的样子，不加主观臆断地接受一切现状和自己本性。按他的话说，当一个人开始过自己的生活，他便必须容纳错误。没有错误，生活就不完整。

荣格不但充满热情写作，而且他还建立了荣格学院，这表明了他对集体学习的反感、对权威主义的反感，似乎也有所缓解。

不仅仅在意识层面上他有突变，在无意识的层面上，他的梦境也发生了重大变化，他做了一个梦（梦 23——瑜伽行者梦），这个梦是如此记录的——

我已经梦见过自性和自我的关系问题。在先前那个梦里，自己在漫游，在一条小街上穿过丘陵地带，阳光闪耀，周围视野开阔。我走近路旁小教堂，门虚掩着，我走了进去。令人惊异的是，祭坛上既无圣母像，亦无耶稣受难像，而只有鲜花装点。随后却见祭坛前地上，面对着我，有一个瑜伽行者，他以莲花坐盘腿而坐，正处于甚深禅定中。细看时，发觉他长着我的脸。我惊恐至极，醒来是因为想到："啊哈，原来他是那个正在禅观我的人，他做梦了，而我就是那个梦。"我知道，他要是苏醒，我将不复存在。做此梦是在 1944 年病后。

这个梦发生的时空，是在白天、一座沐浴阳光的丘陵地带。登山，往往象征着心灵的提升、上升，而白天则象征意识。然后空间变化了，一个容器出现了——那就是教堂。人们可能以为，这象征着荣格最终要皈依基督教了。但是教堂内却没有任何基督教象征，相反，教堂内只有一个瑜伽行者和鲜花。鲜花，是植物的生殖器官，当然是象征着自然的生命力，和之前濒死意象中出现的婚礼比较起来，更加接近生命力的本源。

然后荣格看到瑜伽行者，荣格的理解是，自性犹如瑜伽行者，退入禅定状态中。对自己在地球上的人形生物进行观想，换句话说，自性为了进入三维存在，而采取了人的形状。

那么自性为什么要采取瑜伽行者这种形式呢？

有的人认为，这象征着荣格认同东方文化，卫礼贤和他开玩笑说，荣格上辈子应该是一个中国人，受罚轮回去欧洲受罪。

我们也可以反过来说，是荣格的自我，选择了瑜伽行者，成为自性意象的投射对象。

当然，我们更有可能怀疑：自性能够被一个人物象征吗？其实按照荣格后期有些地方对自性的定义来看，广义的自性就是全宇宙的任何东西，所以它是没有办法被表征的，无论使用语言，还是使用图画。

瑜伽行者荣格和70岁的荣格也形成了从荣格童年就开始的身份认同分裂关系。在童年，他称之为第一人格和第二人格。后来，在梦14“驯服阿拉伯王子”梦中，又变化成智慧老人荣格和年轻王子之间的对立统一。

如果沿着时间轴回溯，我们会发现，这个对立就在荣格记忆中的第一个梦中：幼儿荣格与独眼肉柱的对立。

现在这一切对立，随着老人荣格意识到他就是我，我就是他，而土崩瓦解。在心理治疗的后期，我们有部分来访者也会有这样的感受，就是发现原来所谓我的真我和假我、我的内在小孩和成人、我自己和灵魂伴侣、我以及我的客体关系六老（老爸、老妈、老板、老师、老公、老小）都是一场投射与认同的游戏。

荣格自己说，瑜伽行者的形象在某种程度上表现我无意识在出生前的整体，而梦中频现的远东表示与我们自身心态相反的、对立的精神状态。瑜伽行者的禅修投射出我的经验现实,就如幻灯机一样。

这听起来，的确百分百像一个禅修大彻大悟者的话语。

然后，在不到10年的时间里，荣格就面临了所有禅修者或悲欣交集，或平淡如水地去参加的人生大考——死亡。自己所爱之人的死亡和自己的死亡。

1953年2月14日，荣格庆祝了自己和妻子艾玛·荣格的金婚纪念日。一个月后，3月21日，他的伴侣托尼·沃尔夫突然去世了，托尼的去世让荣格感觉非常意外，因为托尼比他小13岁，这年托尼65岁，而荣格78岁。在托尼死前，荣格就梦到自己戒烟了。而且的确他也开始注意戒烟和锻炼身体。

而托尼，对烟的态度和他截然相反，据说一天可以抽两包烟。当时托尼的一个医生劝她戒烟，另一个觉得可以抽。这里有一个有关香烟的文化背景需要提出来，香烟一开始的时候，曾经被当作药品，甚至有些医生去代言香烟广告。后来才逐渐有医生们提出来，香烟可能有导致癌症等危害。

荣格想要戒烟，当然也象征着他想要摆脱对口欲的依赖，也隐喻着和托尼关系的疏远。托尼死后，荣格也没有去参加她的葬礼，而是由荣格的太太代表自己去参加了葬礼。

在托尼死亡之前的数年间，荣格记录下来两个梦，分别是梦24“配楼乐队梦”和梦25“父亲《圣经》梦”。

梦24——配楼乐队梦如此记录——

我又梦见，自家房屋加建了我还从未踏足的大配楼，我打算看看，最后走了进去，到了一扇巨大的折门跟前，一开门，就置身于一个装配成实验室模样的房间。窗前立着一张桌子，铺放着许多玻璃器皿和动物实验室的一切器材，这是我父亲的工作场所，但他不在。靠墙书柜上摆放着成百上千的玻璃容器，里面有各种我能想到的鱼类，我吃惊了：“现在我父亲研究鱼类学了！”

我站在那里，环顾四周，发觉一道帘子时不时鼓起，宛如有劲风吹拂。突然汉斯，一个来自乡村的青年出现了，我请他查看一下屋内帘后是否窗户大开。他走过去，过了些时候回来，我看到他深为震惊，面有惧色，他只说：“对，那里有点名堂，闹鬼了！”

于是我亲自前去，发现有一道门能通到我母亲的房间。房间里没有人，气氛颇为诡异。这个房间颇为宽敞，从天花板悬下来两排各五只箱子，离地半米多。它们看起来貌似花园小亭，面积约六平方英尺，每一个都装有两张床。我的母亲去世已久，我知道此处是让人来拜访我母亲的，虽然她早已去世。她摆上这些床就是给来访的精灵们睡觉用的。这些精灵成双到来，结成了鬼魂的婚姻，它们来到这里过夜，甚至白天也会来。

在我母亲的房间对面有一扇门。我把门打开，走进了一个大厅——它使我想起了大宾馆的大堂，有圈椅、几案、柱子和一切应有的富丽堂皇。一个铜管乐队正在演出，大厅里空无一人，只有铜管乐队大声吹出舞曲和进行曲。

大厅里正在演奏铜管乐，虽然从头至尾听见它是背景声，却不知来自何方。厅中无人，只有“铜管乐队”高奏其曲调、舞曲和进行曲。

这个梦的时间不太确定，荣格自己透露，这个梦对他 1946 年写作的《移情心理学》以及之后的《神秘合体》有重要启示作用，他说：“在人性上与学术上牵动我的几乎所有问题均伴有梦境，或者由梦境先声夺人，移情问题亦然，在这样的一个梦境中通过一幅引人注目而出乎意料的画面提示了此问题连同基督问题。”

荣格提出，梦中宾馆大堂中的铜管乐，表明其白日生活的欢乐、俗气、肤浅和招摇，但是生活还有另外一面，属于夜晚、精灵的世界，由鱼类实验室和悬挂的花园小庭所象征的。

荣格指出，死去父亲的鱼类学研究和受难耶稣有关，对不熟悉基督教文化的人来说，有点匪夷所思。但是用鱼来象征耶稣，是基督教的基本象征之一。

在很多教堂，都有“耶稣之鱼”的纪念品，其英文是 ichthys 或者 ichthus，和鱼类学 Ichthyologie 的词根是一致的，它来自古希腊语“ΙΧΘΥΣ”。这个词的每一个字母都代表着原始基督教的一个密码。第一个字母是希腊语“耶稣”的意思，第二个字母的意思是“施涂油礼”，第三个字母的意思是“上帝的”，第四个字母的意思为“儿子”，第五个字母是希腊语“救世主”之意。

荣格提出，父亲作为牧师，母亲作为接待鬼魂的人，他们都具有牧养灵魂的神圣职责。但是显然他们都遇到了困难。悬挂的接待鬼魂的庭院，他认为这象征着心理治疗和日常生活中的移情投射，而鱼类实验室，则让他联想到了受伤疗愈者。他甚至认为这是他父亲在基督教方面修行不足的结果，他说：“父亲其实从未研究过兽形基督象征学，实实在在地至死都经历基督示人并预言的受难，而未明确意识到《师主篇》(《师主吟》《尊主圣范》《效法基督》) 的后果，他视受难为要向医生求教的私事，而非一般基督徒的受难。”

对于耶稣基督为什么要以鱼的形象出现，他如此解释：“具备兽形象征表明诸神不仅达到超人领域，而且延至生活的非人范围，某种程度上，动物是它们的阴影，自然给光明的形象加入了这种阴影。”

这种领悟甚至让荣格和后人得出了一种治疗假设，就是治疗是在无意识层面发生的，如荣格对这个梦如此评注：“典型的是，梦中的关键活动由死者对死者实施，亦即在意识的彼岸，也就是在无意识中。”

这个梦当然可以从炼金术的角度解释，同时，如果从个人生活来解释，我们不难看出它与荣格家庭情感的紧密联系。首先这个梦的容器就是荣格自己的家，而且梦境要解决的主题似乎也与婚姻夫妻关系紧密结合，在梦中有两组鬼魂夫妻，一组是荣格的父母，另一组则是荣格母亲准备招待的两排十对鬼魂夫妻。

在梦 15“死去父亲婚姻咨询梦”中，47 岁的荣格就为阴间的父亲婚姻状况操心，现在眼看快三十年过去，年逾七旬的老荣格，仍然关心父母的精神状况。

父母在梦里并未出现，但似乎都可以各安其所了。父亲有了属于自己的实验室，比起以前频繁出现的图书室，似乎更多了一些实干精神，少了些书呆子气。而且这里的鱼类研究，不仅仅是基督教的兽形神学研究，而且还是当代的生物学研究。在打垮基督教的科学各分支中，以达尔文为代表的进化生物学居功甚伟，时至今日，基督教的传教小册子中还要引经据典，告诉人们，达尔文学说是多么不靠谱。但是在荣格生活的时代，以达尔文为代表的当代生物学和基督教的冲突，大概相当于五四新文化青年和儒家的冲突，前者对后者咬牙切齿，提出打倒孔家店，甚至有人提出连汉字也要废除，如今看起来未免幼稚可笑，肝火过旺。荣格的梦中，父亲看起来是可以整合这两种对立的文化了，故而父亲因为信仰丧失而长年的忧郁大概也能得到治愈了。故而没有再次现身，恳求儿子的帮助和教导。

不过荣格显然还有一个任务要完成，就是去看望、疗愈自己的母亲。但是在看望母亲之前，荣格的另外一个侧面出现了，这是一个名叫汉斯的农夫。在梦 20 “困在 17 世纪”中，也曾经出现过一个小个子农夫，他驾驶马车，引导 51 岁的荣格进入炼金术世界。现在这个农夫则来引导荣格，进入鬼魂世界。显然，这个农夫具有地狱使者的特性，某种程度上类似荣格心理学中描述的“愚弄者（the trickster）”原型。同时，他当然也代表着伟大导师荣格的个人阴影——他曾经是一个农民的儿子，也将永远保留农民的某些特性。这也是凤凰男、凤凰女们的人生主题，成为凤凰，如何与山鸡、野鸡做朋友，而不是一味地嫌弃他们，这在个人层面，就是个人的人格面具与个人阴影的整合。

进入母亲房间后，荣格看到了两排花园小亭箱子。花园是与生命联系的，而这里的小亭却是给死人准备的。荣格及其母亲，在当时都相信死后生命的存在，这在当时离经叛道，在如今也让人觉得匪夷所思，虽然现代的一些研究开始让科学家们倾向肯定死后生命的存在，Netflix 出品的纪录片《死而不亡》介绍了这方面的一些成果。而梦中荣格母亲貌似阴间的媒婆，或者情人旅馆老板，她房间里的箱子也是为了接待鬼魂夫妻而存在。这当然也象征着荣格对夫妻恩爱、灵肉合一、阴阳和合的追求与向往。

而这个鬼魂情人旅馆的对门却有一扇门通往世俗的宾馆大堂，世俗宾馆富丽堂皇，妙音绕梁，却没有一对对情侣翩翩起舞。这似乎象征着对荣格及其时代世俗爱情的空虚和失落，父权制正在解体，夫妻们不再相爱，徒余家庭的华丽空壳，就像《红楼梦》里的家庭。而相亲相爱的夫妻，只属于死亡、属于幽冥地府。箱子的数目字是十个，中国人显然容易联想到十全十美，数目“十”在西方的神秘数学中也象征着圆满、完美。也就是说，它是自性圆满的象征。荣格在这里，需要整合的是生与死的二元对立、爱与孤独的二元对立。

荣格的无意识似乎更多关注的是孤独地研究神学、鱼类学的父亲，毕竟母亲忙于招待来往的鬼魂夫妻，而丧失信仰、心情抑郁的父亲——和荣格共患心灵空虚的时代病。我们尤其应该关注的是信仰真空对夫妻关系的影响。基督教的教义中，赋予夫妻关系神圣意义，夫妻之爱具有神圣意义，高于金钱、权力等利益。而科学，并不能够给天长地久、白头偕老的夫妻之爱一个科学的解释，天长地久有尽时，白头偕老，一夫一妻，在进化生物学中只有一点点依据，鸳鸯是专情的，而猴子大多风流，所谓渣男。人们说，只羡鸳鸯不羡仙，显然是想要改造自己身上的猴子基因。

梦 25“父亲《圣经》梦”的时间，应该是 1952 年左右，荣格 77 岁之时，在其书《答约伯》出版之前。约伯是《圣经》中一个著名的人物，他经历了非常残酷的考验，失去了家庭、财富、名声，从一个虔诚的教徒变成了怀疑、诅咒上帝者，然后上帝亲自显出真身，和他辩论，约伯马上臣服，感恩上帝赐予的一切灾难，恢复了对上帝的信心。

这对于从小浸泡在阴阳合一的理念的华夏民族，似乎不太困难去理解。哪怕我们只看过《西游记》，也知道大部分妖魔鬼怪都是佛菩萨安排的卧底，佛菩萨安排了“九九八十一难”给唐僧师徒，其实唐僧师徒要是聪明些，中途就应该把唐僧的肉体舍弃，把它布施给想要吃唐僧肉的妖怪们，这样的大慈大悲就会感天动地，犹如佛祖割肉饲虎，舍身喂鹰，然后诸天神佛显灵，一步就到了西天。

梦 25 就是从荣格的父亲讨论《圣经》开始的，这个梦如此记录——

与约伯的问题连同所有后果也在一次梦中做了预告。梦开始于我去看望早已逝世的家父。他住在乡间，不知何处。我看见一幢18世纪式样的房子，十分宽敞，有一些较大的外屋。我获悉，这座房子原为温泉浴场的客栈，陆续有大人物、名流与王公贵族在那里下榻。还听说一些人死了，在教堂地下室中放着他们的豪华棺椁，这个教堂也属于此建筑的，我父亲作为教堂司事管理它们。

但我很快发现，我父亲不仅是教堂司事，而且还是一位独立大学者，这在他生前是从未有的职业。我在书斋遇到他，奇怪的是，Y医生（年龄与我相仿的）与其子也在场，二人均为精神科医生。不知是我自己提了一个问题，还是我父亲自己主动想解释什么，反正他从架子上取下一本《圣经》，厚厚的大开本。家父所持的《圣经》装订着锃亮的鱼皮。他打开《旧约》（我猜是《摩西五经》），开始解释某处。他做得如此迅速、博学，让人都跟不上了，只发觉他所言透露出大量各类知识，对其含义，虽猜出一二，但既无法估量又领会不了。我看到Y医生一窍不通，其子发笑，他们以为，我父亲处于老头子的兴奋状态，滔滔不绝，胡说一通。我却很清楚，那并非病态的兴奋，更不是胡言乱语，而是一种如此睿智博学的论据，而我们比较愚蠢，跟不上他。那是令他着迷的十分重要之事，所以他会说得那么深沉，充满深邃的思想。我生着闷气，心想，真可惜，他不得不在我们三个笨蛋跟前说话。

随后场景变了。我父亲和我在房前，对面是库房，我们听得到砰砰声大作。仿佛有人把大木块扔上扔下。我感觉像至少有两名工人在劳作，但父亲示意那边闹鬼。显然是某种吵闹鬼正在制造出了喧嚷。

随后，我们进屋，我看见墙壁很厚。我们沿窄梯上到二楼，那里呈现出奇观：一间厅堂，完全是苏丹阿克巴在法赫塔布尔西格里城的市政厅地下室的翻版。那是圆形高大的房间，沿墙有一道游廊，有四座桥通往布置成池状的中心。池子架在一根巨柱上，成为苏丹的圆形座位，他在那里对沿墙坐在廊台上的顾问和哲学家们说话。一切是一个巨大的曼陀罗，完全对应我在印度见过的市政厅地下室。

梦中忽见一道陡梯从中心沿墙突兀而上，这与现实不符。上面是一小门，家父说："现在我将领你面谒上主！"好像他说的是 highest presence（注：梦中其父开始讲英语，"最高存在"之意）。然后，他跪下来，以额触地，我依样照做，同样大动作下跪。因为某种原因，我的额头无法完全着地，额头与地面相差 1 毫米。但至少我和他一起摆出了姿势，或许因家父而蓦然晓悟，上面门后幽居着大卫王的统帅乌利亚，大卫王为了乌利亚之妇拔示巴而可耻地出卖了他，命令武士在面对敌人时对乌利亚弃之不顾。

这个梦是少数的荣格进行了较详尽自我分析的梦。他首先指出，那两个医生代表着自己："两名精神科医生抱持狭隘的医学立场，我是医生，当然也在所难免。作为父子，他们可谓我的头层和二层阴影。"

但是有趣的是，荣格的职业不正是"医生"吗？也就是说，医生应该是他的"人格面具"才对，现在怎么变成了"阴影"？而且还有两层。

大概可以如此来理解——荣格当初希望解决的问题，是现代人的灵魂空虚这一主题。他以为拯救灵魂之道，在于精神病学，所以成了精神科医生。所以，医生的确是他在青年期的人格面具。

但是，他离精神病学的主流越来越远。跑去支持精神分析，江湖大咖，成了他的人格面具的第二层。在第一层人格面具中，支配他的父子关系是丧失基督教信仰的抑郁父亲——学习科学的精神病学来拯救灵魂的儿子。在第二层人格面具中，支配其择业的无意识客体关系配对是热情向往科学和名声的父性权威——努力追随老师但又希望自己独立的学生。

现在这两层关系都从人格面具变成阴影了，这是因为，老年的荣格哪怕在意识层面，已经成为一个追求灵性超越之人，他此刻的人格面具应该被称为超个人心理学家＋灵性修行者才对。而"精神科医生""精神分析法王子"这两个过去的人格面具，现在就变成了阴影。

荣格的父亲，在梦中，也不再是一个丧失信仰的抑郁者，而是成了一个令人敬畏的圣徒。开始给科学主义的医生们布道，他使用的《圣经》是鱼皮的，而在梦 24 中，他作为鱼类研究者存在，这表明荣格内心的父亲已经不再停留在科学主义者身份中，而是完全回到了神学的本职上。而荣格自己如此分析鱼皮："鱼皮给《圣经》打上潜意识内容的烙印，因为鱼默默无语而且无知无觉。"有趣的是，这次他不再强调鱼象征着耶稣，而认为鱼象征着精神分析的核心概念——无意识。

其实,这也正是荣格开创的一个方面——精神分析解读《圣经》。这个方面的开山之作,就是他写作的《答约伯》。在后荣格分析师中，Edward Edinger 等更是对《圣经》进行了全新的解读。

荣格的父亲，这个虔诚的传教者，同时也是独立知识分子，却没有听众，相反却遭到嘲笑，这其实也是荣格自己在晚年遇到的问题，他对炼金术和基督教文化的兴趣，遭到了他同辈的嘲笑和蔑视，其实在他死后，关于他后期的研究方向，不少荣格分析师也不以为然，在有些荣格分析的培训中，被一笔带过，或者根本不提。

父亲被嘲笑、被忽视的场景，发生的容器，是"一幢 18 世纪式样的房子，十分宽敞，有一些较大的外屋"。18 世纪，是一个对荣格很有意义的时间，在荣格小时候，他就幻想自己是一个 18 世纪的老人，是 18 世纪巴塞尔的一个名医。而在梦 10 "死者复活梦"中，荣格依次复活了多个世纪的古人，其中就包括 18 世纪的死人，18 世纪也是工业革命开始的时间，是当代父权社会崩溃的开端。

这个房子的第二个特点，它既是浴场、客栈，又是坟墓和教堂。浴场象征着身体的净化和沐浴，而客栈是接纳旅客、游荡者的地方，这象征着荣格以及其他欧洲人的空心无依、灵魂游荡，需要在此地得到来自圣灵的沐浴和净化。最终他们能够死得其所、灵魂安息。

而现在，这些空心的灵魂是不能够安然赴死的，所以在梦境的

第二部分出现了吵闹鬼，在梦中，荣格与父亲并肩站在一起，然后他们听到了吵闹鬼们发出的砰砰声，仿佛有人把大木块扔上扔下。这些吵闹鬼可能象征着灵魂的躁动不安，七上八下，正如荣格在《红书》中描述的那些鬼魂，他们死后仍不得安息，寻求灵魂的布道与解脱。荣格自己如此分析——

“此次挫败之后，我们过街到了好像有吵闹鬼作祟的‘那边’。吵闹鬼现象多发生于青春期前的青少年周围，这就是说，我尚不成熟，过于懵懂。”

梦的下一个部分，荣格进入了第二层空间，这个空间是印度阿克巴大帝建造的曼陀罗。阿克巴大帝是伊斯兰世界的英雄，他加固了莫卧儿王朝的统一，与此同时，他是一位开明的国王，对异教徒较为宽容。法赫塔布尔－西格里城是阿克巴确立的五国首都，此地之所以成为首都，是阿克巴去寻找一位当地隐士，隐士预言之一是不久后他将有一子，后果然实现，阿克巴非常高兴，定下此地为首都。

所以此地也象征着16世纪的父子情深，父权制的顶峰。细心的读者，不免联想到梦14“驯服阿拉伯王子梦”，在那个梦里也有伊斯兰文化的父子情深、师徒情深。

就在此地，一个神迹发生了，一个通往天堂的天梯出现，荣格的父亲准备带他去面见上帝，还用英文告诉他，那是最高的存在。然后，父子俩都要拜倒在“最高存在”的脚下。但是，这里发生了一个只有1毫米的失误，父子俩要拜倒在最高存在的脚下，但是荣格差了1毫米拜不下去，这是所谓失之毫厘，谬以千里吗？还是在提示荣格，他距离真正的圣徒——天使般的圣徒，还有1毫米的距离？

当然，这就涉及如何理解在最高存在之宝座上的人物形象是什么的问题了。

我们知道，那里坐着的是乌利亚。乌利亚和大卫王的故事在《圣经》中是比较黑暗的一篇。大卫是耶和华选定的以色列的国王，但是有一次，他看到一个美女在洗澡，一打听才知道这是他的将军乌利亚的老婆拔示巴。他邀请拔示巴进入宫殿，和拔示巴通奸。然后拔示巴怀孕了，大卫王想要瞒天过海，就让乌利亚回来，两次想让他回家去，和拔示巴睡在一起。但是乌利亚两次都表示，自己忠于国王，无心回家与妻子同床共枕。大卫王只能设下一计，把乌利亚支配到战场上，然后周围的人撤离，从而达到害死乌利亚的目的。

乌利亚死后，上帝耶和华亲自干预此事，派人谴责了大卫王，申明要降下灾祸。后来大卫王的确发生接二连三的灾祸，首先是一个儿子死了，然后大卫王的另一个儿子暗嫩强奸了自己的妹妹她玛，大卫王的又一个儿子押沙龙为了给她玛报仇，杀了暗嫩，押沙龙后来又篡位，赶走了大卫王，大卫王纠集军队，夺回王位，虽然他叮嘱不要伤害押沙龙，可是他的部下老臣还是杀死了押沙龙，让他心痛不已。

这个故事中唯一让人温暖一点的情节是，拔示巴后来成为他的嫔妃，终身伴侣，在他老年，拔示巴为他们俩的孩子之一所罗门请愿，让所罗门成为以色列之王，一代明君。（注：以上故事见《圣经·撒母耳记下》）

荣格对这一段进行了自我分析，如下：

“中心是阿克巴大帝的座位，他统治次大陆，像大卫王一样是‘世间之主’。但比此人地位更高的是他那无辜的受害者、忠诚的统帅乌利亚，他被抛弃，留给敌人。乌利亚喻指遭上帝遗弃的神人基督。大卫还把乌利亚之妇‘占为己有’。我后来才明白，对乌利亚的这种影射意味着什么，我不仅发现自己被迫公开言说《旧约》中矛盾的上帝形象，这事对我损害极大，而且死神还会夺走我的妻子。

“这些是无意识中藏形匿影等着我的事情，我不得不屈从于这种命运，本该以额触地，以示俯首帖耳。但至少有什么以 1 毫米的差距阻止了我。我心里有什么东西在说:‘一切都还好,但这不够完全。’我身上有什么在抗拒，不想当一条愚蠢的鱼；若自由人的身上并没有这种东西,则基督诞生之前的几个世纪就不会有人写出《约伯记》。甚至面对神圣的意旨，人类也给自己的精神保留的一些东西。否则人类的自由何在？若自由无力威胁了自由的神性，那自由还有什么用呢？

“乌利亚高居于阿克巴之上，梦境说，他甚至是‘最高存在’，这种表达其实只用于上帝，不包括卑躬屈膝。梦境揭示了早就存在于人类中的一个想法、一种预感：这个力量就是，受造物超过了造物主，在一个小小的、但至关重要的因素上。”

从这段可以总结出老年荣格的思想要点：

（1）人在一个方面是超过上帝的，那就是自由。

（2）上帝是有暗黑一面的，就像大卫王一样。

（3）人性的忠诚和献祭，才是最高的存在。

（4）因为荣格犯了口业，执行了言论自由权，批评了《圣经》中上帝的暗黑性，所以他受到了惩罚，惩罚之一就是妻子早死。

此梦之后一年，1953 年，就是托尼之死。托尼死后两年，1955 年，80 岁荣格迎来了人生的又一次重大打击，这一年的秋天，荣格的妻子——艾玛·荣格平静地去世了。

在众人面前，荣格体现了坚毅和镇定，但参加了艾玛葬礼的人，多年后还记得荣格的神情。而其脆弱的另一面，也有人看到，荣格在家里痛哭流涕，他自己也说，他必须通过不断雕刻石碑，来代谢丧妻之痛。

荣格生命至此，所有的重要女性已经死亡——母亲、情人、妻子。

荣格的无意识也对此事做出了反应，他做了一个梦，可命名为梦 26——不喜不悲的妻子，如此记录——

> 我在如视觉意象般的梦境中见到她，她站在不远处，直视着我。她风华正茂，三十上下，身穿连衣裙，是多年前我的那个灵媒表妹给她做的，这或许是她曾穿过的最漂亮的连衣裙。她的表情不喜不悲，而是带着一种客观的智慧和理解，没有丝毫情绪反应，如同她已经远离情感迷雾。我知道，那不是她，而是她为我提供或安排的形象，包括我们交往之初，五十三年婚姻生活中的风风雨雨，还有她生命的终结。面对如此完整性，一个人几乎无话可说，因为这几乎难以领会。

荣格经由这个梦，领悟到情投意合的夫妻感情其实也是投射的结果，投射的过程中，或多或少会有强迫和不自由，故而需要一种客观水平的情感。其实，这与佛教中说的“悲智双运”相差无几，有首歌曲叫作《温柔的慈悲》，据说讲述的故事是一名佛系女青年爱上了佛门大师，大师对她是温柔的慈悲，而女生想要的是专属的宠溺。这个矛盾就在于，大师要是还俗了，给了女生专属宠溺，大师就不是大师，而是变成了油腻大叔，而女生当初爱上的是“智慧大师”并非“油腻大叔”。所以这大概就是佛陀归纳的人世本质——无常、不圆满、无可控制。

油腻大叔就是和专属宠溺搭配销售的，就像猪八戒就是宠妻狂魔，而智慧大师唐僧看上去唇红齿白，但人家的爱是“温柔的慈悲”，发送给六道众生所有生命，既包括人也包括猪，不会为任何女生而停留——无论狐狸精、蜘蛛精，还是白富美的女儿国国王。

在梦 23“瑜伽行者梦”中，荣格的自我已经和自性产生了链接。现在这个梦则提示着客体和自性的链接。阿尼玛和妻子是男人生命中最重要的两个客体。阿尼玛是男人内心的灵魂伴侣，是重要的内在客体，而妻子是重要的外在客体，男人往往容易把阿尼玛投射到母亲、妻子和女儿身上。根据心理的四种功能，可以说阿尼玛有四种变形，分别是①知觉阿尼玛，以母亲为代表，照顾男人、婴儿的起居饮食，主要是感知觉功能；②情感阿尼玛，和男性建立情感链接，共情感应，以爱神为代表；③直觉阿尼玛，主要是启发男性的人生方向和创造性，代表是缪斯女神；④智慧阿尼玛，启发男性的思维功能，产生智慧，代表是智慧女神。

这个梦中，荣格把智慧女神投射给了艾玛，所以我们看到这个艾玛是摆脱了情绪的人。这当然也代表着荣格自己发展的方向——超越世间种种情感。

根据汉娜·巴巴拉还有 Michael Fordham 记录，在荣格晚年，他的情绪看起来不太稳定。所以推测起来，大约他也需要这么一个超越情感的形象。

梦 27——“亡妻研究圣杯梦”是这样记录的——

在丧妻一年后，荣格还梦到和妻子在法国普罗旺斯共度一日，妻子仍然在研究圣杯。

这个梦就这么短短一句话，没有详细的细节描述。但是它引发的反思是深远的。它激发了荣格本人面对生命的最后一个问题——死亡究竟是什么？人死之后究竟有什么还是一无所有。

荣格在自传中特别指出，有的人可能会从主观层面来解释这个梦，认为这是他的阿尼玛仍然在发展，仍然不完整。

但是荣格在这个时候，越来越相信人死之后是有灵魂的，而且死后灵魂还会不断地进化，不断地进行自性化过程，以他梦中的艾玛死后仍然在研究圣杯为例。

其实早在数年前，托尼死后，荣格就开始出现一些轮回幻想，比如他会在街上看到某个人，以为是托尼的转世，还让别人去追问。

在西方社会，死后的生命和灵魂鬼魂究竟存不存在是一个非常有争议的话题。准确地说是一个禁忌话题，西方社会的两大传统（科学和基督教）都是反对轮回观点的。科学，准确地说，19 世纪的科学，是坚决反对轮回观和鬼魂观的。而基督教的不少流派，都认为人死后就埋藏在地下，等待末日时由上帝来审判。据说为了维护死后无鬼这种观点，詹姆斯国王版本的《圣经》把原文中 Holy Ghost（圣鬼）全部改成了 Holy Spirit（圣灵）。

虽然如此，但是民间仍保留着对鬼魂的信仰与巫术，荣格的母亲家族中常常有召唤鬼灵的仪式，荣格家也曾经闹鬼多次，他在自传中也记录了这个现象。

所以，荣格遇到了一个冲突，大概也是今天大部分人在面对死亡焦虑、死亡情结的冲突。一般来说，我们都会在两种死亡观中产生冲突，它们是断灭观和轮回观。

断灭观，就是认为人死灯灭，死后就一无所有。轮回观，就是认为人死后有生命存在，上天堂、下地狱或者如佛教说的六道轮回。

荣格在自传中隐晦地承认了轮回观，他认为轮回观有利心理健康。他的论证证据是，号召人们从神话的思维的角度来理解死亡。

他说："创造神话的人需要某种无拘无束的意识，但从事科学的人不允许这种观点的存在，理性认为一切神话创作都是想入非非，但是感性却觉得这是疗愈性的，是一种有益的举动，它能赋予生命一种魅力，让我们不能拒绝，也没有理由拒绝。所以有些问题，比如说宇宙是如何形成的？死后有没有灵魂？如果从科学和智力上没法解答的话，就要借用这种神话思维来获得理解。"

荣格还认为，对大多数人来说，是愿意相信死后有生命存在的。假定他们的生活无限地延续下去，有着重要的意义，大部分人会觉得活得更感性，感觉会更加良好和平和。他会觉得自己拥有的时间非常长，那他就不会匆忙慌张。

当然，他也分析了一些人为什么不愿意接受轮回观。他认为有些人的命运非常不幸，或者他们对自己的存在感到厌倦，也就更加希望生命到此为止。

例如，我的一个来访者，他非常不愿意相信有轮回这件事。因为他想到死，死之后还会遇到不想见到的人，他就痛苦不堪。他希望自己死后就会彻底地毁灭。

弗洛伊德，晚年也用了“涅槃”这个词来建构自己的心理学，他说人类除了爱本能外，还有一种死本能，就是让能量归零的本能。这种本能遵循的原则，叫作“涅槃原则”。弗洛伊德坚决拥护断灭观，认为人死后的生命延续的神话和梦这类东西都不过是补偿性幻想，这源于一切生命都渴望永生的愿望。坚信断灭观的好处，就是能够热情地拥抱这一生的生命，努力地爱和工作，这是年轻人都倾向于选择断灭观的原因。

荣格很努力地论证自己的观点，曾借助超心理学家 J.B. 莱因的研究证明自己的观点，但是 J.B. 莱因做的是超感知觉的研究。这类研究证明的是，世间的确存在不受时间和空间支配的很多心灵现象，如预知、非空间性知觉等。就此，荣格嘲讽了那些理性主义者，他说：“理性主义者坚持认为通灵体验并非真正存在，因为他们的世界观成立和坍塌就是基于此问题之上，如果通灵体验真会发生，理性主义者的宇宙图景就失效了，因为他不够完备。”

时至今日，荣格的论证会有力许多。因为我们今天有一门学科，就叫作轮回研究。弗吉尼亚大学精神病学系，两代学者研究了数千这样的案例，一开始他们研究的都是东方的案例，学者们不服，说这可能和文化有关，然后他们又研究数千西方白人案例，这些白人都是不相信轮回的，甚至家里出现了轮回案例都不敢说，害怕被教堂的人们视为异类。这样本来证据已经比较充足了。但是在实证研究中，这些研究都是回顾研究。一般精神病学和科学心理学的理想是，前瞻性实验研究才是最强硬的证据，就是说一个人死之前，就约定问好，您死后会轮回到哪里去，我们好去研究您是不是真的轮回了。按理说，这种研究好像不可能，但是幸运的研究者们发现在印尼的某些村寨中，居然有这种习俗，就是村民们希望家人轮回后，还能联系上，就会在人死前在他身上做记号。然后就研究了。这些研究有一些已经翻译为中文，有兴趣的读者可以找来看看。

但是，这些研究只是验证了轮回记忆是的确存在的。它并没有验证六道轮回。我有位来访者，是一位科研工作者，听了这些研究很开心，她一直希望能够见到她英年早逝的父亲，但是看了研究报告后她失望了，她以为“轮回”的意思是她爸爸整个记忆能够原封不动地轮回到下一世，但是实际上，即便所有人都是轮回的，但是如常识所知，大部分人都不会保留前世记忆，前世记忆要么是被封存，要么是被清空，少部分人——具有轮回的前世记忆者，也只是具有部分记忆，而且随着他们长大，这些记忆会慢慢退场。

如果人类的记忆可以原封不动地遗传到下一世，就像有些动物，如大象和鲸鱼，生下来就认路。那么人类就可以不需要学习，这辈子考过的英语六级、托福、GRE，下辈子接着用，从某种程度来说，这也实现了人类记忆的永生。

这也正是目前神经心理学家们正在努力的一个方向。但是我们仍然不知道隔胎之谜——就是为什么大部分人上辈子的记忆要被抹掉格式化，只有极少数人具有轮回记忆？

当年的荣格，因为科学研究证据不足，他也从实用主义角度去讨论轮回观的好处。他说：“对于日渐衰老的人来说，死亡是举足轻重的。为此，有一则关于死亡的神话是非常重要的，因为理性只会告诉这个垂死的老人，他将会被埋入一个漆黑的坟墓里，而神话会为他的生命提供其他的内容。”

以上都是荣格试图从理性的角度来面对死亡，从情感的角度，他提出死亡是苦乐相伴的。一方面，荣格承认死亡确实是可怕而残酷。另一方面，他又认为死亡也是一桩乐事。从永恒的观点去看，死亡就像一种结合、一种神秘合体，在某种程度上，灵魂找到了它遗失的另一半，并通过死亡达成了完整。换句话说，死亡是自性化必然要经历的节点。

大概正因为轮回观，对于荣格来说，比较具有心理意义。所以荣格晚年对于佛教更加感兴趣了，据说他死前阅读的最后一本书就是中国禅宗的。他在自传里还把自性化和轮回联系了起来，他说："一个人会轮回是因为他必须要完成自己未完成的问题、未完成的任务。"所以，根据这种说法，自性化的终点就和涅槃差不多了。

荣格认为一旦灵魂达到了一定的理解力，三维生活里再多的魅力也可能会失去意义，再充分的理解也会浇熄了投胎转世的愿望。在这时候，灵魂就从三维世界消失，从而实现了佛教所说的涅槃。

但是如果有未完结的业力，灵魂就会陷入欲望中，并再次转世，甚至再这样做时，该灵魂没有意识到还有某事有待于完成。那么，按照轮回说，荣格自己也是轮回了回来做人的，他怎么理解自己的轮回呢？他说："造成我投生的一定是一种对理解力的强烈追求，因为这是我性格中最为强烈的因素。"换句话说，他注定就是要来做精神科医生，探索人类心灵的。荣格在自传中讨论梦 27 时，居然用到了四维空间等当代物理学前沿知识，令人惊叹，这大概受惠于他和泡利等物理学家的往来。另外值得注意的是，他也使用了一点数学来论证自己的观点，这表明少年时期的数学恐惧症已经荡然无存，他也更倾向于扎根于欧洲本土的文化来建立自己的生死观。

另外，荣格临终前的这几年也并非神仙圣贤一般不沾人间烟火。

他同样出现了被现在年轻人称之为“巨婴”的一些行为。

其中之一就是攒钱、藏钱。这个行为在第二次世界大战期间就出现过，在艾玛死后，再次出现，他会在土里埋藏一些金银财宝，还会把一些支票、现金藏在书里面，据说后来人们还会在书里找到他藏的钱。

这大概是所有老年人都用来对抗死亡和衰老的方式。积攒金钱，相当于积攒价值观，当然也有老年人会挥霍金钱，尤其是挥霍到养生、医疗方面，这是渴望用钱买到健康和长寿。

当然，社会比较鼓励的对抗衰老和死亡的方式是健身、节食、学习和创作。荣格也有这些行为，比如他保持登山和步行。他创作了大量令人惊奇的炼金术心理学著作。

在他晚年的著作中，有两部是非常奇特的。一部是《荣格自传：回忆·梦·思考》，另一部是有关飞碟的。

自传虽然大部分是他人代笔，但创作自传的过程本身就是一种自我疗愈。他会让秘书记录，自己每天和她讲述一两个小时。

荣格认为对回忆进行反思，并将之转化为意象，这对老年人来说可以起到以退为进的效果，也就是让老人看到引导自己的生命进入世界，又引导其离开世界的那一条线。

这应该称之为“自传疗法”，老人们在过去的内在和外在意象中重新认识自己，这就像是对来世做的一种准备。最终可以帮助自己拥抱死亡。

人在老年时会开始絮絮叨叨地回忆过去，遗忘近期的事件，看起来类似老年痴呆的症状，从心理上来说，这也是准备拥抱死亡的一种防御机制和应对方式。我有位来访者，曾经为自己母亲的絮叨而苦恼，理解老人絮叨的心理含义后，她也不责备母亲“巨婴”了，相反她把母亲的话记录了下来，最后整理成一本属于他母亲的自传，在母亲大寿时赠送出。既缓和了母女关系，又帮助了母亲面对死亡焦虑，同时还节约了好多钱，因为母亲之前絮叨给养生医疗产品推销员听。

我们也会鼓励来访者平常就做好回忆，写日记。弗洛伊德认为，精神分析的过程就是来访者用回忆代替冲动行为的过程，而写日记就是很好的自我分析。

荣格的飞碟著作，其实是和女婿等几个飞碟爱好者一起讨论而创作的。但是他创作的过程，也和创作自传一样，是一种自我疗愈的过程。在1958年10月，他做了一个飞碟梦（梦28——UFO投射梦）——

> 1958年10月做的一个梦里，我从自家房子里瞥见闪着金属光泽的两个透镜状圆盘，拐着小弯越过房顶风驰电掣奔湖而去。那是两只UFO。随后，另一物体直接朝我飞来，是一个圆形透镜，如同望远镜的物镜，相距大约四五百米，停顿片刻，然后飞走。紧接着，又有一物体凌空飞来：一面物镜，金属附件通向一个盒子，是幻灯机，相隔大约六七十米，它停在空中，直接对准我。我惊讶地醒来，但人还有一半在梦中，脑中出现这个念头：“我们总以为飞碟是自己的心理投射。现在，情况表明，我们是它们的投射。幻灯机把我投影成卡·古·荣格。但何人操纵此装置呢？”

这个梦最鲜明的特征是，它是一个清醒梦（Lucid Dream）。清醒梦，在荣格的时代，是很少有人研究其心理治疗效果的。随着藏传佛教传入欧美，人们发现原来梦瑜伽的修行者是可以在梦中醒来，并且控制梦境、转化梦境的。然后逐渐心理学家们要加入清醒梦的研究和运用。

清醒梦的出现，意味着意识和无意识的结合，已经可以在睡眠状态下进行。我们现在做心理分析，其中一个进步指标也就是来访者会不会边做梦边进行自我分析，就像荣格这样。在梦中醒过来一半，然后马上产生一个领悟。

荣格在清醒梦状态下，做的事情是进行心理学思考，他思考的内容是，自我的根源是什么？和之前的“瑜伽行者梦”是类似的，就是他再次地确认，自我是投射而来。这是传说中的“无我”。然后，他又问，制造投射的人是谁？这一问，就又问出一个“大我”来。

在“瑜伽行者梦”中，大我被归结为教堂和天神，在 UFO 梦中，这个“大我”显然是一种外星人，他们拥有高科技。换句话说，科学的代表者——外星人，也被投射为“自性”。

这种科学和宗教的整合是后现代人类生活的一个重要特征，比如现实生活中，我们在 B 站上发现外星人代言人巴夏和中科院院士，都在讲量子力学和佛教。还比如说，现代故事《复仇者联盟》，有些人物很科学（如钢铁侠、绿巨人），有些人物又很神话（如雷神、奇异博士）。雷神告诉他女友，你们地球上说的科学，在我们那里叫作神话，奇异博士则从一个坚定的物质主义者变成了笃信心灵力量的巫师。（注：荣格研究 UFO 的著作中，更倾向于论述 UFO 是作为一种共时性现象存在，虽然他也承认 UFO 的存在。在其之后有关UFO、51区、S4基地的文件和信息越来越多，2020年美国海军公开了有关UFO的数个录像，更支持UFO是确实存在的未知飞行器的说法。反方则认为这是海军骗取军费的诡计。无论UFO真假，对荣格来说，其心理象征意义显然是超过军事研究意义。特别要注意的是，荣格梦中的UFO具有创世神的特征，他通过投射创造了这个世界，似乎更接近于佛教中的普贤王如来。这一点显然更加接近自性原型的功能，而不是人们推测的各种UFO的外星主人，如地底蜥蜴人、小灰人等。）

在这个梦中，时间应该是现在，空间是老年的荣格家。首先是两个UFO造访荣格家，然后又来了一个，又飞走了，最后一个UFO，则直接对着荣格，引发了荣格的投射领悟。

这当然又和心灵的四相性对应。在荣格梦中最早出现的四相性是他人生的第一个梦，在梦1“独眼肉柱梦”中，草地上的方形黑洞。UFO都是圆形的，这象征着自性的圆满。荣格的自我与UFO的对视则是在梦中多次出现的，最早的时候是小荣格和独眼肉柱的对视，然后是老荣格和不悲不喜的亡妻的对视、和瑜伽行者的对视，这种对视关系都象征着自我和自性的链接。

这个梦是荣格自传中记录的最后一个梦，这时荣格83岁。他的生命还剩下最后三年。

在这三年中，还有两个梦值得一提。这两个梦都来自芭芭拉·汉娜的《荣格的生活与工作》一书。

一个梦是他临终前一年，85岁生日后做的。这个梦（梦29——狼獾母亲梦）如下——

他看到“另外一个波林根”，它沐浴在闪烁光芒中，此时一个声音告诉梦中的荣格，它已经完工了，可以居住了。荣格看到，在遥远的下方，有一只狼獾母亲，正在一片水中，教她的一个孩子潜水和游泳。

这个梦和以前的有关死亡的梦境比较起来，最大的特征就是同时出现了两个时空——天上的时空和地上的时空。

波林根是荣格建设塔楼的地方，也是他晚年绝大部分时间闭关居住的场所，现在这个场所出现了类似佛教虹化、道教飞升的现象，显然梦者和这个地方正在空中，要不然，之后就不会出现“遥远下方”这样的形容词。

波林根显然象征着荣格独立的自我，摆脱了家庭、社会束缚的自我，据说，曾经有人问他会不会想轮回来继续做人，他说，如果能够再次拥有波林根，他就愿意。现在他的这一部分终于在天堂完工了，荣格有了另外一个家，他可以安心地拥抱死亡了。

但是，梦境的图像同时展现出了分裂对立的另外一幅图景，那就是狼獾母子。在《荣格文集》20卷中，在《荣格自传》中，之前都从来没有出现过狼獾这个动物。所以我们可以说，这个动物是不在荣格的意识范畴中的。

在这种情况下，我们可以使用荣格自己经常使用的一种方法来进行分析梦中动物意象的工作，就是直接了解这种动物的生活习性。

狼獾的最典型特征就是凶悍无比，顽强坚韧，永不服输，敢于以小搏大，敢于攻击比它大的动物，如驼鹿，甚至有人看到过它和狼搏斗、和熊搏斗。有一部漫威的系列电影就叫作 Wolverine，被翻译为“金刚狼”。

荣格身上也有这种“金刚狼精神”，他倔强顽强、独立无惧、永不认输，专心于研究炼金术、东方宗教这些被人们鄙视的学科。

这大概也是遗传自他的母亲，金刚狼精神用于事业当然是令人敬佩的，但是如果金刚狼精神用于夫妻关系，就会变成一场持续终生的权力争夺。

梦中狼獾是一位母亲，和她的孩子在一起，这当然会象征着家庭关系、母子联结。

狼獾这种动物在夫妻关系方面，是一夫多妻的，准确地说，是一只公狼獾和多只母狼獾共享领地，但是公狼獾对于其他公狼獾会坚决斗争。

养育小狼獾的任务主要是母狼獾完成，小狼獾长大后就会被赶出领地，自己成家。

一夫多妻，如前所述，大概是荣格最容易刺激人们的一个话题，敏锐的女权主义者们看到这里大概又要捶胸顿足、破口大骂荣格渣男，临死也不忘记浪荡。

这还真有一些佐证的事迹，比如这种天上—地下的双重构图，在荣格 1944 年时的那个濒死体验中也出现过，荣格在天上印度神庙前，看到了 H 医生的形象如同一张纸一样从地球上飘上来，据有的传记说，荣格当时之所以要回到地球，是因为他看到地球上有 30 多个女人呼叫着让他回来。这个细节在自传中却是没有的。

不过即便如大家假设的——荣格终其一生都是色中饿鬼。我们是不是可以从这个梦得出对荣格的另一种理解呢？

以前是30个女人在地上呼唤荣格回来，现在代替30个女人图景的却是一种原始母性——母亲狼獾正在教育其独子狼獾。大概这才是荣格在众多女人身上寻找，但是却从来没有找到的东西——就像一只母狼爱一只幼狼那样，简单地爱，朴素地恨，喂养子女，教授技能。然后母子分离、各奔东西。在苍茫草原，夜雾森林，一拍两散。

而人类的爱却没有这么原始，在农业社会，人们形成了家族之爱，子女们总要把自己奉献出来给父母和祖先，总要调和父母矛盾、家族冲突。到了工业社会，随着女性解放，经济自主，人身自由，女性越来越是心不甘情不愿地嫁为人妇，生育子女。如果某个女性如同狼獾一样，把生殖、繁衍视为人生第一要务，公然容忍丈夫一夫多妻，必然被口诛笔伐，贬低其为低等哺乳动物。

荣格，在其1927年的作品《欧洲女性》中就表达了他对女性的矛盾态度。一方面，他认为欧洲女性越来越解放，工作女性，独身女性越来越多，对女性的心理是有害的，甚至提出这是女性出现心理障碍的重要原因。他甚至提出，女性想要在婚姻中获得相爱平等关系的话，婚姻这种体制就会被女性更改，也就是一夫一妻制会被更改。另一方面，他又期望女性能够拯救整个时代精神，他说："如果人的灵魂在饥馑中奄奄一息，那么上帝的灵魂也无法长盛不衰。女性的心灵回应着这种饥馑，因为爱神厄洛斯的职能就是把逻各斯所撕裂的东西缝合起来。女性在今日面临着一个无比艰巨的文化任务，或许这就是新时代的曙光。"

从晚年这个梦境来看，狼獾母亲似乎在提醒执着的荣格——原始母性本来就是倔强顽强，充满攻击性。

那种温暖如水的女性形象，本来也就只是短短数千年的人类社会产物。也许女性们的本性之一就是坚毅的、彪悍的狼獾，正如后荣格分析师 Clarissa Pionkola Estes 的著作《与狼共舞的女人（Women Who Run with the Wolves)》中所阐述的，狼性，虎妈，铁姑娘、铁娘子，本身也就是女性的原始成分。

也就是说，温柔如水的女性很可能只是最近几千年在人类某些地区塑造出来的理想女性，当社会文化变迁后，人们会把这种女性形象投射到原始女性、古代女性或外国女性身上，如荣格就把这种女性投射到了东方女性、原始女性身上；当代中国男人就把这种"贤妻良母"的女性形象投射到了日本女性，乃至古代中国女性身上。但是实际上，正如落合惠美子在其著作《21 世纪的日本家庭》中考证的，在古代，亚洲只有"贤妻"这个概念，贤妻良母合而为一是从欧洲传播到日本，然后再传播到中国、韩国等地的。

荣格这一生对女性形象是悲剧性追寻，就像聚斯金德小说《香水》中主人公格雷诺耶，他在众多女性身上拼命想要嗅出伟大母性的气息，最终得到的却只是一点点温热的余香。

荣格家中，外人看起来的齐人之福，内里可能是一场持续终生的权力争夺，正如一些富豪家族企业中看到的，这些企业主不少实行了现实的一夫多妻。他们的家庭生活，就像宫斗剧一样充满着嫉妒、愤恨、歧视，往往孩子也被妈妈们拉进来成为比较对象，与其他孩子竞争，毫无兄弟姐妹之间的亲密。

荣格成名后，这种温柔之爱的丧失可能更加严重了，走近他的女人成百上千，可是有多少人真正看到荣格，理解荣格呢？不要说理解他的无意识，理解他的内在小孩，甚至没有多少人愿意花时间去理解他的意识层面的内容，比如晚年世界各地来拜访他的人，大多都是对他各种花边新闻、只言片语感兴趣，但是很少有人会和他讨论他正在倾尽心血著作的炼金术。

荣格自己也体会到了这种貌似崇拜之后对他的忽略和鄙视，他其实就像宫斗戏中的皇帝，表面上看起来后宫三千在为自己争风吃醋，但是实际上皇帝老儿只是一个独眼肉柱的守墓人而已，人们爱的是皇权、是名利、是光辉，皇帝内心的创伤和脆弱是不被看见、不被理解、不被抱持的。

大概正是因为对自己人生残缺性的悲剧领悟，对自己终生追求的母爱幻觉的放手，让荣格在其临终的最后一课，再次出现了石头和方形。

以下的梦境（梦 30——金线树根梦）是荣格临死之前，陪伴在荣格身边的管家 Ruth Bailey 记录下的——

（1）他看到在一个高高的、光秃之地上，有一块巨大的、圆形的石头，上面刻写着：这是你的完整性和一体性的标志。

（2）在一块方形地的右侧，有许多器皿，陶瓶。

（3）一块方形的地长满树木，所有的须根从地下伸出包围着他，在须根之间有金线在闪闪发光。

这个梦境或者也有可能是三个不同的梦境片段，也许可以让我们对荣格的一生，内在心理发展盖棺定论了。

无意识再次回到了荣格生命的早期，曾经在梦中出现了方形黑洞，现在变化成了具有容纳功能和养育生命功能的森林。在书里面炼金的荣格，终于也从大地母亲的怀抱中炼出了丝丝金线。如果按照轮回观来看，这个生命、这一缕幽魂，最终变成了植物，变成了石头，而不是轮回做人，或者做动物，比如投生转世为一只一夫多妻的公狼獾。那块圆形的石头，曾经在漫长的岁月中，安慰幼童荣格，带给他永恒的希望和不受情感困扰的坚定，如今变成了其生命自性圆满、自成一体的墓碑。

荣格的痛苦和空虚来自父权制度的崩解。男人们不再做父亲，而变成狼獾一样的雄性动物，游走在多个雌性动物间交配和繁殖，女人们也恢复自己的原始母性，一方面担任起养育儿女的重任，一方面儿女一旦成年，就立即驱逐儿女离开家庭，这其实正是弗洛伊德在《文明及其缺憾》中预言的欧洲文明结局——父权制崩解，家庭解体，婚姻制度灭亡，生育率降低，白人越来越少，然后被贬斥为低等文明的其他文明占领欧洲（也就是仍然全力维护父权制度的其他文明，如伊斯兰文明、印度文明等）。

从远离二元对立的角度来说，也许荣格的归宿更有意义一些，因为他在临终梦境之前，飞升到天上，进入印度教神庙。但是天堂和地狱，其实也都是心灵分裂、投射的产物，在量子力学层面上，大概也是无二无别的。◆

扩展阅读

荣格的传记版本众多，而且各版本内容不一，比如 Bair 的传记中说在荣格出生前有三个孩子死了，而在 Brome 的传记中则记录了只有一个孩子死了，而汉娜的传记中，却根本没有提这件事。在 Brome 传记中，记录了荣格曾经向弗洛伊德坦诚自己被家庭性侵犯的事，其他传记则从未提过。

在众多传记作者中，最引人瞩目的当然还是汉娜的传记，她应该是唯一一个长期在荣格身边生活的人。其他人的资料多来自采访和阅读。Sonu Shamdasani 甚至把荣格的传记研究变成了一个专业方向，他写作的《Jung，A Biography in Books，Cult Fiction：Jung and the Founding of Analytical Psychology，Jung and the Making of Modern Psychology》等书，都是对荣格的传记及其历史地位的深入研究，最有趣的一本是《荣格被脱光了，居然是他的传记作者干的！》（*Jung Stripped Bare by His Biographers, Even*），这本书可以称为传记中的传记，主要是吐槽其他传记作者的各种不足的，书名暗中讽刺传记作者们把荣格当作脱衣舞郎一样，动不动就把他脱光了供自己娱乐。

清醒梦，可能是自性化过程中一个标志性阶段或者一个关键的技术，对清醒梦感兴趣的读者，可以阅读斯蒂芬·拉伯奇和霍华德·莱因戈尔德合著的《清醒梦：梦境完全使用手册》。

总结

心理发展与自性化

如果一个人比别人懂的更多，他就会变得孤独。

—— 荣格

细心的读者不难体会出，表面上我们是在说荣格，实际上是为了说明荣格，这样的寻找灵魂的现代人会经历什么样的心理发展、什么样的家庭缺憾、什么样的文化创伤，尤其是他或她，如何能够自我疗愈，接纳人生价值的空虚、人生意义的空心，走过死亡焦虑的荫谷，最终走向自性的圆满。

所以本章会回顾荣格一生的心理发展，并且用心理发展理论说明这些心理发展事件的意义，所运用的自我疗愈工具见附录 A “情结原型社会发展表”、附录 B “系列梦工作记录表” 和附录 C “荣格自我疗愈年表”。

从附录 A 可以看到，可以从情结、客体—自体、原型、心理—社会冲突这四个方面来考察人的发展。

情结主要是指人的记忆、需要和欲望，它构成人类发展的动力，这些动力的来源，当然离不开“你”与“我”的关系，也就是客体—自体关系，那为什么不直接说你、我关系，要说客体、自体呢?

因为这里的“你”，他人，是被欲望投射的客体，所以并不是真正存在，真正被看到、被理解的，应该说，大部分人都不会真正看到别人，也不会被别人真正看到，这是“共情理解”如此珍贵、被反复提倡的原因。

“我”也不见得就是我，一般来说，都是认同了别人投射的产物，所以叫作自体。

那么，人类为什么要创造出情结，为什么要形成自体和客体的二元对立、矛盾统一呢?荣格假设这是原型的作用，原型就是心理的 DNA，它决定了什么发展阶段会容易出现什么样的客体-自体配对，以及什么样的客体-自体配对。（注：近年来，原型理论得到了神经生物学等各种理论支持，可以参考 Alcaro A, Carta S and Panksepp J (2017) The Affective Core of the Self：A Neuro-Archetypical Perspective on the Foundations of Human (and Animal) Subjectivity. *Front. Psychol.* 8：1424. doi：10.3389/fpsyg.2017.01424。）

换句话说，原型，在一个人的生命中，就像基因一样被得到表达，然后经过分裂为自体和客体，自体、客体之间再开展投射和认同，从而开始人的心理演化。

那么，决定什么原型在什么阶段表达的因素有哪些呢?一个因素，就是附录 A 的最后一栏——心理—社会冲突，还有一个因素，就是附录 A 的第二栏——功能。

当然，推动人的发展因素远不是这些，还有情绪、认知、需求、依恋关系、气候、政治、地理环境等。这里只是列出本书中涉及的一些基础理论。（注：情结这个术语，曾经在精神分析内部被逐渐淡化，用客体和自体来替代，但是随着发展，它又获得了很多理论支持，可以参考 Krieger 所著 *Bridges to Consciousness : Complexes and Complexity*。）

影响人生发展的第一阶段是婴儿期，它从婴儿出生到断奶，在大部分文化下，是零岁到一岁半。

这一时期主要心理—社会冲突是安全信任—怀疑，也就是世界的基调，有百分之多少是安全可信的，又有百分之多少是令人怀疑、令人恐惧的。附录 A 中的心理—社会冲突一栏来自发展心理学家埃里克森的理论，人们往往会以为其中负性的内容，如怀疑、角色混乱等，是发展中要避免的，但是其实它们也是正常发展中需要整合的内容，如不安全感、怀疑感，婴儿需要有正常的不安全感、正常的怀疑感，否则她无法生存。这个时期形成了人的自恋情结。自恋的意思，就是人需要被别人全然地欣赏、全然地理解、全然地看见，就像重男轻女的母亲看见她的独生儿子一样。这种看见往往具有夸大的成分和理想投射的成分。自恋情结，也可以被称为自我情结，它形成了有一个“我”存在这种感受，以前的研究，以为孩子是在学会了语言之后才有“我”这种感受，现在发现，可能婴儿一出生，就已经有这种“我执”了。

如果婴儿的自恋需要被过度满足，过于完美的满足，则他是自恋过度。反之自恋不足，他可能缺乏正常的自恋，不认为自己是存在的，自己是有价值的，自己是被这个世界欢迎的。

正性的自恋情结中，自体扮演的角色是幸福的、被无条件宠溺、无条件关爱的婴儿，而客体扮演的角色，则是慈悲的、无条件付出的母亲。

而负性的自恋情结中，母亲则死气沉沉、一脸阴气，被称之为死亡母亲。

客体关系的发展，需要自体和客体之间发生七件事——抱、亲、摸、看、说、逗、玩。

客体关系七件事，在死亡母亲这里几乎没有，婴儿体验不到自己存在的意义、存在的价值，内心空虚无比，这就是空心病、黑洞体验的最初来源，这种空心体验的人，甚至还体验不到自己身体感受，比如我有个病人，她摸着自己的手，就是体验不到手的存在、手的温度，去做中医按摩的时候，会产生巨大的恐惧感和不舒适感。

这是因为婴儿期主要发展的功能是内倾感知觉，就是一个人能够体验到自己身体、身体的各种机能，为吮吸乳汁、抬头爬行做好准备，这些机能当然离不开抱、亲、摸、看、说、逗、玩。这也是为什么现代产科大力提倡母乳喂养、婴儿抚触的原因。

那么，一个女人，她本来爱吃爱玩爱追剧，怎么就突然心甘情愿地去跟孩子进行抱、亲、摸、看、说、逗、玩这些费力费时费神的游戏了呢？这其中就有原型的力量。婴儿期常见的原型之一是伟大母亲原型（Great Mother），这个词也有翻译成大母神原型的，另外一个原型是婴儿原型。

关于荣格，我们对其婴儿期了解甚少。只能旁敲侧击地推断，如果是临床病人，我们可以提议来访者回去问自己的父母，你们是如何决定生下我的？喂奶喂了多长时间？你们夫妻关系如何？有没有产后抑郁？等等。

荣格的父母一直期待他出生，所以荣格应该是正性自恋情结占了六成以上比例的。这体现在他的最初记忆，尤其是摇篮记忆，也体现在他在日后的发展中，很多时候总是坚信他自己作为个人的价值，敢于追求自己的兴趣和事业方向。这也可以解释他的内倾感知觉功能何以得到了如此出神入化的发展。总体来说，他对于社会，也是安全感超过了怀疑不安的，虽然他在日后显然受损于母爱缺席，但是他还是会一次次地退回到婴儿期，寻找原始的母性怀抱。

婴儿期，被弗洛伊德称之为口欲期，因为他认为此时人的快乐主要来自吸吮、进食，过度满足和缺乏，都容易让人形成固执于口欲的习惯，如好吃贪吃，这一点在荣格生活中并不明显，虽然他晚年的吸烟，可能是固执附着于口欲的表现，但是那更可能是成年后受弗洛伊德和托尼·沃尔夫的影响形成。

幼儿期，紧随婴儿期到来，它是指孩子从断奶到自主大小便的时期，一般是从一岁半到三四岁。它主要形成的是控制情结，因为幼儿要接受父母的控制，也就是定时定点吃饭、睡觉、大小便了。弗洛伊德把这个时期称之为肛门期，因为他认为此时的幼儿快乐和痛苦都来自控制肛门括约肌。这也是人类最早的道德形成的时期，不随地大小便就是最基础的人类道德之一。

排便训练也会成为小孩的快乐源泉，比如擦干净小屁股后被爸爸妈妈亲一下，拍一拍小屁股等。也就是说，孩子的排便训练如果是得到了爱的管教，他日后倾向于把控制认定为“控制就是爱”，反之，则“控制等于恨”。

正性控制情结使一个人感受到控制就是爱，所以乐于在生命中寻求被控制体验，其中自体扮演的角色是自主的、被加持的幼儿，而对应的客体则是规训父母。反之配对是操纵父母和被动、害羞的幼儿。所以埃里克森认为此时期的主要二元对立是自主性与害羞。这个时期主要使用的功能是外倾感知觉，随着幼儿直立行走，全身肌肉发达，她需要父母提供大量的时间陪她玩、陪她跑、陪她跳、陪她闹。

荣格的心理创伤基调应该就是在这个时期形成的，因为此时期的父母不和，母亲生病的缺席。这时也出现了他人生的第一个梦，也就是梦 1 “独眼肉柱梦”。独眼肉柱是一个国王，这是权力的象征。而梦者小荣格和国王的关系，显然是负性的权力情结配对。最终的结果是，我们看到荣格成长为一个害羞的小孩，很难体验到控制也是一种爱，比较难以适应权威主义的学校教育，乃至对权威主义充满仇恨，难以共情理解权威主义，更不要说改变权威主义者。所以他和高控制的弗洛伊德、和讲究适当控制的大型医院和大学等有一定冲突，他强烈地反对建立学派，所以可以推测，他的认知系统中，大概形成了“控制等于恨”这样的信念系统。

驱动控制情结的心理基因是父亲原型，也就是人天生有一种需求，渴求一个伟大全能的父亲，父亲最重要的特点，和母亲不一样的特点,就是他能够控制幼儿,他是一个健壮的胜利者。荣格的父亲，在此时期可能是具有这种特点的，在他记忆中有父亲把他从床上赶走的记忆，但是之后，他父亲可能丧失了这种力量。

人生的第三个阶段，被称为小儿阶段，它从自主大小便开始，到分床睡、上小学结束，大约是从三岁左右到六岁。

这个时期被弗洛伊德称为俄狄浦斯期或第一生殖器期，是性心理形成的重要阶段。这个时期形成三种俄狄浦斯情结——正性俄狄浦斯情结、负性俄狄浦斯情结、倒错性俄狄浦斯情结。每个人身上都同时具有这三种俄狄浦斯情结，只是每种成分的配比不同。

以小女孩为例，正性俄狄浦斯情结，是指她渴望父亲的爱，期望成为父亲的老婆，并且为他生个小弟弟或小妹妹。同时嫉妒和排斥妈妈，不希望爸爸妈妈睡在一起，把她排斥在外。然后，女孩如果发现妈妈也是那么可爱那么重要，发现爸爸更爱妈妈，她能够承认自己是竞争不过妈妈的，她就会转向模仿妈妈，认同妈妈，同时把她对男性的爱转移到其他男性身上。

正性俄狄浦斯情结是稀少的、不容易出现的，它首先要求父母双方都很爱孩子，其次要求父母双方都同时把夫妻关系，尤其是夫妻的同眠共枕，放置到亲子关系之上。

如果父亲过度疼爱女孩，女孩就成了我们称为的“俄狄浦斯胜利者”，她占据了母亲的位置。

负性俄狄浦斯情结的情况相反，女孩觉得自己和妈妈的关系是最重要、最亲密的，她和妈妈结成了同盟关系，要排斥爸爸。弗洛伊德他们那代人当年曾经认为这是同性恋的来源之一，并且认为同性恋是不正常的。现代我们首先认为同性恋有多种多样的原因，而且它也不是一种病变。其次，负性俄狄浦斯情结也不是变态、少见的，比如在大部分重男轻女的地区，母亲都容易和女儿形成亲密的关系，所谓女儿是妈妈的贴心小棉袄，看来母亲生命中的温暖和希望就靠女儿，而不是靠老公。所以很多女儿终身都和母亲保持亲密链接，她们一起排斥妈妈的老公、女儿的老公，以及其他男人。

应该说，这种情况无论在现实生活还是在电视剧中都比正性俄狄浦斯情结更常见、更主流。

第三种叫作倒错性俄狄浦斯情结，这个时候，女孩首先不认同自己是女孩，她觉得自己是一个男孩。然后她以男孩的身份和爸爸展开竞争。据说，铁姑娘、女汉子、铁娘子就和这种情结有关。当然，在重男轻女的地区此情况就特别多。女孩们只有变成男孩，价值才被承认，所以这是婴儿期的自恋创伤延续到了小儿期的结果。

后续的心理分析者们逐渐发现传说中的俄狄浦斯期，不仅仅是性心理发育，更重要的是一个人如何面对三元关系，她在涉及你、我、他这种三角关系的时候，是上演宫斗戏，还是《三国演义》《西游记》？

比如有的人终身只能维持前俄狄浦斯期的二元关系，一进到三元关系就崩盘，这也是好多夫妻不生孩子时恩爱和谐，孩子一降生，家庭悲剧的大幕就揭开了的原因。

在这个时期，孩子需要很强的内倾情感功能，她会体验到自己内心愤怒、羡慕、嫉妒、悲伤、委屈等各种各样的情绪。

此时正性自体是一个羡慕夫妻亲密、向往亲密关系的主动小儿，他或她心中的父母是恩爱幸福的、享受鱼水之欢的。负性的自体变成了爸爸妈妈的替代性配偶，内心充满了内疚感，而客体世界中的父母则是充满敌对情绪的。

那么为什么孩子看到父母相亲相爱就要加入呢？是什么样的心理基因驱动孩子这么做呢？

荣格在1946年所写的《移情心理学》一书中，提出了化合原型和集体阴影原型，化合原型的典型代表就是中国的伏羲女娲交尾图，或者阴阳太极图，就是宇宙中天生有一种力量，让对立的双方产生化学反应，合为一体，就像化学中的化合反应一样。具体到了人类社会，这股力量就体现为男女的交合。父亲和女儿、母亲和儿子，本质上也是男女。所以他们之间是存在乱伦可能的。乱伦禁忌在地球上所有社会都存在，从上海浦东到旧金山郊区，从非洲草原到亚马逊丛林，如果乱伦不是曾经广泛存在，为什么人们会不约而同地禁止它呢?

所以，乱伦冲动、化合原型被克制的历史应该远超过我们现代父权制文明的短短数千年历史，所以，被压抑的乱伦冲动就成了阴影，这是一个人类集体共有的阴影。

荣格的三角情结中应该是正性俄狄浦斯情结为主，从他敢于追求爱情、与权威平等对话可以看出来。他的生命中似乎缺乏男孩进入正性俄狄浦斯的条件——夫妻双方恩爱。但是也许在日后的发展中，尤其是和弗洛伊德的一站，让荣格在青年成人期形成了正性俄狄浦斯情结。他的生命显然充满了构成负性俄狄浦斯情结的因素，父母看起来是婚内离婚了，分居分床睡，父亲和儿子关系更紧密一些，加上 Brome 所言的性创伤，可能增强了荣格同性恋式的慕男，同时他又要不断地防御这种爱慕，有些潜在同性恋者，因为要防御自己的同性恋倾向，相反要加倍地拈花惹草。荣格应该来说不太可能是这种情况。应该更多是和他的自恋情结和青春情结有关。

其实每个之后发展的时期，都同时具有之前时期形成的情结，如自恋情结，它是人生第一阶段形成的，在之后所有阶段都会有不同的自恋情结的变形存在。比如在第二时期，人的自恋就和控制结合，能够体现到控制别人，此人就自恋，反之则自卑。而在小儿期，孩子在探索、触摸自己身体的过程中，可能发现自己的生殖器，男孩这时很容易发展出阳具自恋，他还可能发现抚摸生殖器，可以带来快乐，但是成年人可能会禁止这个行为，比如告诉孩子生殖器肮脏，或者告诉男孩子，要割掉他的小鸡鸡，这样就形成“阉割焦虑”，这也形成一种自恋打击。在重男轻女的背景下，女孩可能会羡慕男孩有生殖器，形成“阳具羡慕”，这其实是一种负性的自恋情结。

“俄狄浦斯”这个命名来自弗洛伊德观看了古希腊悲剧《俄狄浦斯王》，这部剧可以说是宫斗戏的文学原型。家庭的三角关系形成了小孩内在情感的丰富多样，与情感相反相成的功能就是思维功能，所以这时小孩的思维功能也开始迅猛发展，与之同步的也就是 6 岁左右，孩子的大脑迅速发育，具备了上学的条件，然后就开始了人生的第四个阶段，少儿期，也就是小学阶段，大约 6 ~ 12 岁。

这时候社会要求孩子们迅速发展外倾思维功能。孩子因为长时间和老师同学接触，往往容易把对父母的情感转移到老师身上，形成了“学习情结”。

因为一般来说，老师和家长总是会根据学业成绩、课堂纪律等来偏爱学生或者讨厌学生。埃里克森把这个阶段的心理社会冲突命名为勤奋—自卑。但是我们知道，小学生这时候的自卑或者自恋主要还是因为学业成绩和课堂表现。所以应该是勤奋小孩与散漫小孩的对立统一。

勤奋的孩子形成正性的学习情结，正性的学习情结中，自体是一个勤奋的少儿，与之配对的客体是民主的、教导的老师。而负性的学习情结中，客体—自体配对则是独裁老师—懒散小孩。

学习情结，简单地说，就是学习好等于好学生，好学生等于一切都好。我有一个病人，也是心理咨询师，她特立独行，类似荣格，自己曾经是中学老师，她并不在意学校的教育评价标准，尤其是反对鸡血教育，经常阳奉阴违地和学校的教育做斗争，但是让她没有想到的是，她自己最亲密的女儿却站在了老师那一边。让她百思不得其解，为什么爸爸妈妈这么多年的培养，但是女儿却莫名其妙地“背叛”了爸妈呢?

她的女儿大概就可以用人格面具这个原型来解释。人类天生就是一种亲近社会的倾向，她自然而然地就会根据社会的需要、社会的期望来改造自己，让自己假装打扮成社会想要的人物，如“好学生”，就是孩子形成的人格面具。这时候，坏学生也就是散漫学生，这种形象就会被深深地压抑，从而形成文化的阴影。

但是要特别提出的是，散漫学生这种人格特质其实是要整合的而不是要消除的。散漫的学生，她可能是充满爱心的、可能是充满创造性的。

荣格的学习情结也是正性、负性混杂。从他对学龄期的记忆来看，大多数记忆是负性的，比如说他的学习成绩，尤其是数学成绩奇差无比，而且他还受到了今天我们说的校园霸凌。这些经历让他的自卑情结成倍增加。但是他的父母尤其是父亲，可能给他提供了较好的家庭教育。从本质上来说，孩子教育中最重要的也是家庭教育。这可以形成他日后对教育特别感兴趣的原因，写作了不少有关教育心理的文章。同时，因为他自己发明了童年的宗教仪式（阁楼里的小人），也影响了他日后总是在宗教领域寻找导师。

正性的学习情结，让这个人日后热爱学习，容易把老师、领导往好处想，这大概是荣格在后来能够热情地走向各种老师，尤其是弗洛伊德的原因，他也终身保持热爱学习、热爱写作的习惯，当然他可能过度热爱学习了一点，比如他的著作中，频繁引用各种古代圣贤的著作，时不时出现一段话中引用五种宗教、三种语言的情况。

当弗洛伊德等显示出德不配位的现象时，荣格似乎又被负性学习情结占据了，处于负性学习情结中的人，总是认为老师、领导是控制自己、剥削自己的人。

而一个能够整合正性、负性学习情结的人，则是既能够继续谦虚地学习老师身上的优点，又能够及时劝说老师，帮助老师成长，所谓师不必贤于弟子，弟子不必不如师，如果他发现劝说无效，则会在某个时刻某个领域离开老师，另投明师，或者自学成材，而不是停留在有害的师生关系中血战到底，两败俱伤。

能够原谅老师、包容老师的学生达到了教育的根本目的——让学生们站在老师的肩膀上，飞向更加辽阔的天空。

之后就到了人生的第五个阶段，青春期，从 12 到 18 岁。弗洛伊德把这个时期称之为第二生殖器期，认为这个时期随着青少年的性成熟，俄狄浦斯情结再现。也有人认为，所谓俄狄浦斯情结的内容——年轻雄性动物和老年雄性动物抢夺配偶，其实是青春期才出现的主题。这是因为性爱主题，在青春期才会明确无误地出现。青春期的心理—社会发展任务是角色身份认同稳定和角色身份认同的混乱。身份认同比较稳定发展的青少年则觉得青春是浪漫的，是充满理想和爱情的，与之配对的成人世界则是充满鼓励和欣赏的他人。反之，自体则是空心的青少年，和空心少年配对的自然就是所谓的油腻中老年人，油腻，象征着中老年人的贪财好色。青少年无法认同这样的长辈，从而面临身份认同的危机。那么，青少年渴望成人是什么样？

这个时期的原型主要是永恒少年原型和智慧老人原型。《红楼梦》中的贾宝玉等就是永恒少年的代表，而空空道人、了了和尚就是智慧老人的象征。这也是青少年会突然对儒、释、道非常感兴趣的原因。以前流行的武侠小说、现在流行的玄幻小说核心故事线之一也是永恒少年与智慧老人的相遇。

自然，除了传说中的莲花生大师，几乎没有人可以在青春期了无遗憾地整合永恒少年和智慧老人，整合角色混乱和角色稳定，然后稳定地走入成年期，这样他或她也不会出现中年危机。

人总是要留一些遗憾，从而形成青春情结。正性的青春情结表现为总是向往青春，恋旧，而负性的青春情结则是恐惧青春、嫉妒青春，恨不得把青少年都变成老成持重的中年人。现在好多鸡血教育，鸡血家长，就是把中年人自己的生活重担变成了青少年的学习重担，要求青少年早早变成一个扛起重担的中年人。

荣格的青春情结应该说是比较正性的，他还是比较向往青春，尤其是向往爱情、浪漫和性爱，同时也热切地向往智慧。当然他形成了一定的身份稳定感，但是在宗教信仰方面，遗留下了较大的角色混乱。前面几个时期的情结——自恋情结、权威情结、学习情结在青春期都得到了一定程度的疗愈。虽然在青春期的前期，刚刚进入中学后，他的自恋情结和权威情结被激活了比较负面的成分，但是他的梦境、他的学习，还有他的父亲和母亲性格改变，都对他有一定疗愈。

青春期之后，人们就进入了青年成人期，这个时期从一个人生活独立一直到建立家庭。一般来说，是从 18 岁到 30 岁左右。现代社会的多样性，让青春期和青年成人期都不再有统一标准了。比如从 18 岁到 22 岁，不少青年都会上大学，大学生虽然已经是成年了，但是他们往往经济不独立，仍然依赖父母和老师，所以还是具有青春期很多特征。

随着女性经济独立，社会文化开放，几乎所有发达国家都出现了大批的独身主义者、不婚主义者等。这一批人的心理发展，就不再能用“结婚生子”这种价值观来衡量，这属于传统的家庭主义观。

在当代社会，尤其是世俗主义的社会，青年一般都形成名利情结。名利二字，让人有些不适，特别是中国传统文化，一般把淡泊名利当作理想目标，但是首先要有名利之后，才能淡泊。

有人觉得我追求的是理想和爱情，名利于我如浮云。这就看如何定义名与利。有人说，求名当求万古名，谋利应谋众生利，这也是理想，这追求的是清名，而不是俗名，但是也是一种名，有人去修行修佛修仙，也是有各种果位，一个果位也可以算一个名、一个利。至于两情相悦，这当然也是一种利。

正性的名利情结中，青年们认同一个有爱的青年，她投射社会为一个关爱的客体，从而她和社会中众人形成亲密、乐群、接地气的客体—自体关系。反之，他是一个孤独的、隔绝的青年，而社会则充满了冷漠、功利的他人，他愤世嫉俗，但是很可能又离不开世俗社会。当然，和社会名利系统保持适当的隔绝，也是有必要的，所谓远离小人，亲近君子，所以负性的名利情结也是需要整合的，并非一棍子打死。

美国的心理治疗有一派，叫作自我心理学，曾经提出过适应社会是一个人心理健康的标准之一。这个标准的前提是假设整个社会是代表公理、正义、幸福、自由的，也就是充分落实社会主义核心价值观的。但是我们知道，美国远远没有那么理想。所以心理治疗，是不能一味地跟着社会主流走的，尤其不能一味地跟着追求名利的路子走。

比如说，不少家长认为心理咨询就是给我家孩子提升分数，让他考上重点大学，而不顾孩子的理想和爱好。有些年轻人来做咨询，也是希望咨询后让他能够成天上班加班，赚大钱买豪车大房子。一旦这些正性名利情结发展过度了，对名利的追求，本身形成了心理健康的威胁，心理咨询师就有必要及时帮助来访者调整情结，更新价值观。

青年成人期主要需要发展的功能是外倾直觉。也就是俗语中常说的，这个人鼻子灵敏，善于捕捉风向，抢先一步。这种预测事物，尤其未来发展的能力能够让一个人容易获得成功。这种例子在商业领域屡见不鲜，如马云、马化腾等。

追求名利的结果就是人格面具的不断增强增厚，人格面具对人的主宰在青年成人期发展到了顶峰，与此同时，另外一个原型开始补偿和调整人类心灵的失衡。这个原型叫作愚弄者原型。它的典型代表就是东方文化中的孙悟空。愚弄者原型具有两个功能，其一是愚蠢，其二是愚弄，就是它会愚弄自己和他人，让自己和他人发生一系列愚蠢的行为。比如孙悟空，他不断地愚弄猪八戒，最终搬石头砸了自己的脚，让自己也受到很大伤害，更不要说严重危害了团队的前进。

人们在追求名利的过程中，经常也会做出愚蠢至极的决策，阻碍自己达到目标。这往往就是愚弄者原型在起作用。

愚弄者原型，在荣格身上，就体现为他过度热情地拥护弗洛伊德，当时他是学院派的青年才俊，而弗洛伊德是有争议的江湖派大咖，从追求名利的角度来说，他只是应该稍微靠近一点弗洛伊德，而不是热情拥抱，后来更不应该和弗洛伊德派彻底闹翻，虽然在其中弗洛伊德也很幼稚，他同样也被愚弄者原型控制。另外，荣格和女病人萨宾娜的恋情，从表面上看，只是永恒少年原型在起作用，就是一个人好像是在少年的浪漫之爱，但是浪漫之爱可以找更加安全可靠的对象，比如其他医生或者护士。而找到病人头上，这就显得非常愚蠢，有明显的自毁前程的倾向。这也说明，虽然智慧老人原型的形象，早在荣格幼年就曾经被激活，但是其功能却不够全面。大多数人，智慧老人功能的成熟，都是在中年危机之后。

对现代人来说，中年期是 40 ~ 60 岁，中年危机大约是在 45 岁和 55 岁之间。但是对荣格那一代人来说，中年期要早很多，比如荣格本人，大约 34 岁就进入中年期了。孔子说，三十而立，可见古代进入中年期的时间点是 30 岁。

中年期的标志就是一个“立”字，所谓自食其力。能够有能力组建家庭、财务自立、事业上独当一面，结婚生子，成为父亲或者母亲。当然现代社会多元，有独身主义者、不婚族、丁克家庭等多种形式，所以有些人的心理发展可能是没有“中年期”诸多特征的。

中年人，自己变成了别人的老爸、老妈、领导、老师，这时他（她）也会发展自己独立思考的能力，这就要求内倾思维能力的发达。这也是很多人会开始热衷于心理学、国学、哲学、佛学等知识的原因，通过注意力转向思考自身，他不但要确定自己的人生路径不要走偏，符合自己的人生哲学，他还要判断、评估他人的人生路径、人生哲学，比如自己老爸、老妈的人生路径，然后她可能要去改变、塑造一些人的人生路径，如孩子、学生的，可以接受一些人的人生路径和自己不同，如老爸、老妈的。可能在中年危机期，还要和一些人在人生路径上分道扬镳，如老公或老友。

中年人不但被要求养育和教育下一代，还有养育和教育自己父母的责任。因为很多父母，其实心智并不成熟，或者因为肥胖、老年痴呆等生理因素心智退化了，这时中年人承担起反哺的任务。

在中年期，大概所有的家族主义者都会形成一种情结，名为家国情结。家族主义的意思是此人的人生最高意义，在于家庭和家庭人际关系，现代人当然也容易把家庭的意义投射给国家，从而形成国家主义者、爱国者、恨国者等政治理念或者身份认同。

正性的家国情结者，他/她会具有家国一体、繁衍不息的感受，此时她认同一个繁衍后代、造福社会的中年人，她投射社会中他人都是知恩图报、感恩戴德的，比如她的老爸、老妈会感恩她的孝敬，她的子女们会感恩她的付出，这样她才会有无穷的动力，继续为了他人付出，虽然上有老下有小，她这个中年人也愿意为家族繁衍做出贡献。

与之相反的停滞中年，内心觉得客体世界都像吸血鬼一样在吸取自己的能量，她会变成油腻、贪婪的中年人，其实这是一种潜在的抑郁状态。停滞的中年人会形成负性家国情结，往往就表现为恨国者，因为他觉得家庭和国家都是造成他命运悲剧感的根源，或者变成碍国者，这是以爱国为名目，宣泄对他国人民的仇恨和攻击。一个真正的爱国者，他爱自己的祖国，当然也能理解和支持别的国家的人爱他们的祖国。

中年的停滞和抑郁，当然也有其积极意义，就是让一个人在进入老年的时候，不太容易抑郁，客观上也出让了一些机会给年轻人，遇到长江后浪推前浪的情况，她这前浪也不太会挡住后浪的前进步伐，或者厚着脸皮要和后浪一起浪。诗人曾经如此描述中年危机、家国情结修通的状态："忆昔午桥桥上饮，坐中多是豪英。长沟流月去无声。杏花疏影里，吹笛到天明。二十余年如一梦，此身虽在堪惊。闲登小阁看新晴。古今多少事，渔唱起三更"（宋·陈与义《临江仙·夜登小阁忆洛中旧游》）。

荣格的中年期，随着母亲在其48岁逝世，而提前结束。这造成了他激烈的心灵骚动，当然他也积极地寻找疗愈方式，看起来他努力地构建属于自己的"家与国"，一方面是把理想的国家和文化投射给各种异国他乡，从中国到印度，从非洲到炼金术，另一方面，他也开始漫长地修建塔楼、写作疗愈日记的过程，在《红书》中，他最终成了鬼域的国王，如同地藏王菩萨，疗愈了祖先的阴魂。这表面上看起来是一种积极的家国情结，具有疗愈自我的作用。但是因为他建立的家国田园，是与现实的家国存在冲突的，所以这本质上是一种个人的乌托邦主义。它抽空了现实生活中投注于家庭和国家的能量。

家国情结，它很大程度上已经不属于个人无意识，而是文化无意识的一种，中国人这种情结特别发达，这是因为中国文化，尤其是儒家文化和法家文化，就是倡导人们热爱祖国，为了大家牺牲小家的。

一个人如果连家国情结都能超越，也就是说，他不再执着、眷恋家庭幸福和国家兴亡了，那他显然已经超越了人类社会、世俗社会。这就是传说中的智慧老人原型。

在中年期还会被激活的另一个原型是永恒少年。永恒少年一般都给人们不好的印象，比如觉得这个中年人不稳重、爱幻想、好色好玩等。但是其实它也有其优势。比如有一位女老板，她本来非常死板严肃，但是复活了永恒少女之后，她见人就笑嘻嘻的，活泼浪漫，人见人爱。永恒少年原型，还让人具有摇滚精神，热衷健身美容，勇于创造，勇于改造社会。

青春期和中年期都是永恒少年—智慧老人原型起到作用，这是因为这两个时期都是既需要永恒少年的无穷活力、热情关爱，又需要智慧老人的冷静睿智、慈悲超脱。但是青春期主要是永恒少年占据了更多时间和能量。而中年人则需要更多地认同智慧老人。中年期的智慧者和青春期的智慧老人还有一个不同是，它往往是消除了二元对立、两分思维的，青春期的智慧老人，在梦中，往往和做梦者是同一性别，比如女性就对应着智慧老女人。而中年期的智慧者又可能是没有性别的，比如说只是一个画外音、一个光球，也有可能是成对出现的，比如说有个来访者梦到一座大山里一对夫妻。而且，梦者经常会出现和智慧者做爱、融合的场景，比如一个人梦到一个城堡里的神仙，神仙让梦者和自己的妻子做爱。这种智慧老人的原型形式叫作“化合原型”，它可以体现为人格化身形式的，如炼金术中日神和月神的交合、藏传佛教中佛母和佛父的双运、中国文化中伏羲和女娲的交尾。也有非常抽象的象征，如太极阴阳图。化合原型是自性原型出现前兆，化合是对立面的融合，二元对立的超越，它最终要超越的二元对立就是生与死的二元对立。

为进入老年期做好准备。然后，他可以进入老年期了。并非所有人心理社会发展都能沿着这八个阶段走完，很多人终生都没有进入老年期。故而被年轻人辱骂为“巨婴”。

在老年期的情结被称为生死情结，死亡焦虑贯穿人的终生。但是之前的死亡焦虑往往是其他焦虑的变形，比如有的人怕死，是因为他害怕死后什么都没有了，这其实是丧失焦虑、分离焦虑；有的人怕死，是因为他害怕死的时候很孤独，被人抛弃了，自己的存在没有意义了，这种焦虑其实是存在焦虑。

只有在老年期，人们才不得不面对自己必然死亡、必须死亡的命运。传统上，大家划分的老年期是 60 ~ 80 岁。古语说，人过七十古来稀，也就是说，一个人从 60 岁就开始积极准备死亡了。但是现代医药科技突飞猛进，60 ~ 80 岁，只能算老年早期，而且是老年期比较幸福的时段，老人们没有了社会责任，但是躯体还基本健康。80 ~ 100 岁，才进入传统意义上的必须面对死亡的时期。所以甚至有人要把 60 ~ 80 岁也划分到中年期。

寿命的延长也让人们有更多的时间和机会来反思人生的最后一个冲突，最后一个二元对立的概念——生与死。这形成了生死情结。正性的生死情结中，一个老年人安然赴死，因为他具有足够智慧，能统整人生的一切喜怒哀乐，而他面对的客体已经不仅仅是人类社会，而是整个宇宙、时间和空间，这个宇宙对他来说是抱持性的，是充满智慧和慈悲的，所以他愿意停止各种养生延寿的手段，把资源留给他人，把岁月、成就、名利、家国留给其他人，自己安静地走向死亡，走向人生的终点。与之相反，则这位老人的心中充满了绝望，从而觉得社会和宇宙是无情、黑暗的。负性的生死情结让老人退回到之前的发展阶段，其实有时也许对社会文化有利，如老骥伏枥，志在千里，也就是说老人不服老的精神，东亚的企业家们往往有老人执政、老人东山再起的现象，从日本到港台地区，其积极意义就是保持了企业稳定性。

老年的时候，内倾直觉成了最主流的功能，这是因为老人们需要能够直觉地把握自己的死亡，把握生命的终结。内倾直觉发达的人，则给人少年老成的感觉，荣格就是典型的代表，生为小孩的他，都是在考虑老年人要面对的生死问题和神性问题。

支配老年期的原型是自性原型，它包括宇宙万物，包括一切的二元对立，类似于中国文化中所说的太极，乃至无极。自我与自性联结之后，自然也就可以笑迎生死。心理学家津巴多，在其作品《时间观疗法》中也提到了类似态度。

荣格的生死情结应该说还是以正性生死情结为主，比如说他积极地创作各种作品，勇敢地探索死亡，通过写作自传，他也统整了自己一生的爱恨情仇。当然，他也有部分的负性生死情结，比如说积蓄金钱、怀疑被窃、追求自己的分析心理学协会能够有序运行、名垂不朽等。

我们一个人想要走好自己的一生自性化之路，就可以使用这个附录 A 来对自己的人生进行一个初步的评估，看看自己正走在什么阶段，正在受到什么样的情结驱使，什么样的原型驱动，在生活中扮演着、上演着什么样的客体—自体关系。

要特别提出的一点是，发展与停滞容易形成一组新的二元对立，或者换句话说，人既需要向上发展，也需要向下发展。而且，发展会不会带来很多问题、很多弊端呢？比如说婚姻中，一方不断地发展，另一方停滞不前，最终就可能造成离婚；比如说历史上，纣王不想发展，而文王、武王不断发展，最终就出现汤武革命了。心性发展的最终目的是打破发展与停滞的二元对立，所谓刚柔混成，有无不立也。

一个人在对自己的情结、原型、客体—自体关系、心理—社会冲突了解清楚之后，相当于他对自己进行了一个充分的心理体检，一个人只有对自己的身体有充分了解后，他才知道自己在锻炼中应该重点锻炼发展的运动是什么，在什么运动中容易受伤。但是体检并不直接等于疗愈的全部，它提供了疗愈的基础，这个基础是通过理解自己、了解他人、理解社会，从而对自己、他人和社会都具有接纳的态度。在接纳的同时，还需要不断地改变自己，改变他人，从而改造社会。

而这种改变的最基本活动之一就是进行疗愈日记，在疗愈日记中，一个人不断地记录下自己的心情、感悟、回忆、梦境、思考等，我们也可以看到，这也是荣格最常使用的疗愈技术，甚至可以说，荣格的一大部分作品都是来自他的疗愈日记。

对于擅长写作的人来说，非结构性的写作风格更有疗愈性。而对使用写作疗愈的新手，则可以使用比较结构化的工具，如附录B所示的系列梦工作记录表。

这个表的意义在于，它让白日的自我、意识的自我和无意识的核心内容（梦境）紧密结合。之所以自我要与梦境所相连，是因为：其一，所有原型都藏踪于梦境中，尤其是自性原型；其二，梦境开创了超越白日生活、超越世俗生活的心灵宇宙空间；最后，也是最重要的，睡眠和梦境本身就具有修复机体和心理的功能，是人体自带的心理医生，可以在梦境中发现它正在修复、正在工作的心理冲突是什么。

所以，通过了解、探索系列梦，我们就可以更好地安排、调整自己的心理疗愈。

下面对系列梦工作记录表各个部分进行简要说明。

（1）编号：这是对梦境进行标号，以便可以很快地回忆起整个梦境，比如荣格的第一个梦，被编号为梦 1“独眼肉柱梦”，只要我们提到“独眼肉柱梦”这几个字，就可以迅速地想起这个梦境本身。

（2）梦境故事：就像记录一部电视剧、一部电影一样，记录下梦境故事。

（3）意象：这是整个梦境记录中最关键的部分。意象分别两大类成分，一类叫作“容器”，另一类叫作“内容物”。容器是指梦境发生的时间、地点和空间。比如荣格的梦 1“独眼肉柱梦”，容器一开始是家门前的草地，然后是一个石洞。容器是一个比喻，它交代了一个梦境试图处理的情绪，比如某人梦中多次出现的坟墓，显然是提示我们梦境正在对死亡焦虑工作，过一段时间，如果此人开始不断梦到学校，则是提示与学习情结有关。容器与内容物是辩证一体的关系。就像鸡汤与煮鸡汤的锅，盛鸡汤的碗的关系一样，我们无法想象悬置于真空的鸡汤，更不用说享用它。容器与内容物的关系，在心理治疗中，就是来访者陈述的内容、与治疗设置的关系。只有治疗师提供了治疗设置——治疗时间、地点、收费、契约等，来访者的爱恨情仇才能被有效安放，有效修通。

梦境的内容物就是梦境故事中的主要人物和主要器物。它们可以分为阳性元素、阴性元素、转化性元素三大类，阳性元素是梦境中男人、颜色明亮的、有温度的动物等，阴性元素则是梦中的女人、颜色暗淡的、冷血动物等。转化性元素则是梦境中出现的转化了整个梦境的人物、事物。

用鸡汤做比喻，阳性元素相当于鸡，阴性元素相当于汤，而转化性元素相当于火。通过系列梦工作记录表，记录者的自我不断地与这三大元素链接，其中尤其是与转化性元素的链接，如本书中收录的荣格的 30 个梦境中有一个转化性元素，就是斐乐蒙。我们主要就来考察荣格的自我与斐乐蒙的关系如何，来得知其自性化的旅途进展到什么步骤了，下一步应该走向何方。

在实践中发现，有不少人为了什么是阳性、什么是阴性绞尽脑汁，其实大可不必。阴与阳是一对矛盾概念，一种二元对立，系列梦工作记录表正是要超越二元对立，开启自性圆满历程的。

（4）个人理解：它包括相关事件和梦境意义等多个部分，它主要是让梦者经由梦境悟道，形成对自我的理解、对人生意义的理解。可以说，这一部分在荣格身上的体现就是他的《红书》《荣格自传：回忆·梦·思考》，乃至他后半生的大部分著作。

下面就以本书中荣格的 30 个梦境为例，简要地说明一下如何填写系列梦工作记录表。

梦境编号：梦 1“独眼肉柱梦”。

梦境故事：见本书第 015 页。

内容物：阳性元素为梦者小荣格，阴性元素为独眼肉柱，这个梦中没有转化性元素，正如大部分焦虑梦一样，母亲的声音，虽然它出现，造成了转变，但是它只是加强了原本主题——恐惧。而并没有转化恐惧，所以母亲的声音也是阴性元素。

容器：梦境开始的容器是牧师楼与草地，故提示此梦处理的父子关系。后来的容器变成了石洞。

相关事件与梦境意义：母亲住院，父亲分床睡，斥责小荣格。正处于三角情结与权威情结过渡时期，显然，母亲加剧了小荣格对父亲权威的恐惧，这种恐惧又叠加了更早时期的母性吞噬恐惧。这提示在安全—怀疑、自主—害羞这两对最早时期的冲突父性的权威情结、自恋情结和三角情结。精神系统开始调动，独眼肉柱这种父性阳性原型来调整恐惧感与吞噬感，吞噬感来自死亡母亲—恐惧婴儿这样的配对，恐惧感来自父亲原型。（注：梦境意义这部分内容前面已经有比较大众化、口语化的论述，故此处较为理论化，以供有深度思考需求的读者反思）

梦境编号：梦 2“教堂上帝梦”。

梦境故事：见本书第 042 页。

内容物：阴性元素是少年荣格，阳性元素是上帝和教堂，无转化性元素。

容器：开始容器是学校，而且是梦者正上学的学校，说明这和学习情结有关。注意教堂，并没有包容、承载梦者的身体，而是与上帝的身体联为一体。故教堂也是阳性元素，象征着上帝的光明、伟大的一面。

相关事件与梦境意义：进入青春期，大脑与心智迅速发育。但是早期自卑—自恋情结、负性权威情结转移到了上帝身上，试图整合上帝意象的两面，但无法完成。虽然对于成熟智慧的成年人来说，上帝意象是代表自性原型的，但是对于大部分人，尤其是孩子来说，上帝意象更多是父亲原型的象征，正如弗洛伊德在《摩西与一神教》中论述的。这里同时也遇到了人格面具和文化阴影原型冲突。人格面具要求梦者成为适应社会的、乖巧虔诚的教徒，牧师的孝顺儿子，但是其迅速发展的智力已经接触到了文化阴影——神性中也应该包括肮脏、破碎和丑陋。

梦境编号：梦 3“挖掘古墓梦”。

梦境故事：见本书第049页。

内容物：阳性元素是梦者青年荣格，阴性元素是古墓与史前动物骨头。无转化性元素。

容器：一片黑暗的树林，提示容器已经由家庭、学校扩张到自然，是疗愈的征兆。

相关事件与梦境意义：对死亡的恐惧已经被转化为对自然的兴趣，提示荣格使用了升华等防御机制，形成正性学习情结、正性的名利情结。

梦境编号：梦4“放射目动物梦”。

梦境故事：见本书第050页。

内容物：荣格是阳性元素，放射目动物是阴性元素，无转化性元素。

容器：树林作为阳性元素的容器，水塘作为阴性元素的容器。

相关事件与梦境意义：死亡恐惧在转化为对死亡古人的考古探索后，进一步转化为对鲜活动物的探索和链接，提示爱本能为主导动力。在日常生活中转化为对医学的热爱。

梦境编号：梦5“小小意识灯火梦”。

梦境故事：见本书第053页。

内容物：阳性元素为梦者荣格，阴性元素为巨大黑色人影，转化性元素为小小的意识灯火、浓雾和狂风。

容器：某个我不知道的地方，这个容器是开阔的，只有承载功能，没有包容功能，所以转化性元素很难起到转化作用。

相关事件与梦境意义：之前刚刚出现的阳性和阴性元素的会合，但是因为没有充分有力的转化性元素，再次面临着阳性元素和转化元素被吞噬、被吹灭的危险。要注意的是，转化性元素不一定都是朝着爱本能的方向进行转化，比如意识灯火是遵循爱和光明的原则转化的，而狂风和浓雾则是沿着死亡本能的涅槃原则进行转化。另外，浓雾也起到了类似容器的作用，这是因为容器和内容物的关系也是可以彼此转化的，就像炼金的锅炉，因为长期炼金，各种金属附着于容器内壁，它们也变成了容器的一部分。容器和内容物的彼此制约、彼此促进关系，可以参考 Bion 的系列著作，中文翻译作品中《思想等待思想者》是较好的入门书籍。

梦境编号：梦 6“死亡父亲回家梦”。

梦境故事：见本书第 058 页。

内容物：阳性元素为青年成人荣格，阴性元素为死亡父亲，无转化性元素。

容器：家。

相关事件与梦境意义：父亲的死亡，母亲认为父亲为了儿子而死。让荣格的三角情结、权威情结再次被激活。但是情绪强度已经没有童年那么恐惧，而只是担心。

梦境编号：梦 7“地下室头骨梦”。

梦境故事：见本书第 101 页。

内容物：阳性元素为成人荣格，阴性元素为两具地下室颅骨，转化性元素为石板上的圆环。

容器：两层楼房子。

相关事件与梦境意义：这个房子是梦者的家，而且提供了多层空间，换句话说，本来游荡在外的阴性元素比如放射目动物、阴影男人等，现在已经可以和阳性元素在同一个屋檐下会合。一开始阴性元素仍然以父亲的形象出现，现在它再次以古代死亡者的形象出现，但是这次是人类的头颅，而不再是梦 3 那样的含糊，只是古代动物的骨头。死亡恐惧，更多地被转化为好奇探索和事业追求，正性学习情结和青年期的名利情结汇集提供了事业的动力。同时，当心灵的容器被外投到家庭后，也为家国情结积累了能量。也可以结合情结原型社会发展表看到，梦者从梦 1 到梦 7 在客体—自体配对方面的变化，从恐惧婴儿、害羞幼儿、内疚少儿，发展到勤奋少儿、有爱青年。

梦境编号：梦 8“官吏幽灵与十字军幽灵梦”。

梦境故事：见本书第 105 页。

内容物：阳性元素是梦者本人、路人，阴性元素是官吏幽灵和十字军骑士，转化性元素是夏日骄阳，回答疑问的声音。

容器：山地和城市。出现了时间转换，片段 1 是傍晚，片段 2 是正午。

相关事件与梦境意义：容器是比较开阔的，山地和城市仍然是承载功能有余，包容功能不足。梦者不再有死亡恐惧，相反可以面对幽灵的情绪，面对十字军骑士。太阳的出现引发了梦境转化，引出了十字军骑士，提示梦者与太阳象征的父亲原型链接，可以面对父权文化死亡，伟大父亲——英雄原型的丧失，梦中的声音是智慧老人、自性原型的声音。它的出现解决了梦者的困惑，从而结束了梦境。和之前的转化性元素“小小意识之火”比较起来，这次的转化性元素比较强大有力，不是需要梦者去保护它，相反是它来疗愈梦者。

梦境标号：梦 9“白鸽女孩梦”。

梦境故事：见本书第 114 页。

内容物：阳性元素是梦者本人、雄鸽子，阴性元素是孩子们、白鸽变成的小女孩和被雄鸽子埋葬的十二位死者，转化性元素是白鸽女孩。

容器：塔楼—敞廊，夜幕降临的几小时。

相关事件与梦境意义：容器进一步进化，塔楼和敞廊既是封闭的，又是开放的；既是一个抵御外敌的工作场所，又是自己的家庭，说明之前的矛盾性得到了整合。从父子关系开始，说明梦者正在处理中年期的家国情结，对父亲角色的认同。这种中年危机的爆发，是因为和师父（弗洛伊德）绝交，和两位女病人发生爱情关系。白鸽女孩综合了阿尼玛、女儿、情人、智者等多个原型意象和客体意象。

梦境标号：梦 10“死者复活梦”。

梦境故事：见本书第 119 页。

内容物：阳性元素为中年荣格，阴性元素为三个死者，转化性元素为梦者的注视、端详。

容器：墓园、墓穴，三个历史时间，19 世纪 30 年代和 12 世纪。

相关事件与梦境意义：容器进一步进化，再次出现一个开放性空间，如墓园，同时有与之伴随的封闭性空间，如墓穴。而且这两个空间是通过死亡相互联系的。以前的梦中也会出现两个空间——开放性和封闭性的，但是往往彼此对立，比如梦 1 中两个空间（牧师楼）与地下黑洞，一个代表生命，一个代表死亡。时间和历史出现，但是因为梦者的出现，时间被逆转，死者被复活。梦境故事回应梦 9 中雄鸽子埋葬死者一段。转化性元素是梦者的注视和端详，因为他的注视，死亡和生命、过去和现在的界限被打破。这说明梦者认同、吸收了梦 9 中白鸽女孩代表的转化性元素，既有可能带来疗愈，又有可能带来自我膨胀。

梦境标号：梦 11“杀死西格弗里德”。

梦境故事：见本书第 123 页。

内容物：阳性元素是自我，阴性元素是陌生少年，另一个阳性元素是西格弗里德，转化性元素是谋杀、暴雨。

容器：人烟稀少的多岩山。

相关事件与梦境意义：师徒反目。容器为山，象征着自然原则、父性原则，也象征着攀登和征服。陌生少年是未被意识到的部分，皮肤是暗色，与梦者相反，但是又紧随梦者，象征着梦者的阴影未被意识到。他的形象是少年，故可能象征着永恒少年。叛逆父权，追逐自由，具有弑父冲动。西格弗里德是英雄父亲原型。（注：本书作者在《浊眼观影》一书中有多篇论述父亲功能的散文，观点之一是父亲最重要的功能就是战斗英雄功能，其他的功能都是母亲可以替代的）西格弗里德出现于“旭日的第一道光柱”，代表其充足的阳性功能，“坐在骸骨制成的车上”象征其战胜了死亡。故而也象征着意图整合生命与死亡，是梦 8“官吏幽灵与十字军幽灵梦”中夏日艳阳下的十字军幽灵的变形进化。谋杀是死本能的转化方式，正常人只在梦中使用这种方式，转化、消化心灵的痛苦，而系列杀人犯则把这种冲动付诸白日生活中，见聚斯金德小说《香水》。谋杀把嫉妒、自卑、恐惧转化为愤怒与攻击的爽快感，而雨水则起到了降低悔恨、自责、恐惧惩罚的强度，把弑父的自责转化为深深的内疚感。

在弗洛伊德的理论中，孩子具有弑父冲动是成长的表现之一，但是象征性弑父的前提是父亲的强大和父权制度的稳定，这些条件对于荣格来说并不存在。故而到了成年期，才迎来俄狄浦斯情结（三角情结）中的弑父主题，而且是对古代的父亲完成这一任务。但是，弑父成功并不是弗洛伊德当初构想的俄狄浦斯完善解决之道，这种情况叫作俄狄浦斯胜利者，往往是男孩自恋的来源，也是罪疚感来源，如荣格所言“生活可以继续，但留下不堪忍受的罪疚感”。俄狄浦斯王的悲剧就来源于他弑父成功了。弗洛伊德构想的理想化解之道是，儿子发现自己也深爱着父亲，故而愿意接受象征性阉割（抑制自己占有母亲的愿望），母亲也维护父亲的权力，参与到象征性阉割的过程中，儿子认同父亲，希望成长为像父亲一样的英雄，娶母亲一样的淑女为妻。故而化解俄狄浦斯情结。故而有些女权主义者批评弗洛伊德其实是父权制度的维护者，并非革命者、并非解放者。（注：可参考上野千鹤子所著《父权制与资本主义》一书）

梦境标号：梦 12“斐乐蒙钥匙梦”。

梦境故事：见本书第 126 页。

内容物：转化性元素是斐乐蒙，同时他集合了阳性元素和阴性元素，比如他的翅膀是阳性元素，他的牛角又是阴性元素。梦者本没有显示出来，或者他只是纯粹的观察者。如果这是一个清醒梦的话，我们可以说，通过纯粹的观察功能，梦者的自我已经超越了阴性与阳性的二元对立。当然一个人只要还活在人世间，就不能说他已经彻底超越了二元对立。但是斐乐蒙本身是智慧老男人的形象，并非雌雄同体，也不具有白鸽女孩的人兽同体特征，故而在他身上的钥匙是更为有力的转化性元素的特征。

容器：随着内容物出现共冶一炉的融合特征，容器也展示出这种特点，天、地、水融为一体，这是化合原型的功能体现。

相关事件与梦境意义：《红书》的写作迈出文思泉涌的阶段，斐乐蒙不但在梦中显现，甚至在白日生活中显现，并且给予荣格智慧开示。这提示在父性原则、阳性原则的基础上，梦者出现了一个明显的、稳定的自我和自性联结的过程。智慧老人原型主导了梦者的意识和无意识生活，转化中年危机。

梦境标号：梦 13“冰冻葡萄树”。

梦境故事：见本书第 129 页。

内容物：阴性元素为冰雪、翘首企盼的一大群人，转化性元素为生命树，葡萄。荣格自己看起来是阳性元素，但是实际上是转化性元素，因为转化功能的实行，必须通过他来完成。

容器：地点是欧洲大地，时间从春天、夏天到冬天。

相关事件与梦境意义：白日生活中，和托尼·沃尔夫的恋情得到稳固，与国际精神分析协会决裂，最小的孩子出生，一战爆发。反复出现的梦表示其中有未修通的卡顿之处。此梦中，之前梦中提供包容功能的树林，全部冻死。随着之后的第一次世界大战和第二次世界大战的寒流到来，象征着之前抱持梦者的欧洲文化和社会环境已经丧失了生机。所以也可以说它预测了欧洲人集体的命运。荣格作为中年人的家国情结，看起来是受到了重创。这唤醒了集体无意识中的自性原型——生命树，来整合这种从外到内的分裂和创伤。因为认同了自性原型的转化性功能，梦者自己成了救世主。在《圣经》中，葡萄藤是洪水过后诺亚种下的第一颗植物，象征着救赎和复活。葡萄因为多子，在中国文化中也象征着多子多福，同样是生存繁衍、生命活力的象征。时间贯穿了春、夏、冬天，却缺失了秋季，秋季象征着收获、结果，象征着人生的中年期，中年人的责任和担当，它缺失了，故葡萄有叶无果，直到荣格本人认同了救世主，而不是被救赎者，葡萄的叶片可以转化为果实。

梦境编号：梦 14“驯服阿拉伯王子梦”。

梦境故事：见本书第 152 页。

内容物：阳性元素为中老年梦者荣格，阴性元素为阿拉伯王子，因为他一来出自“通往一座马蹄形黑洞洞的城门”，二来其肤色想必是棕褐色，应是梦 11“杀死西格弗里德”中棕褐黑人少年之更新迭代。转化性元素一为打斗，二为羊皮书。

容器：阿拉伯城市，八角屋。

相关事件与梦境意义：北非之旅，初学《易经》，初建塔楼。梦者既认同了英雄战斗的父亲，又认同了智慧老人，通过和阿拉伯王子进行打斗和教学，完成了两个发展任务，其一，在情结层面上，完成了父亲对俄狄浦斯弑父儿子的驯服（象征性阉割），完成了儿子对父亲智力的认同；其二，在原型层面上，完成了父亲原型、智慧老人原型和永恒少年原型的整合。（注：有些读者可能会疑问，既然阿拉伯王子是从梦 11“杀死西格弗里德”中棕褐黑人少年发展而来，那么他更早的形象应该是梦 5“小小意识灯火梦”中的“巨大的黑色人影”，这不是阴影原型吗？怎么现在又变成了“永恒少年原型”？还有之前的父亲原型的意象，不是西格菲尔德吗？不是十字军骑士幽灵和官员幽灵吗？但是这些幽灵不也可以归结为阴影原型吗？正如前面所言，这样的矛盾和混乱，以及各个术语之间变来变去大串门的情况，有以下原型：其一，阴影原型，有多重意义，其中一个意义是，任何不被意识自我接受、不被意识自我看到的东西，都可以称为阴影。故而，所有原型在表达、显现之时，如果它从集体无意识层面上升到个人无意识层面，它就可能变成阴影原型，或者以阴影原型的样貌表现出来。其二，我们说原型相当于基因，而生物学基因表达出来的时候，往往是多个基因共同作用，决定一个人的身体机能，比如头发，看起来只是简单的一根毛发，其色泽、其硬度、其分布范围，却是众多基因与环境、营养等多重因素共同作用的结果，梦中的意象也具有如此特征。所以弗洛伊德说无意识是沸腾的大锅，也就是说，无意识本身具有多样性和不确定性。其三，心理学家和心理学的读者都共同期望心理学术语，是科学术语，或者至少是医学术语。但是实际上，心理现象的瞬息万变，变化无穷，它是超出了科学术语、医学术语的框架的，也许使用模糊数学或者《易经》那样的符号系统可以更好地表达心理现象，但是与此同时，它就更加无法理解了。这种无奈无力、造化弄人的感受，被有些分析师命名为“愚弄者”原型被激活。荣格本人，应该是直到生命临终前几年，才比较明确地整合愚弄者原型的。）

梦境编号：梦 15“死去父亲婚姻咨询梦”。

梦境故事：见本书第 160 页。

内容物：阳性元素为中年荣格，阴性元素是死去的父亲，转化性元素是图书和心理学长篇演讲。

容器：家庭。

相关事件与梦境意义：再次处理家国情结，这也是梦者的生物学父亲没有完成的任务——夫妻不和。夫妻不和构成了童年创伤，即个人阴影，同时它也是文化崩解，父权社会解体的必然结果，故而也是文化阴影、集体阴影。化合原型在物质化合上体现为梦 12“斐乐蒙钥匙梦”中的天、地、水、风各种物质元素的化合，在个人内部体现为雌雄和合，在人际关系中则体现为阴阳合一，琴瑟和谐，性爱合一，白头偕老的恩爱夫妻。故而，虽然梦境表现为单纯的家庭创伤的弥合，但是也有隐藏的原型意义。这次化合显然不成功，因为梦者的自我意图以理性说教挽救婚姻制度的崩溃，故而长篇演讲还没有开始，梦境就被叫停。

梦境编号：梦 16“魔王狼狗梦”。

梦境故事：见本书第 164 页。

内容物：阳性元素为梦者自我，阴性元素为荒野猎人的狼狗，转化性元素为尖厉的嗥叫。

容器：树林、灌木。

相关事件与梦境意义：母亲的临终。树林和灌木，再次回到了以前的死亡与阴森的死亡恐惧和死亡焦虑中，如前所述，孩子的死亡恐惧往往是害怕父母的丧失、被父母攻击，自己被吞噬不存在等等，是其他情结的变形，投射到“死亡”这一概念上，而中老年人的生死情结形成原因则多是因为切实地面对自己的衰老，切实地面对至亲好友的死亡。荣格再次被激活了童年时期的恐惧和忧虑，把死亡定义为夺走和吞食。比起童年时期的死亡恐惧，进步之处在于死亡这一概念，已经不再是个人来承受，而是和传统文化的死神意象（荒野猎人）联系，这意味着死亡被象征化，而且是有效的文化象征。比如说，一个中国人梦到了牛头马面来拘捕人类魂魄，同时，既然有牛头马面，就必然有阎罗王，既然有阎罗王，则随之而来的地藏王、菩萨等救度灵魂的意象也随之而来。当然，梦者梦中没有出现生命树，也没有出现斐乐蒙，这说明在无意识层面，梦者还是无法修通生死情结的。

梦境编号：梦 17“蟾蜍男孩梦”。

梦境故事：见本书第 165 页。

内容物：阳性元素是军人荣格，转化性元素是蟾蜍男孩，阴性元素是半身男人、死而未亡的马车小姐。

容器：丛林、马车

相关事件与梦境意义：蟾蜍男孩看起来是阳性元素，但是之所以说他是转化性元素，是因为他的出现转化了整个梦境，从行军场景变化为鬼魂飘舞。当然其转化功能并不强大，没有和梦者发生智慧对话，也体现出转化功能。类似的人兽合体的意象，比如白鸽女孩、长牛角的斐乐蒙，都更加具有疗愈性，这也提示梦者在无意识层面发生了退行，蟾蜍男孩更加接近独眼肉柱的形象，幸亏蟾蜍在炼金术中是炼金之屋的基础，故而也还是可以帮助梦者。死而未亡的各种意象，如前所述，既代表着个人阴影，也代表着集体阴影。在《大脑是台时光机》一书中，我们看到，时间焦虑和死亡焦虑都伴随着工业化、城市化进程而加剧，而连数学概念都几乎没有的皮拉罕部落中，人们几乎不为死亡发愁，总是活在当下。

梦境编号：梦 18“黑人理发师梦”。

梦境故事：见本书第 182 页。

内容物：阳性元素是梦者本人，阴性元素是黑人，转化性元素是烫发钳。

容器：在梦中没有明确显示，但是黑人来自田纳西州，可能表明美国文化形成了一种容器。

相关事件与梦境意义：荣格在非洲旅行。这看起来是荣格的人格面具，白人种族认同，与白人文化的阴影——黑人的整合。而这种整合需要美国文化的进化，作为一个转换、过渡的地带。比如说黑人所使用的烫发钳就具有现代生活的气息。梦 2“教堂上帝梦”也是人格面具与文化阴影的整合，但是那是青少年荣格的个人人格面具，与他所生存的基督教文化的阴影的整合。而这一次是整个白人文化的人格面具——民族身份认同，与被贬低的黑人文化的整合，黑人文化因为被贬低、被歧视，故而成了整个白人文化的阴影。

梦境编号：梦 19“配楼炼金术图书馆梦”。

梦境故事：见本书第 184 页。

内容物：阳性元素是荣格本人，阴性元素是炼金古籍，无转化性元素。

容器：侧楼。

相关事件与梦境意义：正性家国情结的修通和建立在于连接故国的历史，传承祖国的文化传统和文化精神，取其精髓，去除糟粕。在梦 18 之前的荣格生命历史中，他和同时代的人一样，对欧洲传统文化采取彻底批判、彻底否定的态度。这样，传统文化就变成了个人的阴影、家庭的阴影和社会的阴影。对炼金术的探索，既是为传统文化续命，也是力图从传统文化中探索出适合欧洲人的解脱之道。但是，和梦 14“驯服阿拉伯王子梦”比较起来，这个梦表面上看起来是退步了，因为在梦 14 中，他已经认同智慧老人，教导王子羊皮书了。但是实际上，这也可能是进步。智慧老人和永恒少年的整合是在一个人内部完成的，如果在梦 14 中，阿拉伯王子起身说：“其实我就是你自己。”然后他变为荣格的模样，我们可以说，这是智慧老人和永恒少年整合了，而梦 14 中，其实是把永恒少年投射出去，投射到阿拉伯王子这个形象上。而且，这还隐约提示着梦者荣格的自恋和自大、自我膨胀，实际上，他不但不太了解阿拉伯炼金术和中国炼丹术，甚至对欧洲本土的炼金术也不太了解。故而现在开始把幼稚少年的意象回收，自己开始谦逊地学习传统文化知识。所谓自性化是独行道，就是能够回收投射出去的各种情结、客体意象、原型意象，了知万法皆出于我心，然后独身上路。

梦境编号：梦 20“困在 17 世纪”。

梦境故事：见本书第 185 页。

内容物：阳性因素是荣格本人，阴性元素是小个子车夫，转化性元素是隧道。

容器：马车，庄园。

相关事件与梦境意义：马车，作为交通工具，也是贯穿荣格一生的容器。早在少年时期，他的白日梦中就幻想自己是乘坐 18 世纪马车的医生，后来在梦 2“教堂上帝梦”中，梦境故事也是发生在马车来往的路口——“我从院子里经过一个大马车往来的大入口，在我面前是巴塞尔大教堂。”到了梦 17“蟾蜍男孩梦”中，则出现了一个阴性元素被马车包容的意象——死而未亡的马车小姐，这一次则是梦者本人被马车包容。车辆，总体上来看，是象征着运载、运动、把人从一个地方到另外一个地方，它当然也象征着对速度的追求。比如一个人梦到自行车，那可能象征着他的独立，也可能象征着手淫，因为自行车刺激阴部，可以带来快感，手淫是一种性生活方面的独立自主、自力更生。一个人梦到公共汽车，则可能象征着他期望和公众、集体链接。汽车和马车都是内倾性格的人容易梦到的运载工具，它保证了这个人和他人的链接，不像自行车那么孤独，也不像公共汽车那么多人际连接。

第一辆汽车于1886年在德国问世，荣格的一生，见证了汽车替代马车的历史，他自己也是最早拥有私家汽车的人员之一。但是他这个梦中，显然还是眷恋马车的岁月。作为阳性元素的他，这次面对的阴性元素是驾驶马车的农夫。他由梦11“杀死西格弗里德”中皮肤棕褐的陌生少年进化而来。我们可以说，那个仇恨英雄父亲的少年，具有正性俄狄浦斯情结的永恒少年，已经进化为一个健壮农夫了。

然后他们到达了一个“时空隧道”，经由时空隧道，穿越回了荣格一直想要回去但是又回不去的古代。时空隧道，这种意象的出现，表明了人们想要整合时间和空间的分裂，想要整合历史与现代的割裂。在加州大学神经心理学教授博南诺的著作《大脑是台时光机》中，我们可以了解到，人类是少数能够进行精神时间旅行的物种，人类存在两种时间观，一种是直线时间观，就是人们只能活在当下，过去无法追溯，未来不可穿越；另一种是块状恒在观，就是时间是分布在块状的四维宇宙中的，理论上是可以穿越的，只要能超越光速。

大概大部分50后到80后，接触到的都是第一种时间观，而年轻一代，对当代物理学了解比较多。令人惊奇的是，恒在时间观，听起来像是科幻小说，相反却是科学证据更多一些的时间观。所以爱因斯坦说：“对于我们这些虔诚的物理学家来说，过去、现在和未来的区分，仅仅意味着一种顽固的幻觉。”

穿越、整合空间的功能，以前体现在梦12“斐乐蒙钥匙梦”中，而现在荣格和他的阴影农夫马车却具有穿越时间的功能，当然这是被动的穿越和整合。也有病人梦中会出现主动穿越和整合，比如某病人，他梦到自己进入了五维空间，看到下方是自己的一块块的时间，其中正在上演各种场景，他可以拨弄这些时间平面或时间块，把他们移动到黑洞中去。

时空穿越后，荣格的第二人格农夫感受到了囚禁感，而荣格的第一人格却安之若素，可以自我安慰，这提示我们他的疗愈功能已经深入到无意识中，而且比起梦15“死去父亲婚姻咨询梦”略有进步，之前是掉书袋式地给爸爸说到底，现在是可以自我安慰了。

时空穿越也蕴含着生死情结的解脱，对此世生命的超越，这听起来玄乎，其实好多老年人都会出现无意识的精神时空穿越。比如说，老年人开始会不断回顾过去，唠叨过去，过去的细节被惊人地回忆了起来，这不就相当于他的精神穿越到过去了吗？他们还会不断地梦到死后的世界，各种祖先鬼魂、死去的亲朋好友来访，这就相当于穿越到了未来。

时间和空间二元对立的解除，当然也是自性原型最核心、最主要的功能。当然我们看到，此时荣格的梦中还是没有这种功能的，比如无论斐乐蒙还是白鸽女孩都没有出现在梦中。如果今天我们给荣格做心理治疗，可能就可以问他：“如果这个梦没有结束，可以延续，那么我们回到梦境最后一幕，让我们假设，斐乐蒙这时候飞过来了，请想象一下，接下来的剧情会是什么？”

梦境编号：梦21“利物浦之梦”。

梦境故事：见本书第189页。

内容物：阴性元素是荣格及一帮瑞士人，阳性元素是住在利物浦的另一名瑞士人，转化性元素为玉兰树。

容器：冬夜，利物浦城，圆形池塘，中心小岛。

相关事件与梦境意义：一般梦者的自我都是阳性元素，但此梦中为什么说梦者自我是阴性因素呢？他身处冬夜时分、有雨有雾的利物浦城，走在黑暗的街道，所以利物浦城构成了一个阴气森森的容器，其中的梦者和同伴也是阴性元素。同伴六七人，他们和梦者组成了 6+1 或者 7+1 的结构，这种数字结构在基督教中也有神秘和神圣的意义，比如上帝造人用了 6 天，第 7 天是上帝安排的安息日、礼拜天。七也被认为是事物循环轮转的规律，比如一周七天，炼丹经常有七七四十九天之说。（注：有关数字的原型意义可以参考澳门城市大学龚曦的博士论文《梦中数字的分析心理学意象研究》）但是在他论述此梦的另外一个版本中，随从的人数又只有三人，所以形成的是 3+1 的结构，这和三位一体、四相性有类似之处。

此梦的容器再次出现了层层递进、不断发展的关系，比如在梦 7“地下室头骨梦”和梦 14“驯服阿拉伯王子梦”等多个梦中，我们都可以看到这种容器不断变化的结构。梦中说“市场在下面，然后穿过死人巷（Totengasschen），上至一片高地，到达圣彼得广场和圣彼得大教堂”这大概是象征着在到达光明生命树前，荣格及其代表的瑞士心灵需要修通死亡焦虑、修通圣徒崇拜。生命树再次出现，上一次它展现为葡萄树，这一次则是玉兰树。

玉兰，据说是生长在中国的植物，直到 18 世纪才被移植到欧洲，它同时受到了东方人和西方人的喜爱，比如上海市市花是玉兰、美国的密西西比州也把玉兰定为本州之花。在东西方文化中，它的共同的象征意义是女性、高贵。有些时候玉兰和木兰还混淆了起来，因为它们的外观极其类似，只是玉兰长在树上，木兰长在灌木上。花木兰的故事传到西方后，深受喜爱，因为它从父女关系的故事被改造成了女性解放的故事。

荣格无意识选择了玉兰花，大概也是隐约地采取了它的象征——东方文化整合西方文化。和梦13“冰冻葡萄树”中的相辅相成。

这个梦出现在1927年1月2日，之后荣格试图要绘出梦中的城市街道，就在他绘画的过程中，玉兰花发生了变化，变成了宝石一般的玻璃，城市也变成了八角形的城市，周围有很多星星，星星的一角居住着梦中的那个瑞士熟人。

一幅名为曼陀罗的绘画最终于1月9日完稿，它被命名为“永恒之窗”。

就在那天完稿的时候，他的朋友Hermann Sigg死去了。故而他在曼陀罗的图下方写下了朋友死期。1920年北非之旅时，Sigg也是他主要的同伴，在那次旅行中，他做了梦14“驯服阿拉伯王子梦”。可见Sigg对他生命的重要意义。梦中的另外一个瑞士人——和玉兰树在一起的瑞士人，有没有可能就是Sigg呢？目前的研究还没有结论。

可以肯定的是，这个梦和之后的曼陀罗对荣格有重大影响，他先后多次提到此梦，引用这个曼陀罗，一次是在他为《金花的秘密》所写的序言中，另外一次是在《昆达里尼瑜伽研讨会》中，还有一次是1950年的论文《论曼陀罗的象征》。他认为这个曼陀罗的结构类似中国的紫禁城的城堡，可能也对应着中国道教中的“黄庭”。他对中央的玫瑰之光也产生了不同解释，一开始他认为自己就是那个玫瑰之光，就是世界的中心。后来他接触道教哲学后，认为把自己设为中心大概是西方文化的特性，根据道教等东方文化，自我可能被设定为周围边沿的星光从而更加合理。

当然，即便梦中的另外一个瑞士人是Sigg，梦中的Sigg也仍然有象征意义，而不是百分百对应现实人物，他可能象征着和玉兰树相链接的心灵，向往永恒与光明的一面。

荣格在绘画曼陀罗的时候，直觉感应到，这个玫瑰之光类似于通往世界的永恒之窗。

今天我们看到，这个永恒之窗非常类似埃及的神圣几何学世界之花的图案，是明确无疑的自性原型显现之样。

从此我们得知，梦者荣格此时已经能够娴熟地运用积极想象、绘画疗法的技能来进行梦的工作，他首先记录下系列梦，然后反复地回味系列梦中重要场景，不断地加工、描绘梦中的转化性元素。通过这个工作，转化性元素呈现为自性原型。永恒之窗标志着荣格的意识自我和自性建立了较为稳固的联结。比较起斐乐蒙和自我的联结，这个联结更加稳固，因为斐乐蒙具有自主性，并不受意识自我的掌控。

梦境编号：梦 22“圣杯梦”。

梦境故事：见本书第 193 页。

内容物：阳性元素为梦者、同伴，阴性元素为葡萄藤上的蒙面小地精，转化性元素为圣杯。

容器：英国小岛，圣杯城堡。

相关事件与梦境意义：印度之行期间做此梦。转化性元素，从梦 21 中具有东方元素的玉兰树回到了具有西方传统意义的圣杯。梦者认同了圣杯骑士（英雄—父亲原型），但是这种认同是不太得到同伴认同的，同伴一开始是 7 人，后来变成了 6 人（减去了多嘴多舌的教授）。回应了梦 21 中“六七人”的结构。整个梦境更多恢复了欧洲文化传统中的神话世界，如圣杯与地精。梦者在结尾处已经可以孤身上路，远离世俗与人群。

梦境编号：梦 23“瑜伽行者梦”。

梦境故事：见本书第 211 页。

内容物：阳性元素为梦中自我，阴性元素为瑜伽行者，转化性元素为禅定、禅观。

容器：教堂。

相关事件与梦境意义：梦者出现了濒死体验。梦境体现出了明显的超越二元对立的特征，阴性元素和阳性元素整合，瑜伽行者如果是阴性元素，则荣格自我是阴中阳，反之亦然。

阴性元素，从一开始骇人的阴影逐步进化，从具有非洲特色的黑人到欧洲农夫、古代十字军幽灵，到亚洲的瑜伽行者，提示着整合各种文化阴影。同时，它也和转化性元素融为一体，正如斐乐蒙具有四把钥匙可以解开心锁一样，瑜伽行者的禅定也具有转化、超越的意味。而且禅定、瑜伽这个转化性元素，正如积极想象、绘画曼陀罗一样，是梦者的白日自我也可以把握的工具。自我与自性的联结更加稳固。

梦境编号：梦 24“配楼乐队梦”。

梦境故事：见本书第 213 页。

内容物：阳性元素为梦者自我、乡村青年，阴性元素为死去的父亲与母亲，寄宿的鬼魂夫妻，转化性元素为鱼类研究、铜管乐曲。

容器：配楼，实验室，花园小亭一样的箱子。

相关事件与梦境意义：写作《答约伯》引发社会争论。转化性元素从具有神圣意义、超越世俗意义的瑜伽行者变回了和世俗社会比较切合的鱼类、兽型神学研究，以及铜管乐曲，但是这两个转化性元素在此梦都没有完成转化的任务，父亲并没有被转化为虔诚的教徒或者科学家，母亲也没有被转化为和自己伴侣翩翩起舞的贤妻良母。梦者的自体再次出现了分裂——分裂为自我和乡村青年。这种分裂可以理解为：①在个人层面上，梦者仍然无法放弃、远离世俗生活，尤其是父母婚姻不幸福引发的家国情结——不断地期望弥补夫妻之间的裂隙。②梦者把化合原型投射到了世俗夫妻生活中，这种投射当然符合家族主义文化的社会，如梦者当年生活的欧洲和儒家文化圈。但是这种投射随着工业化、城市化进程，已经受到了极大挫折。工业化、城市化，以及随后的全球化，造成的结果之一就是家庭这种制度的衰败和解体。家庭，尤其是建立在父权私有制基础上的家庭，已经崩溃，越来越多的人会选择不再组建家庭，或者仅仅在家庭完成育儿、财产积累等基本功能后就解散家庭。（注：可以参考上野千鹤子所著《父权制与资本主义》一书）如果因为道德、财富分配等原因，勉强维持婚姻的表象，其婚姻就会像荣格梦中父母之家，阴气深深、死气沉沉。荣格及其同时代者显然都无法迎接这种数千年未有之变局，无法接纳家庭制度的衰亡，无法哀悼个人家庭的丧失。

梦境编号：梦 25“父亲《圣经》梦”。

梦境故事：见本书第 219 页。

内容物：阳性元素为梦者本人、Y 医生及其儿子、乌利亚，阴性元素为圣徒父亲、大卫王，转化性元素为《圣经》、吵闹鬼、天梯、拔示巴。

容器：温泉浴场的客栈、豪华棺椁、库房、苏丹阿克巴市政厅地下室。

相关事件与梦境意义：梦中人物形成了三组配对，配对 1 是荣格及圣徒父亲，配对 2 是 Y 医生及其儿子，配对 3 是乌利亚、大卫王。前两组是父子关系，最后一组是君臣关系。配对 1 的父子是经由神学、《圣经》得以连接和转化。配对 2 的父子因为精神病学而得以连接传承。最后这个配对得以彻底分离、决裂。这对应着梦者在日后生活中远离世俗社会和世俗价值观。

父亲意象，已经从一开始的生物学父亲逐渐演化为原型父亲，现在进化为智慧老人，替代了斐乐蒙的角色。

吵闹鬼的出现貌似与愚弄者原型类似，但是似乎更接近梦 24“配楼乐队梦”，虽然铜管乐队奏响的是爱的舞曲，但是梦者感知的却是尘世的喧嚣。

在远离喧嚣和吵闹后，神性父子在具有东方色彩的容器中与“最高存在”（自性原型）会面。但是这个最高存在，却是与政治斗争、好色、暗杀联系在一起的，这可以视为荣格也开始吸收、承认了弗洛伊德黑暗历史观合理性——文明建立在父子相残、贪财好色、图名恋权的基础上。正因为这些人类的原罪，所以耶稣基督的献祭才是具有意义的。要是大家都是翩翩君子，耶稣基督还有什么必要为人类牺牲、为人类赎罪呢？在很多刚刚接触灵性修炼者心中，世俗生活和超凡生活是二元对立、水火不容的，但是到了一定条件下，它们的对立就会消解，我们看到，荣格这个梦的最后已经具有了这个特征，最神圣的神性、最高存在的代表者容，从却是一个俗人，他是一场人间政治谋杀中的冤大头、一个被戴了绿帽子的老英雄。

梦境编号：梦 26“不喜不悲的妻子”。

梦境故事：见本书第 226 页。

内容物：阳性元素为梦者自我，阴性元素为三十岁的亡妻，无转化性元素。

容器：无。

相关事件与梦境意义：妻子去世。各种死而未亡者，在梦者的系列梦中，不断进化，从之前梦中死而未亡的官员幽灵、十字军骑士，到父亲的幽灵、代表母亲幽灵的马车小姐等，总体的进化途径是越来越超脱。直到亡妻这个意象，其表情不喜不悲，超越了理性和情感的二元对立，也超越了世俗的感情。但是其着装却是漂亮的连衣裙，表示出对世俗美丽、人间风华的追求和接纳。

这代表着母亲—妻子这一类女性意象的超越性，和父亲—师父那一类男性意象的超越性一样重要，尤其是现代社会，男女平等，心灵超越再也不是男性特权。但是，和梦 25“父亲《圣经》梦”中父亲意象总是有各种容器比较起来，这里的妻子意象是缺乏容器的，或者连衣裙可以算作包裹女性躯体的容器，但是梦者并没有和对方处于同一容器中，比如梦 25 中的苏丹阿克巴市政厅地下室。而且，梦中也没有出现转化性元素，只看到双方的彼此凝视。所以这也是可以做积极现象的梦境，比如让梦者画下梦中妻子的图像，不断地观想，体验各种情绪后，开始和梦中妻子对话，以促进转化性元素显现、成型。既然梦者在梦后产生了领悟，就说明这个梦中本来是应该有容器和转化性元素的，但是被梦者遗忘了。这也提示我们，在梦的工作中要注意到，我们工作的永远都是梦者对原初梦境的回忆。当然，这些缺失的部分在下一个梦中得到了补偿。

梦境编号：梦 27“亡妻研究圣杯梦”。

梦境故事：见本书第 228 页。

内容物：阳性元素为梦者自我，阴性元素为亡妻，转化性元素为圣杯研究。

容器：普罗旺斯。

相关事件与梦境意义：妻子死后一周年。梦 26 中缺失的容器与转化性元素都得到了补充。化合原型再次投射到夫妻关系中。

梦境编号：梦 28 “UFO 投射梦”。

梦境故事：见本书第 234 页。

内容物：梦者和 UFO 相互为彼此阳性或阴性元素，转化性元素为投射。

容器：自家房子。

相关事件与梦境意义：再次出现物我同一、人我同一感。呼应梦 23 “瑜伽行者梦”中的天人合一、人我双泯，代表着自性化进程的稳定。之前的瑜伽行者梦中，转化性元素是具有东方色彩、古代色彩的禅定或禅观，而这个梦中的转化性元素则是具有西方特色、未来风格的外星高科技。这意味着梦者不再依赖古代文化中的象征性意象来表征自性原型，也不再把科学客体、科技客体与自性化过程对立起来。UFO 能够通过投射创造世界，创造“荣格”这个主体或者说自体，这说明 UFO 具有自性的功能。梦者在无意识中再一次超越了“有我”与“无我”的二元对立。

梦境编号：梦 29 “狼獾母亲梦”。

梦境故事：见本书第 237 页。

内容物：阳性元素为荣格，阴性元素为狼獾母子，转化性元素为一个声音。

容器：另一个波林根。

相关事件与梦境意义：临终前一年。以前多次梦到的容器——

家宅发生了重大变化，家宅主要有以下几种形态：①写实的、对应现实生活的家宅，如梦 1“独眼肉柱梦”、梦 6“死亡父亲回家梦”、梦 15“死去父亲婚姻咨询梦”等，这体现了梦者正在重演在自己家里激活的内心冲突或者试图改变家庭中人际关系的努力。②充满异国风情的住宅，如梦 9“白鸽女孩梦”、梦 14“驯服阿拉伯王子梦”等那样的，往往提示梦者正在把重建家庭的希望、正性家族主义情结投射到异国他乡。③具有神奇、怪异色彩的家宅，如梦 24“配楼乐队梦”，是一个阴间的家宅，而本梦的家宅则是天堂中的家宅。这个空中的家宅具有明显的阳性特征，因为他“沐浴在光芒闪烁中”。这一方面提示梦者具有根深蒂固的家庭情结，类似很多家族主义者那样，以为家庭相爱、百毒不侵，忽略了家庭制度正在解体的文化进程，另一方面表明化合原型正在投射到家庭上，现在正投射到天堂的家庭中。这种投射形成了新一轮的分裂，就是母子关系，被投射为下方的狼獾母子，与大地、动物的阴性原则，形成了纯阳—纯阴的两极对立结构。转化性元素——一个声音是帮助梦者转化为纯阳的存在，去天堂安家，而不是试图消除天堂与大地的对立、阴间与阳间的对立。

梦境编号：梦 30“金线树根梦”。

梦境故事：见本书第 241 页。

内容物：阳性元素为梦者，阴性元素为具有金线树根的树木，转化性元素为石头。

容器：方形地、地底、陶瓶。

相关事件与梦境意义：临终时刻。转化性元素为石头，既是荣格从小的玩具，也是被投注了神奇转化力量的炼金术中哲人石象征，圆形代表着圆满，之前梦中隐藏的声音——自性原型之声变成了铭刻在石头上的墓志铭。多次出现的森林、树木这次紧紧地与梦者身体包裹，这个大地母亲与身体包裹的意象在个人情结层面是母婴身心抱持关系的重现，在原型层面则是化合原型。容器则既有方形容器，类似墓穴、梦 1“独眼肉柱梦”中的方形黑洞，也有可能是圆形容器。在梦 14“驯服阿拉伯王子梦”中的城堡、梦 28“UFO 投射梦”中的飞碟等多个梦中，都出现过圆形容器，如圆形池塘等，但是这里并没有明确的显示。树木和自我的吞噬关系也对应于梦 1 中自我与独眼肉柱的吞食关系，但是梦 1 的情绪基调是恐惧，梦 30 的情绪基调可能是宁静快乐的，也可能是悲欣交集的。更有可能是不喜不悲，犹如梦 26“不喜不悲的妻子”。◆

结语

荣格的自我疗愈故事到此为止，他从一个恐惧的孩子走向空心的少年，变成热情的青年，最后经历中年危机，走向人生的终点：死神画下一个圆满的句号。

荣格，之所以没身不殆，死而不亡，至今仍然频频有其新作发表，大概在于他本人象征着两种人格形象。

其一，他象征着追寻灵魂的现代人。从空心青年到巨婴老人，随着宗教颓败、家庭解体，传统价值崩溃，现代人丧失了人生的意义，每天呼吸着空虚和焦虑，吃力地拖曳着抑郁的肉体，奔波劳碌于名利财色之间。而荣格几乎从他的第一个梦“独眼肉柱梦”开始，就展开其长达 80 余年的自我疗愈历程。

其二，他更象征着受伤疗愈者。这大概是心理咨询师为什么一方面对荣格的神神鬼鬼不屑一顾或心存畏惧，另一方面又经常“真香”于荣格的只言片语。传统的疗愈者、各种圣徒神僧总是那么完美无瑕，高不可攀，就像春节联欢晚会的国家一级演员，一颦一笑、一词一句都是那么字正腔圆、精雕细琢，而荣格的一生，更接近抖音里玩直播的个别歌手，时不时都是荒腔走板、车祸现场。他是一个严重的病人，显然携带着精神分裂的基因，该经历的童年创伤也一个都没落下，他也是一个身残志不残、发奋自我疗愈的好医生。爱情上，他是一个标准的渣男，所有纯情少女应该退避三舍，又是一个用情至深、不离不弃的情种，总是能够叩开文艺女青年欲语还羞的心扉。

不少人，因为对宗教超越体验的不了解，把荣格封神，投射为当代仁波切。当然，荣格的修行功夫距离“竹影扫阶尘不动，月穿潭底水无痕”这种修行界大学生水平，尚有一定距离，但是在一般的近似佛教徒中，的确可以算高考学霸。

虽然荣格并没有超凡脱俗，但是他的确为凡庸的人们提供了信心和勇气，虽然在白日生活中不能用于肉身不腐、虹化迁转等修行得道的成就，但是至少我们可以在梦境中、在幻想中拥有一些小确幸，所谓虚己以游世，乘物以游心。◆

扩展阅读

本章介绍的发展心理学从婴儿期开始，但是当代的发展心理学已经开始研究胎儿期事件对于人的影响，对于这方面知识感兴趣者可以了解斯坦尼斯拉夫·格罗夫的著作《非常态心理学》，2004年云南人民出版社出版。

童年的各种情结、各种创伤可以使用内在小孩工作法来疗愈，市面上内在小孩为名的自助书很多，我个人最推荐、日常工作中使用最多的是由约翰·布雷萧所著的《回家吧，受伤的内在小孩》一书，由熊锦玉、吴文忠翻译，机械工业出版社出版。这本书提供了从婴儿期到青春期各种情结和创伤的修复方法。

青年成人期的冲突一是工作，一是婚恋。常用的自助书籍是《找到你工作的意义》《爱的五种语言》《钱、性、孩子：好女人不可不知的婚姻雷区》《爱情是一个故事》《亲爱的，我们别吵了》。

中年期经常使用的自助手册众多，如《走出无性婚姻》《幸福的婚姻》《离婚的心灵法则》《必要的丧失》等。对于有心理障碍、情绪困难者，可使用《抑郁情绪调节手册》《焦虑情绪调节手册》《穿越抑郁的正念之道》《当情绪遇见心智》等。

老年人当然也是需要心理自助的，如《当温暖消逝》《临终：精神关怀手册》《最后的陪伴：如何面对亲人的衰老和死亡》。

以上推荐的都是心理自助，比心理自助更重要的是心性修养。

心理自助书籍大多取向是情感和理性的平衡，而心性修养则是理性、情感、直觉、知觉四方面的辩证整合，这一任务主要是世界名著来承担的，《浮士德》和《西游记》都是这方面的优秀作品，《西游记》则更有优势一些，尤其是李安纲教授总结和评注的《西游记》，使用佛教和道教的理论来论述小说中包含的自性化过程。

附录A
情结原型社会发展表

情结	功能	原型	客体—自体配对	心理—社会冲突
自恋情结	内倾感知觉	伟大母亲原型—孩子原型	慈爱母亲—信任婴儿 死亡母亲—恐惧婴儿	安全信任—怀疑
权威情结	外倾感知觉	父亲原型—个人阴影原型	规训父母—自主幼儿 操纵父母—害羞幼儿	自主—害羞
三角情结	内倾情感	化合原型—集体阴影原型	相爱父母—主动小儿 敌对父母—内疚小儿	主动—内疚
学习情结	外倾思维	人格面具—文化阴影原型	民主老师—勤奋少儿 独裁老师—懒散少儿	勤奋—散漫
青春情结	外倾情感	永恒少年原型—智慧老人原型	欣赏长辈—浪漫少年 功利长辈—空心少年	角色稳定—角色混乱
名利情结	外倾直觉	人格面具—愚弄者原型	关爱社会—有爱青年 冷漠社会—隔绝青年	亲密—隔绝
家国情结	内倾思维	智慧老人—永恒少年原型	感恩他人—繁衍中年 冷漠他人—停滞中年	繁衍—停滞
生死情结	内倾直觉	自性原型	抱持宇宙—统整老人 无情宇宙—绝望老人	统整—绝望

附录 B
系列梦工作记录表

编号	梦境故事	意象				个人理解
内容物					容器	相关事件
		阳性元素	阴性元素	转化性元素	时间—空间	梦境意义
1						
2						
3						
4						
5						
6						
7						
8						
9						
10						
11						
12						
13						
14						

续表

编号	梦境故事	意象				个人理解
15						
16						
17						
18						
19						
20						
21						
22						
23						
24						
25						
26						
27						
28						
29						
30						
31						
32						
33						
34						
35						

附录 C
荣格自我疗愈年表

1875 年　荣格诞生。

1876 年　1 岁，移居劳芬。

1879 年　4 岁，家庭移居巴塞尔近郊，父母不和，母亲住院。参见梦 1“独眼肉柱梦”。

1884 年　9 岁，妹妹出生。

1887 年　12 岁，参见梦 2“教堂上帝梦”。

1887—1888 年　12 ~ 13 岁，患病，有可能是脑创伤或者癔症。

1893—1895 年　18 ~ 20 岁，参见梦 3“挖掘古墓梦”、梦 4“放射目生物梦”、梦 5“小小意识之火梦”。

1895—1900 年　20 ~ 25 岁，医学院学习。参加表妹的招魂会。

1896—1899 年　21 ~ 24 岁，在医学院演讲，后结集命名为《佐菲迦演讲录（Zofingia Lectures）》出版。

1896 年　21 岁，父亲去世，参见梦 6“死亡父亲回家梦”。

1900 年　25 岁，决定专业方向为精神病学。

1902 年　27 岁，学位论文《关于神秘现象的心理学与病理学》。

1903 年　28 岁，荣格结婚，其后相继生育了 5 个子女，一直到 1914 年最后一个儿子出生。

1902—1903 年　27 ~ 28 岁，巴黎进修，在让内的医院学习精神病学。

1903—1905 年　28 ~ 30 岁，精神病院做实习医师，做字词联想测验，验证弗洛伊德所说的“情结”。

1902—1906 年　27 ~ 31 岁，写作多篇精神病学症状学研究文章，后汇集为文集第 1 卷。

1904—1911 年　29 ~ 36 岁，与萨宾娜发生恋情。也有人认为他们关系持续了 12 年，到 1916 年才终止。

1905 年　30 岁，在苏黎世大学任医学系讲师。

1906 年　31 岁，开始支持弗洛伊德，与之通信，发表《弗洛伊德的癔症理论：对阿沙芬堡的回应》。

1907 年　32 岁，面见弗洛伊德，发表论文《早发痴呆的心理》。

1904—1907 年　29 ~ 32 岁，做多项实验研究，字词联想，对情结等进行心理、生理学研究，这些论文收入到文集第 2 卷；成为精神医学界与心理学界的新星。

1908 年　33 岁，发表《犯罪心理学新领域》《精神病的内容》《弗洛伊德的癔症理论》。

1909 年　34 岁，开始个人执业，同年 9 月份去克拉克大学演讲。参见梦 7“地下室头骨梦”、梦 8“官吏幽灵与十字军幽灵梦”。发表《梦境的分析》和《父亲在个体命运中的意义》（1949 年重修）。

1910 年　35 岁，担任国际精神分析协会首任主席，开始撰写《转化的象征》，与弗洛伊德强烈争执。发表《一个孩子的精神冲突》，1946 年有修改。开始阅读炼金术书籍，发表《论对精神分析的批评》。

1911 年　36 岁，发表《布鲁勒精神分裂阴性症状的批判》《论数字梦的意义》《也论谣言的心理学》。

1912 年　37 岁，与弗洛伊德决裂。同年圣诞，参见梦 9“白鸽女孩梦”、梦 10“死者复活梦”。决定与托尼·沃尔夫发展婚外情关系，这段关系持续终生。出版《转化的象征》，其中引用佐西摩斯的幻觉。发表《心理学新路》《关于精神分析》。

1913 年　38 岁，将自己的理论命名为“分析心理学”，从苏黎世大学辞职。开始“直面无意识”，写作《黑书》，这个写作持续了 17 年，一直到 1930 年，《黑书》的内容精选改写为《红书》。同年 12 月，有梦 11“杀死西格弗里德”、梦 12“斐乐蒙钥匙梦”。发表《精神分析理论》《精神分析理论的一般方面》。

1913—1917 年　38 ~ 42 岁，间断服兵役。

1914 年　39 岁，和托尼·沃尔夫的恋情进一步发展，持续终生。彻底与弗洛伊德的精神分析协会决裂，辞去国际精神分析协会主席。最小的孩子出生。第一次世界大战爆发。参见梦 13“冰冻葡萄树”。阅读 Silberer 的书籍，对炼金术的观点发生改变，从之前的贬低蔑视转化为兴趣盎然。发表《论心理学中无意识的重要性》和《精神分析中一些关键问题：荣格医生与罗伊医生往来信件》。

1916 年　41 岁，任英国拘留营陆军医疗队的医生与队长。发表文章《对死者的七次布道》《论超越功能》（1957 年有修改）《自我与无意识的关系》《无意识的结构》，开始使用集体无意识、阿尼玛、阿尼姆斯、自性、自性化等概念。发表《论梦心理学的一般方面》（1948 年重修）。发表《精神分析与神经症》《（分析心理学论文集）序言》。

1917 年　42 岁，发表《论无意识的心理学》（1926、1943 年重修）。

1918 年　43 岁，开始研究诺斯替文献。

1919 年　44 岁，发表《本能与无意识》，使用“原型”这一概念。

1920 年　45 岁，北非之旅（1920 年 3 月 4 日到 4 月 17 日）。同年开始学习《易经》，开始建造塔楼。参见梦 14“驯服阿拉伯王子梦”。发表《灵性信仰的心理基础》（1948 年重修）。

1921 年　46 岁，出版《心理类型》一书。发表《宣泄的治疗价值》，

1928 年有修改。

1922 年　47 岁，参见梦 15“死去父亲婚姻咨询梦”。发表《论分析心理学与诗歌的关系》。

1923 年　48 岁，母亲去世。参见梦 16“魔王狼狗梦”、梦 17“蟾蜍男孩梦”。同年，塔楼初步建成。

1924 年　49 岁，卫礼贤回到德国，开始和荣格交往，交流卫礼贤版本的《周易》、道教等。

1924—1926 年　49 ~ 51 岁，去美国印第安人居住地考察。

1925 年　50 岁，去东非考察。参见梦 18“黑人理发师梦”。举办《分析心理学》讲座，是最早系统讲述分析心理学的讲座，发表《作为心理关系的婚姻》。

1926 年　51 岁，参见梦 19“配楼炼金术图书馆梦”、梦 20“困在 17 世纪”。发表《灵性与生命》《分析心理学与教育》。

1927 年　52 岁，参见梦 21“利物浦之梦”（1 月 2 日），1 月 9 日绘画了“永恒之窗”曼陀罗。塔楼扩建。发表《精神的结构》（1931 年重修）。

1928 年　53 岁，出版《自我与无意识的关系》一书，发表《论心理能量》。开始炼金术研究。发表《心理治疗与灵魂的疗愈》《心理疾病和精神》《分析心理学与世界观》《孩子发展与教育》《个性化教育中无意识的意义》。

1928—1929 年　53 ~ 54 岁，绘画“金色城堡”曼陀罗，看到了《金花的秘密》，认为自己正在寻找的方法已经在中国人那里存在，写作《注解（金花的秘密）》。发表《帕拉塞尔苏斯》《心理学中体质和遗传的意义》《弗洛伊德和荣格：比较》。

1930 年　55 岁，《红书》完工。担任“心理治疗通科医师协会”副主席。卫礼贤逝世，发表《怀念卫礼贤》《心理学与文学》，1950 年有修改。发表《现代心理治疗的某些侧面》《生命的阶段》《克兰菲尔德（心灵之隐秘路径）序言》。

1928—1930 年　53 ~ 55 岁，举办“梦分析研讨会”，购买了炼金术书籍，但是拖延阅读。

1931 年　56 岁，塔楼扩建。发表《心理治疗的目标》《分析心理学的基本假设》，开始给物理学家泡利做治疗。

1932 年　57 岁，举办“昆达里尼瑜伽研讨会”，发表《心理治疗师或神职人员》《弗洛伊德及其历史地位》《毕加索》《尤里西斯：一场独白戏》。

1930—1934 年　55 ~ 59 岁，在苏黎世心理学俱乐部开展“意象分析研讨会”，担任美国特工，提供对纳粹、希特勒的心理分析。

1933 年　58 岁，担任“心理治疗通科医师协会”代理主席，因为和纳粹有关受到谴责。同年在苏黎世联邦理工大学开始做讲座，在爱诺斯会议发表《自性化过程的经验》《现实与超现实》。结识 von Franz，她成为荣格后半生的重要助手和学术传承人。

1934 年　59 岁，在爱诺斯会议做《关于集体无意识的原型》演讲，发表《梦分析的实践用途》《情结理论回顾》《灵魂与死亡》《自性化过程研究（1950 年重修）》《人格的发展》。开始系统地研究炼金术。

1934—1939 年　59 ~ 64 岁，在苏黎世心理学俱乐部做“尼采的‘查拉图斯特拉如是说’研讨会”。

1935 年　60 岁，在爱诺斯会议做“自性化过程的梦象征”演讲，后出版为文集《心理学与炼金术》第 2 部分。在伦敦塔维斯多克诊所做“分析心理学的理论与实践”演讲。发表《西藏度亡经》的心理评论，1953 年有修改，发表《实践心理治疗的原则》《什么是心理治疗》。

1935—1938 年　60 ~ 63 岁，获得了许多名誉教授、名誉博士称号。妹妹于 1935 年去世。

1936 年　61 岁，在爱诺斯会议做“炼金术中的救赎象征”演讲，后出版为文集《心理学与炼金术》第 3 章。发表《瑜伽与西方》《纪念弗洛伊德》《集体无意识的概念》《关于原型：尤其是阿尼玛》。

1937 年　62 岁，在德里的艾尔大学发表“心理学与宗教”讲座，1940 年汇编为《心理学与宗教》一书。同年在爱诺斯会议发表演讲，《佐西摩斯的幻象》于 1938 年出版。写作《实践心理治疗的现实》，于 1966 年发表，并发表文集 16 卷第 2 版。发表《决定人类行为的心理学因素》。

1936—1937 年　61 ~ 62 岁，在纽约等地进行“自性化过程的梦象征”演讲。

1938 年　63 岁，印度之行，参见梦 22“圣杯梦”。在爱诺斯会议发表《母亲原型的心理学侧面（1954 年重修）》，发表《心理学与宗教》。

1939 年　64 岁，第二次世界大战爆发。爱诺斯会议，发表“论重生”演讲，（1940 年发表，1950 年重修）。发表《西藏大解脱书》的心理学评论，1954 年重修。为铃木大拙《禅宗导论》写序。发表《论精神分裂症的心理病因》《意识、无意识与自性化》。

1940 年　65 岁，爱诺斯会议，发表《三位一体教理的心理之途》，1942 年、1948 年重修。发表《孩子原型的心理学》。

1941 年　66 岁，发表《作为医生帕拉塞尔苏斯》《（少女）科尔的心理学侧面》。

1936—1940 年　61 ~ 65 岁，在苏黎世心理学俱乐部举办“梦分析研讨会”，在瑞士联邦理工学院举办“孩子之梦”研讨会。

1936—1941 年　61 ~ 66 岁，在苏黎世心理学俱乐部举办“古代及现代的释梦研讨会”。

1941 年　66 岁，与 Kerenyi 合著《神话的科学文集》，在爱诺斯会议发表“关于弥撒中的象征”报告。

1933—1941　58 ~ 66 岁，瑞士联邦理工学院讲座，共 8 卷，包括心理学历史、意识心理学和梦心理学、瑜伽心理学、炼金术心理学等内容，目前只有第 1 卷出版，其他七卷待出版。

1940—1943 年　65 ~ 68 岁，他开始编辑《心理学与宗教》并开展系列讲座。

1942 年　67 岁，发表《作为灵性现象帕拉塞尔苏斯》，并辞去苏黎世大学的名誉教授职位，辞去苏黎世联邦理工大学教授职位，在爱诺斯会议发表“精灵墨丘利”演讲，1948 年此文有改动。发表《群众中的转化象征》。

1943 年　68 岁，再次担任巴塞尔大学的心理学教授。发表《东方禅修的心理学》《心理治疗与生命哲学》《天才儿童》。

1944 年　69 岁，退出教学领域。出版《心理学与炼金术》。出现濒死体验，进入印度神庙。参见梦 23“瑜伽行者梦”。发表《印度的圣人》。

1945 年　70 岁，第二次世界大战结束。在爱诺斯会议做“灵魂的心理学”演讲，收入文集第 9 卷的时候，更名为《古老传说中的心理现象》。在苏黎世心理学俱乐部做“论心理及视觉艺术”演讲，这个演讲曾经于 1942 年在苏黎世精神科协会举办过一次。发表《哲学树》，1954 年有改动。发表《医学与心理治疗》《今日心理治疗》《论梦的本质（1948 年重修）》《童年中的灵性现象（1948 年重修）》。

1946 年　71 岁，出版《移情心理学》，在爱诺斯会议发表“心理学的精神”演讲。

1948 年　73 岁，成立了苏黎世荣格学院，并出版《精神的象征性》。在爱诺斯会议演讲“关于自性”。发表《论精神的本质（1954 年重修）》。

1949 年　74 岁，出版《无意识结构》。

1950 年　75 岁，出版《爱翁》。再次获得苏黎世联邦理工学院名誉博士学位。发表《(易经)前言》《论曼陀罗象征》。

1951 年　76 岁，在爱诺斯会议做“论共时性”演讲。发表《心理治疗的基本问题》。

1952 年　77 岁，出版《答约伯》，参见梦 24“配楼乐队梦”、梦 25“父亲《圣经》梦”。发表《共时性：非因果联结原则》，此文首先发表于和泡利合著的《对自然和精神的解释》一书，后收入文集。

1953 年　78 岁，托尼·沃尔夫去世，开始戒烟。开始出版英文版《荣格文集》20 卷。

1954 年　79 岁，出版《论意识的起源》，发表《论愚弄者形象的心理学》。

1955 年　80 岁，妻子艾玛去世。参见梦 26“不喜不悲的妻子”。发表《曼陀罗》。

1956 年　81 岁，参见梦 27“亡妻研究圣杯梦”。

1955—1956 年　80 ~ 81 岁，出版《神秘合体》一书。

1957 年　82 岁，开始撰写《荣格自传》。发表《精神分裂症近思》。

1958 年　83 岁，出版《飞碟——一个现代神话》，参见梦 28“UFO 投射梦”，获得荣誉市民。发表《精神分裂症》。

1959 年　84 岁，接受 BBC 采访，制作纪录片《面对面：荣格》。

1960 年　85 岁，德文版《荣格文集》陆续出版。

1961 年　86 岁，发表《接近无意识》，6 月 6 日，荣格在库斯那赫特家中逝世，参见梦 29“狼獾母亲梦”、梦 30“金线树根梦”。

认为在佛法中存在一个小小的缺口，这个缺口就是——“大彻大悟的佛陀教诲内涵丰富，它教导众人诸恶勿作，众善奉行。但是有一点，却未包含在如此明晰庄严的教法中，那就是，他没有包含佛陀自身经历的秘密，在千千万万人中唯有他一人经历的秘密。”

心理咨询，总是与个人的生命息息相关，这些纯属个人的爱恨情仇，只有在一个前提下，才能被展开、被倾诉，这个前提就是咨询师作为一个整体，许诺为来访者严格保密，许诺对来访者的一切经历不进行道德判断、价值判断、真假判断。来访者的故事要是被缩减为量表上一个分值，然后 SPSS 上场，卡方检验、逻辑回归、结构方程三板斧，一通操作猛如虎，回望这一切的科学硝烟、历史尘埃，在其背后，岂非正如悉达多所言：“万物的统一性和连续性，在一个地方断裂开了，通过这个小小裂口，某种陌生的东西、某种崭新的东西、某种以前没有展示也不能展示、没有证明也不能证明的东西，涌入了这统一的世界。”

传文在此书写作中出现于我生命中，她和我一样，受伤于这父权制坍塌、金融资本主义盛行的时代。没有她的鼓励，此书无法完成。此书完成于一个初春的夜晚，云归千峰静，月出万松明，祝愿此书的所有读者能够跨越人生的坎坷，在抑郁与空虚的年代，安住于您心灵中最美丽的村庄，享受生命的衰老和死亡。◆

传文一起参加法会，看到我逝世的佛法老师，他起死回生，一袭白衣，英姿勃发。

此梦中的转化性元素是爱情与戏剧，该爱情来自初入青年期小镇青年之爱，不知学区房为何物，以为“常春藤”是房前屋后的植物，不知实为美国高校联盟。这戏剧也非聚光灯下，万众瞩目。纯粹只是为了娱乐自我，取悦乡亲。并不在乎票房高低、豆瓣评论或者同行评议。

我远离这种心态好多年，以前经过这些古镇时，我都幻想着，自己能够在这样的古镇租用一个房屋，专心写作。就像传说中那些我崇拜的作家们一样。2012—2015年，在澳门城市大学写作博士论文时期，我曾经有很短时间，小小地实现了这种愿望。但是总的来说，我已经远离纯粹的写作十多年，写作总是为了满足他人的需求或者期望，要么是所谓市场的需求，要么是亲戚朋友们的拜托，要么是看不见摸不着的学术规范的需求。直到此书写作，可以算我写作异化再次转化，我欣喜地发现，原来此书，就是脱胎于我的四部著作中专业著作卷《感应转化：从投射认同到感应转化》，而且是原书的一个很好的补充。《感应转化：从投射认同到感应转化》中讨论了受伤疗愈者和受伤研究者，本来我是准备用文学手法来写作其中的案例部分的，尤其是荣格作为受伤疗愈者的部分，并没有得到充分论述。但是学术界视文学为深仇大敌，我有位师妹，甚至因为博士论文引用了一句民间谚语，便被答辩组导师们批判太过文艺。

但是我，作为一个内倾直觉者，属于我的本质语言就是文学性语言，黑塞的《悉达多》中，有一段话一直鼓舞着我，那是悉达多和佛陀的对话，悉达多赞赏佛陀，向往佛法，但是他告诉佛陀，他再背叛一次好了，反正也不是第一次背叛。结果本书初稿出来我一看，发现不尽如人意。此时我为此书起卦，得到了蛊卦变坤卦，便决定此书从头再写。

重写的过程中也是一波三折，一是原稿中有很多《哲人玫瑰园》和《十牛图》的内容，过于精深，不适合入门读者；二是我在翻阅了能找到的几乎所有的荣格传记后才发现，居然没有一个荣格的清晰的年表；三是荣格的这些梦境居然各个版本翻译不一，甚至英文版也和德文版也有细微出入。所以花费了大量时间去查阅、校对。交稿日期一拖再拖。

此书完成之时，我也做了一个梦，这个梦境编号为“最美丽的村庄”，梦境故事如下：

这是一个春天的早上，大约十点左右，我正在一个美丽的古镇游玩，这个古镇类似上海金山的一个古镇或者浙江绍兴市步行街旁边的一条小街，小桥流水，阳光明媚，小镇没有开发，街道上几乎空无一人。我的心情极其舒适。正在小镇四处行走。就走到了一处戏台，它是长方形的，有着一个类似庙宇的顶盖，还有一条长廊，供人休息或观看演出，梦中我知道，这也是乡亲们祭祖祭神之地。这时看到一对青年男女正在排演，他俩说说笑笑，眉目传情。让人心生欢喜与祝福。此时我在梦里突然想起我在以前的一个梦中已经来过这个镇子，在那个梦中，我和爱人传文走过一条公路，走到了镇子另一边的一个美丽的湖泊，我们感慨，这真是世界上最美丽的村庄。

醒来后我想起，其实我在多个梦中都到达过这小镇周边，有时一个人在镇边农田游荡，有时穿梭于它的大街小巷，还有一次，和灪灪騑騑，岁暮编敝。宠名弃捐，君襄在位。

——《易林·蛊之坤》

此书写作貌似偶然，实则也是命运之力的牵引。

此书编辑何萍找我约稿时，我正处于中年危机的高峰回落时期。

这场危机从2015年开始，当时我博士毕业，本以为人生到了巅峰。各方面顺风顺水。我已经订好了退休计划——含饴弄孙、安度晚年。至于写作，我的计划是这辈子只写四本书，而且已经写好了，后半生就是精益求精，惟精惟一，把这四本书修改得完美一些。

然后人生的低谷就出现了，离婚迁居、中美危机，要不是有分析师、督导师、算命师、佛法导师们护驾保航，我铁定要抑郁症大爆发，去找同行们走后门住院治疗。

约稿之初，颇无心情，一来我的“四部”计划会被打破，二来我吃够了违背本心，为钱工作的苦，所以带着很消极的心态答应了，心想只要改一改演讲稿就好了，反正这钱不赚白不赚，背叛理想就

后记

最美丽的村庄